Manual Jurídico da INOVAÇÃO e das STARTUPS

Coordenadores
Tarcisio Teixeira
Alan Moreira Lopes
Thalles Takada

Manual Jurídico da INOVAÇÃO *e das* STARTUPS

3ª edição revista, atualizada e ampliada

2021

EDITORA JusPODIVM
www.editorajuspodivm.com.br

EDITORA *Jus*PODIVM
www.editorajuspodivm.com.br

Rua Território Rio Branco, 87 – Pituba – CEP: 41830-530 – Salvador – Bahia
Tel: (71) 3045.9051
• Contato: https://www.editorajuspodivm.com.br/sac

Capa: Ana Caquetti

L864m Lopes, Alan Moreira.
Manual jurídico da inovação e das startups/ Tarcisio Teixeira, Alan Moreira Lopes, Thalles Takada. – 3. ed. rev., atual. e ampl. – Salvador: Editora JusPodivm, 2021.
352 p.

Vários autores.
Bibliografia.
ISBN 978-65-5680-309-8.

1. Direito Empresarial. 2. Startups. I. Lopes, Alan Moreira. II. Teixeira, Tarcisio. III. Takada, Thalles. V.Título.

CDD 342.2

COORDENADORES E AUTORES

Coordenadores

Tarcisio Teixeira

Advogado especializado em Direito Digital e Proteção de Dados. Doutor e Mestre em Direito Empresarial pela USP. Professor Universitário. Autor de diversas obras jurídicas: *Curso de direito e processo eletrônico,* 4. ed. Saraiva; *Direito empresarial sistematizado,* 8. ed. Saraiva; *Manual da compra e venda,* 3. ed. Saraiva; *Direito das Novas Tecnologias,* Ed. RT; *Inteligência artificial - aspectos jurídicos,* Ed. Juspodivm; *Lei Geral da Proteção de Dados Pessoais – comentada artigo por artigo,* Ed. Juspodivm; *Blockchain e Criptomoedas: aspectos jurídicos,* Ed. Juspodivm; *Proteção de Dados – fundamentos jurídicos,* Ed. Juspodivm.

tarcisio@privacidadegarantida.com.br

Alan Moreira Lopes

Advogado. Sócio do Escritório Lopes e Santos Sociedade de Advogados. Atuante em direito privado com ênfase em direito digital, robótico, civil e empresarial. Mestre em Administração pela UTFPR (Universidade Tecnológica Federal do Paraná). Bacharel em Direito pelo Centro Universitário Curitiba – Unicuritiba. Pós-graduado em direito Digital e Direito contemporâneo com ênfase em Direito Criminal. Presidente do Instituto de Direito Digital e Robótico do Paraná (IDDR-PR). Leciona a disciplina direito digital para cursos de extensão e pós-graduação. Coautor dos livros Direito das novas tecnologias, 2015 e Startups e Inovação: Direito no empreendedorismo, 2017. Palestrante, parecerista e consultor de empresas. Formado em Eletrônica pelo Centro Federal de Educação Tecnológica do Paraná (CEFET-PR).

Thalles Takada

Mestre em Direito pela Universidade Estadual de Londrina. Especialista em Direito Internacional e Econômico. Bacharel em Economia. Advogado Sócio do escritório Takada e Resstel Advogados Associados. Coordenou a Comissão de Direito Digital da OAB Subseção Londrina nos anos de 2016 a 2017. thalles@takadaeresstel.com.

Autores

Alan Moreira Lopes

Advogado. Sócio do Escritório Lopes e Santos Sociedade de Advogados. Atuante em direito privado com ênfase em direito digital, robótico, civil e empresarial. Mestre em Administração pela UTFPR (Universidade Tecnológica Federal do Paraná). Bacharel em Direito pelo Centro Universitário Curitiba – Unicuritiba. Pós-graduado em direito Digital e Direito contemporâneo com ênfase em Direito Criminal. Presidente do Instituto de Direito Digital e Robótico do Paraná (IDDR-PR). Leciona a disciplina direito digital para cursos de extensão e pós-graduação. Coautor dos livros Direito das novas tecnologias, 2015 e Startups e Inovação: Direito no empreendedorismo, 2017. Palestrante, parecerista e consultor de empresas. Formado em Eletrônica pelo Centro Federal de Educação Tecnológica do Paraná (CEFET-PR).

Alessandra Cristina da Costa

Advogada, consultora jurídica e de inovação, com atuação na área de Direito Empresarial, Direito Digital e Inovação, com experiência em Startups e empresas de todos os portes. Palestrante. Professora. Pesquisadora sobre o impacto da tecnologia na sociedade atual e no mercado de trabalho, Indústria 4.0 e a Responsabilidade Jurídica no uso da Inteligência Artificial. Diretora Executiva do IDDR-PR (Instituto de Direito Digital e Robótico do Paraná). Coautora das obras Jurídicas "Manual Jurídico de Inovação e das Startups" e "O Princípio da Dignidade Humana".

Ana Clara Scholze Guimarães

Advogada atuante em direito do consumidor, sócia fundadora do escritório Scholze e Guimarães advogados, MBA em direito público pela Fael e pós-graduanda em direito material e processual do trabalho pela UNIBF.

Bianca Martins de Paula

Graduada em Direito pela Universidade Estadual de Londrina, atuou no projeto do Parque Tecnológico Virtual do Paraná, Advogada na Agência de Inovação Tecnológica da UEL, Advogada associada do escritório Milani e Calzavara.

Clodomiro José Bannwart Júnior

Doutor em Filosofia pela UNICAMP e Professor do Programa de Mestrado em Direito Negocial da Universidade Estadual de Londrina.

Daniele Frasson

Advogada com forte atuação em direito das telecomunicações e internet, direito regulatório, direito digital e crimes cibernéticos. Cursando L.LM em

Direito Empresarial pela FGV. Especialista em Direito Civil e Processo Civil pela Universidade Estadual de Londrina. Sócia fundadora do escritório Costa Frasson Advogados Associados. Assessora jurídica da ABRINT – Associação Brasileira de Provedores de Internet e Telecomunicações. Vice-presidente da Associação Brasileira de Direito e Tecnologia. Membro da Comissão de Direito Digital da OAB-Paraná-Londrina.

Diego Demiciano

Advogado e Mestre em Direito Negocial pela Universidade Estadual de Londrina.

Douglas Guergolette Alfieri

Advogado. Sócio do escritório Alfieri, Gleria e Tragino Advogados Associados. Graduado pela Universidade Estadual de Londrina. Pós-graduado em Direito Empresarial pela Universidade Estadual de Londrina. Diretor jurídico da Associação Brasileira de Tecnologia e Direito. Coordenador da Comissão de Direito Digital da Ordem dos Advogados do Brasil – Seção do Paraná, Subseção de Londrina.

Erik Guimarães da Silva

CEO e Founder da Nedu (nedu.com.br), startup de educação que utiliza Big Data Analytics para prevenir evasão e insucesso acadêmico. Mestre em Computação Aplicada pela UTFPR (Universidade Tecnológica Federal do Paraná). Microsoft Certified Professional/Microsoft Specialist. Atua no mercado de software desde 2008, especialmente, nos últimos anos, no mercado de startups. Além disso, é conselheiro no Instituto de Direito Digital e Robótico do Paraná (IDDR-PR) e membro da Tambaqui Valley, comunidade de inovação e startups de Rondônia.

Igor Unica Grego

Mestre em Direito pela Universidade Estadual de Londrina. Advogado. E-mail: igor.grego@hotmail.com.

Juliano Cezar Rodrigues

Advogado atuante em Direito Digital, Criminal e Previdenciário, graduado pela faculdade ESTÁCIO. Com carreira iniciada na área de eletrônica, desenvolvendo soluções como Analista de Processos e Coordenador da Qualidade do Grupo Itautec e OKI Brasil. Diretor financeiro do Instituto de Direito Digital e Robótico do Paraná (IDDR-PR).

Júlio Cesar Botelho

Advogado. Pós-graduando em Direito Digital e Compliance. Extensão em Direito do Entretenimento. Pós-graduado em Direito Penal e Direito Constitucional.

Keila dos Santos

Advogada. Sócia Fundadora do Escritório Lopes e Santos Sociedade de Advogados. Pós-graduada em Direito Civil, Processo Civil e Direito Digital. Coautora do Livro *Direito das Novas Tecnologias*, publicado pela Revista dos Tribunais. Coautora do Livro *Direito no Empreendedorismo*, publicado pela Editora Manole. Coautora do Livro *Constituição e Novos Direitos*, publicado pelo Instituto Memória. Coautora do Livro *Princípio da Dignidade Humana*, publicado pela Editora Íthala. Professora de Direito. Vice-Presidente do Instituto de Direito Digital e Robótico do Paraná (IDDR-PR).

Lilian Cristina Stanke

Advogada. Pós-graduada em Propriedade Intelectual pela Universidad de Castilla La Mancha (Espanha), Extensão em Direito do Entretenimento. Vice-Presidente da APL – Arranjo Produtivo Local do Audiovisual e Diretora Jurídica da Associação de Profissionais de Propaganda de Londrina.

Maíra Bendlin Calzavara

Graduada em Direito pela Universidade Estadual de Londrina (UEL), possui especialização em Filosofia Política e Jurídica pela UEL e LLM em Direto Empresarial pela Fundação Getulio Vargas. Trabalhou em escritórios de advocacia de Londrina e São Paulo em consultoria empresarial. Ministra cursos em parceria com o Sebrae-PR, Agência de Inovação Tecnológica da UEL e Projeto Extensão Industrial Exportadora (PEIEX-APEX) para startups.

Maurício Ribeiro Maciel

Advogado atuante em Direito Empresarial, Societário, Contratual e Fusões e Aquisições, graduado em Direito pelo Centro Universitário Curitiba – UNICURITIBA, pós-graduado em Administração de Negócios pela College of Technology London – CTL, e em Fusões, Aquisições pela Fundação Getulio Vargas – FGV/SP, pelo Insper e pelo CEU-IICS, e LLM – Master of Laws em International Business Law pela University College London – UCL. Lecionou aspectos jurídicos de startups e investimentos estrangeiros diretos em curso de pós-graduação em Direito Corporativo da Universidade Positivo. É mentor do Founder Institute no Brasil.

Pamela Yumi Takahata

Advogada, atuante no Setor de Telecomunicação, graduada em Direito pela Unifil e pós-graduada em Direito Previdenciário pela UEL. Sócia do escritório Vieira, Ribeiro e Takahata. Atual Diretora Jurídica da Associação Brasileira de Tecnologia e Direito.

Tarcisio Teixeira

Advogado especializado em Direito Digital e Proteção de Dados. Doutor e Mestre em Direito Empresarial pela USP. Professor Universitário. Autor de diversas obras jurídicas: *Curso de direito e processo eletrônico,* 4. ed. Saraiva; *Direito empresarial sistematizado,* 8. ed. Saraiva; *Manual da compra e venda,* 3. ed. Saraiva; *Direito das Novas Tecnologias,* Ed. RT; *Inteligência artificial - aspectos jurídicos,* Ed. Juspodivm; *Lei Geral da Proteção de Dados Pessoais – comentada artigo por artigo,* Ed. Juspodivm; *Blockchain e Criptomoedas: aspectos jurídicos,* Ed. Juspodivm; *Proteção de Dados – fundamentos jurídicos,* Ed. Juspodivm. tarcisio@privacidadegarantida.com.br

Thalles Takada

Mestre em Direito pela Universidade Estadual de Londrina. Especialista em Direito Internacional e Econômico. Bacharel em Economia. Advogado Sócio do escritório Takada e Resstel Advogados Associados. Coordenou a Comissão de Direito Digital da OAB Subseção Londrina nos anos de 2016 a 2017. thalles@takadaeresstel.com.br.

Thayná Fiori Gonzaga

Advogada atuante nas áreas de direito penal, civil, digital e robótico. Graduada pela Pontifícia Universidade Católica do Paraná (PUC-PR). Pós-graduada em direito eletrônico pela Universidade Estácio de Sá. Diretora Jurídica do Instituto de Direito Digital e Robótico do Paraná. Coautora do livro *O princípio da dignidade da pessoa humana* e *Startups e inovação: direito no empreendedorismo.* Palestrante. E-mail: thaynafg@lopesesantos.adv.br.

Thiago Aciole Guimarães

Advogado atuante em direito do consumidor e direito eleitoral, sócio fundador do escritório Scholze e Guimarães Advogados, e pós-graduando em Direito Eleitoral e Político pela faculdade Uniamerica.

Tiffany Cunha de Jesus

Advogada especialista em Direito Digital e Compliance (Faculdade Damásio), mestre em Proteção de Dados (Esneca Business School), autora de livro e artigos jurídicos, palestrante nos temas de Direito Digital e Compliance, Conselheira Consultiva do Instituto de Direito Digital e Robótico do Paraná, e coordenadora do projeto voluntário "Cidadania Digital".

APRESENTAÇÃO

O universo jurídico nos dias atuais toma concepção dinâmica, muito diferente dos modelos estanques que as Ciências Jurídicas estavam acostumadas a abranger. Evidente que o desenvolvimento tecnológico aliado à própria evolução do processo científico proporciona ao Direito se adaptar a uma leitura moderna da sociedade. Questões essas que frequentemente surgem em decorrência das mais diversas transformações no mercado de consumo, trabalho, nas inferências tecnológicas e, principalmente, aqui analisado, no setor empresarial das novas empresas denominadas *startups*.

O livro foi um desafio em manter uma continuidade lógica do primeiro volume *Startup e Inovação: Direito no empreendedorismo*, trazendo novas matérias a serem debatidas com o vínculo voltado a assessorar aqueles que se aventuram em um ambiente concorrencial de desafios e incertezas.

Não é fácil concatenar uma obra com diversos autores e temas, contudo a riqueza de um trabalho que une diversos profissionais qualificados é adversidade de discussões e as experiências que cada um pode trazer. Dessa forma, foram selecionados diversos intelectuais especializados nos variados ramos do direito, os quais na vida profissional ou acadêmica se depararam com questões que envolvem o Direito no empreendedorismo.

Criou-se assim um trabalho elucidativo àqueles profissionais que vivem o cotidiano dos desafios enfrentados no mercado e que, em decorrência do ineditismo das questões levantadas, ainda sofrem pela escassez dos materiais de estudos, informativos especificamente voltados ao tema. Buscou-se assim criar uma ferramenta a fim de assessorar esses profissionais, em uma linguagem não somente restrita aos operadores do direito, mas a todos aqueles que necessitam entender o ambiente jurídico criado nesse setor do mercado.

O livro é resultado de um grupo de pesquisadores apaixonados pelo Direito, Inovação e Tecnologias. Sobretudo, são visionários que entendem que o estudo do Direito não pode estar dissociado das transformações no setor empresarial, que o empreendedorismo é a semente que fomenta o desenvolvimento econômico e, por evidente, social.

Thalles Takada

PRÓLOGO

A FILOSOFIA DAS MÁQUINAS

A sabedoria ia chegar-lhes directamente da origem. Directamente da boca do próprio Ford![1]

(HUXLEY, 1946, p. 18).

Pode apenas o homem pensar?

Restringir a capacidade de pensamento, os atos cognitivos e a racionalidade apenas ao ser humano seria ignorar todas outras espécies existentes na terra. Quando o indivíduo evoluiu sua arte de pensar ou de conhecer o mundo, do *amor à sabedoria* à criação das ciências modernas, uma dúvida sempre o perseguiu. *Seria possível a máquina pensar como o homem?*

Contudo, antes de adentrar ao tema, mister se faz abrir uma ressalva acerca do título do presente tópico. Não querendo banalizar ainda mais a semântica da palavra *filosofia*, no sentido mais amplo e pejorativo que o termo possa ter, buscou aqui apenas uma forma de interligação entre o conhecimento antigo ao moderno, do conhecimento primitivo à evolução científica, ou seja, demonstrar, dessa forma, a tecnologia como fonte de conhecimento.

O diálogo criado por Paul T. Sagal[2] entre o estudante, o filósofo e o matemático, o qual o filósofo indaga, inicialmente, o estudante sobre a possibilidade de a máquina pensar, logo após este ter perdido uma partida de xadrez para uma máquina, trouxe uma provocação à

---

1. HUXLEY, ALDOUS. **Admirável mundo novo**. São Paulo: Globo, 2000.
2. SAGAL, Paul T. **Mente, homem e máquina**. Tradução de Desidério Murcho. 2ª Ed. Lisboa: Gradiva, 1996.

ideia de *mente e máquina.*[3] Em seu livro, o matemático tenta refutar o *mecanicismo* da máquina pensante do filósofo utilizando um teorema lógico, sendo as máquinas, para ele, seres inanimados que não podem reconhecer sua consistência. O matemático tenta demonstrar de forma conceitual que o pensamento parte da capacidade de (auto) consistência. Não bastaria apenas o saber, como a máquina pode ter, mas ter conhecimento daquilo que sabe, que sabe o que sabe, sendo apenas os seres humanos dotados dessa capacidade.

O matemático de Sagal tenta de diversas formas refutar os argumentos do filósofo, descrevendo a capacidade humana de pensar como dotada de consciência e autoconsistência. Por vezes descreve o pensamento humano como intuitivo e ressalta a falta de intencionalidade da máquina. Seria para ele, as máquinas, apenas sistemas formais. Contudo o filósofo, experiente na arte da retórica, demonstra muito mais. Para que os sistemas formais funcionem, como a máquina que compreende a aritmética, exige-se que se divague mais além. Filósofo: "A gramática ou a sintaxe têm de ser completadas com a semântica – talvez até com a pragmática, que dá conta dos usos da linguagem e dos seus utentes"[4].

A filosofia já tentou diferenciar a mente do corpo, tentando demonstrar como entidade distinta, em que no corpo é habitado, como se fosse "um fantasma dentro da máquina"[5].

E nosso ataque, que lado estaríamos? Não vejo como o matemático, mas não discordo. O filósofo tenta chegar a um ponto que não tem um fim. O fim seria uma volta em formato de oito, uma preposição tautológica, que a mente do ser humano não pode ser copiada a termos tecnológicos, a sensação, sentimento, o espírito que alicerça a mente[6].

Evidente que essa sustentação reducionista da filosofia à matemática, em termos de realismo científico, demonstra uma imposição evolucionista a qual o ser humano ainda não conseguiu chegar. Seria

---

3. SAGAL, Paul T. **Idem.** P. 46.
4. SAGAL, Paul T. **Idem.** P. 64.
5. RYLE, Gilbert. **The concept of mind.** Routled: New York, 2009.
6. RORTY, Richard. **A filosofia e o espelho da Natureza.** Tradução Antônio Trânsito. Rio de Janeiro: Relume-Dumará, 1994. P. 110.

uma proposição atinente a um futuro incerto, a um passo científico na curva de um túnel escuro. O neurocientista Miguel Nicolelis[7], o homem que tenta desvendar os labirintos do cérebro, é enfático em afirmar que "o cérebro humano como um todo é simplesmente não computável".

Considera-se alguns atributos quintessências que definem a natureza humana, como ambição, empatia, previdência, uma personalidade complexa, um senso de moralidade e um senso de dignidade como ser humano[8]. Nessa senda, Cupani[9] indaga se seria concebível uma máquina capaz de levantar e elucidar problemas originais e de praticar tanto o bem como o mal. Entraria então no campo filosófico da ética e da moral. Se a ética justificaria os fins a serem alcançados; se esses fins seriam moralmente justificados, por exemplo, a criação tecnológica de armamentos, que visam à destruição.

Indagação próxima deve ser feita de forma a aumentar esse debate mente-máquina: A *máquina pensante* seria capaz de sonhar? Talvez, o interpretador dos sonhos, Sigmund Freud, seria capaz em um tempo hipotético de determinar de acordo com sua descrição, aqui simplista, de um vínculo da *vida em vigília* e *em onírica* das máquinas, isso se as máquinas puderem viver uma *vida em onírica.*

O maior segredo não revelado, em um pensamento pós-metafísico, que seria a alma humana, seria capaz de ser ela criada? Levando em consideração que a *alma* seria o reflexo da cognição humana, do mundo sensível kantiano. Para os pensadores antes citados, não se poderia, dessa forma, relevar a "real espiritualidade da alma"[10], no plano cartesiano, por meio tecnológico. O *cogito* em perspectivas outras, não mais referenciaria o indivíduo, mas qualificaria uma subjetividade aquém das formas idealizadas em tempos remotos.

---

7. NICOLELIS, Miguel. **Muito além do nosso eu: a nova neurociência que une cérebros e máquinas – e como ela pode mudar nossas vidas**. São Paulo: Companhia das Letras, 2011. P. 497.

8. RAMACHANDRAN, V.S. **O Que o Cérebro Tem Para Contar - Desvendando Os Mistérios da Natureza Humana**. Tradução: Maria Luiza X. de A. Borges. São Paulo: Editora Zahar, 2014. P. 29.

9. CUPANI, Alberto. **Filosofia da tecnologia: um convite**. Florianópolis: Ed. da UFSC, 2011. P. 23.

10. DESCARTES, René. **Discurso do método.** Tradução Maria Ermantina. Galvão. – São Paulo: Martins Fontes, 1996.

Redundaria ainda mais a tentativa de descoberta do sujeito, quando à sua criação resultaria em um "ser" *ex machina* capaz de pensar. Destarte, a esse processo de *reificação,* no sentido além do descritos por pensadores clássicos, corporificaria a cognição do indivíduo na representação de si próprio, sendo a criação, o desenvolvimento da tecnologia, a própria imagem do indivíduo. A busca pelo indivíduo expressaria no *estado da arte* em que ciência e filosofia se interligariam. Buscar-se-ia, assim, a faculdade intelectual e a atividade de reflexão como uma forma coisificada, uma tentativa do próprio indivíduo fazer-se sentir em um objeto antes inanimado.

> Quanto mais cerebrado está o homem, tanto mais alta e magnífica é sua função de pensar. Ignora-se, todavia, o mecanismo íntimo dos processos intelectuais superiores. Acompanha-os, sem dúvida, modificações nas células nervosas: câmbios de posição e permutas químicas muito complicadas. Para compreendê-las deveríamos conhecer as atividades moleculares e suas relações, além da histologia exata e completa dos centros cerebrais. Isto não basta: são enigmas a natureza da atividade nervosa, as transformações de energia que determina, no momento em que nasce, durante o tempo em que se propaga e enquanto se produzem os fenômenos que acompanham a complexidade de pensar. Os conhecimentos científicos distam deste limite[11].

Essa busca é a realeza do vínculo objeto-sujeito, a formação do ideal em um produto na elucidação do indivíduo à busca do perfeito. O próprio *Eu* corporificaria na construção da máquina na sua representação, na busca do extraordinário. A pergunta acima descrita, da máquina pensante, teria uma resposta tautológica na direção do que seria a capacidade de pensar, ou ainda, melhor seria perguntar se o indivíduo é realmente capaz de pensar, de entender e distinguir sua representação no mundo.

Em verdade os seres humanos escolheram entre seus valores finais; no sentido de suas vidas e pensamentos serem determinados por conceitos morais e categoriais fundamentais, as quais são a própria extensão do tempo e espaço, partes do seu ser, do pensamento, do sentido da própria identidade, da existência, do que os torna humanos.

Thalles Takada

---

11. IGENIEROS, José. **O homem medíocre**. Tradução Lycurgo de Castro Santos. 2ª ed. São Paulo: Ícone, 2012. P. 239.

SUMÁRIO

Capítulo 1

ECONOMIA DIGITAL: UMA ANÁLISE DO SISTEMA DE MOBILIDADE URBANA

Thalles Takada
Tarcisio Teixeira

Muito se discute se com o advento da internet chegou-se a outra revolução, como foi a revolução após a criação da máquina a vapor. Estudiosos se debruçam sobre pesquisas buscando descobrir se a introdução de tecnologias como a internet acarretou o aumento significativo da produtividade para se afirmar que se trata de uma revolução.

A própria criação da máquina a vapor levou quase cem anos para tornar-se a fonte de energia dominante na Inglaterra. A produtividade não cresceu até quarenta anos após a introdução da energia elétrica em meados de 1880. A energia elétrica alcançou 50% de penetração no mercado em um ritmo lento, até que todas as indústrias conseguissem adequar sua estrutura. Já a internet alcançou essa penetração em aproximadamente sete anos (HILBERT, 2001, P. 12).

A sociedade que passou a ser digital constitui um sistema interligado com as demais disciplinas que constituem o *mundo da vida*. Esse modelo o qual se desenvolveu dentro de um *ciberespaço,* em uma *sociedade em rede*[1], formadora de uma *cultura digital*[2], campo

1. CASTELLS, Manuel. **A sociedade em rede**. Volume I; 8 edição revista e ampliada; tradução de Roneide Vanancio Majer com colaboração de Klauss Brandini Gerhardt. São Paulo: Paz e Terra, 2005.
2. GERE, Charlie. **Digital Culture**. London: Reaktion Books, 2008.

mais do que propício para uma *cultura livre*[3], por evidente, entrelaça-se aos demais sistemas sociais. No caso, a Economia também passa a ser digital.

A disseminação global de modelos digitais, decorrente do fenômeno da globalização e da internet, mudou as formas de produzir, ou melhor, de constituir riquezas. Percebe-se pelo fato que o comércio eletrônico cresce exponencialmente, mesmo frente a diversas crises, como a de 2008 que o Brasil passou e vem passando, entre a instabilidade política e financeira.

Por um lado, as novas tecnologias fornecem novos modelos de empreendimentos, sem a necessidade de montar grandes estruturas em seu *start* no mercado de consumo, e por outro lado, investidores já instalados no mercado têm a visão e a perspicácia de ver um novo modelo de negócio com grande potencial de crescimento a ser investido.

Negócios esses que por vezes são exclusivamente criados e gerenciados em plataformas online, sem a comercialização de produtos tangíveis, e em grande parte das vezes, sem a comercialização de qualquer produto, que chegam a ser vendidos a preços bilionários para grandes investidores ou empresas.

Essa nova face da economia trouxe também mudanças estruturais em processos administrativos e financeiros, reorganizou empresas e o modo de interação entre elas e, sobretudo, propiciou a interligação com mercados além das fronteiras, em um espaço de tempo extremamente baixo.

Oportuna é a citação de Castells[4]:

> Redes internas, pelas quais empregados se comunicam entre si e com administração, são críticas para o desenvolvimento da firma. Toda a organização do negócio precisa adequar-se à tecnologia baseada na Internet, através da qual se relaciona com compradores e fornecedores. Além disso, à medida que

---

3. LESSIG, Lawrence. **Free culture: how big media uses tecnology and law to lock down culture and control creativity**. The Penguin Press: New York, 2004.

4. CASTELLS, Manuel. **A galáxia da internet**: reflexões sobre a internet, os negócios e a sociedade. Tradução de Maria Luiza X. de A. Borges. Rio de Janeiro: Zahar, 2003. P. 57.

> empresários individuais florescem nesse tipo de economia, ligações entre consultores, subcontratadores e firmas na web tornam-se tão importantes quanto as operações da própria firma. O que está surgindo não é uma economia ponto.com, mas uma economia com um sistema nervoso eletrônico.

Viu-se também criar formas de propaganda ou mídias digitais, com menor custo e melhor segmentação do público-alvo, readequando a maneira de interação fornecedor-consumidor. O ato de ofertar o consumo passou a ser direcionado, buscando perfil de acesso nos sites de compras ou de interesse, facilitando ao fornecedor, sem a necessidade de se deslocar de sua casa. E mais do que tudo, possibilitou àquele sujeito às propagandas, uma melhor maneira de pesquisar e comparar preços.

O processo mudou, o mercado criou um novo arranjo de cadeias produtivas, em que as empresas passaram a adequar-se a uma plataforma conectada a um espaço não físico. O conhecimento tecnológico passou a ter parte na rotina organizacional das empresas, e o capital humano tornou-se cada vez mais dependente dos ditames tecnológicos.

Os ciclos econômicos passaram a perdurar menos tempo e ocorrerem em espaços mais curtos. O sistema financeiro se adaptou a esse novo mercado, para que novos produtos não tomassem espaço nele, como as moedas virtuais, as quais começaram a ameaçar as grandes corporações do mercado financeiro. Criou-se uma nova moeda, em que intermediários não são necessários para transações financeiras, uma moeda desatrelada a qualquer padrão, que seja ouro ou dólar, simplesmente, mensurada pela confiança e o valor que os usuários lhe desejam atribuir.

Essa ferramenta possibilita transacionar ativos a custos mais baixos, aumentando mais os serviços a outras camadas da sociedade.

> [...] o Bitcoin faz com que micropagamentos e suas inovações sejam possíveis. Adicionalmente, o Bitcoin é uma grande promessa de uma forma de reduzir os custos de transação aos pequenos comerciantes e remessas de dinheiro globais, aliviar a pobreza global pelo facilitado acesso ao capital, proteger indivíduos contra controles de capitais e censura,

> garantir privacidade financeira a grupos oprimidos e estimular a inovação[5].

Estaria a moeda virtual não só ameaçando o monopólio das instituições financeiras, no que concerne ao volume transacionado no mercado, mas também ao próprio monopólio estatal, o único responsável pela emissão de papel moeda e o principal controlador da circulação de moeda, seja em papel, seja ela escritural.

Evidente por se tratar de economia de mercado, as moedas virtuais são transacionadas de modo a gerar riqueza. Curiosamente, essas moedas surgiram sem que um inventor fosse anunciado, o Estado não a controla, podendo dizer que praticamente o livre mercado estaria operando. No mesmo contexto, instituições de caráter "parafinanceiro" surgem intermediando transações comerciais, analisando riscos, cobrando juros, fornecendo crédito e, principalmente, a taxas menores que as instituições financeiras já estabelecidas no mercado.

No seguimento financeiro cada vez mais surgem novos modelos de empresas denominadas de *fintechs* que ligadas à tecnologia, facilitam e remodelam as transações bancárias, desburocratizando e barateando os serviços prestados pelas instituições financeiras tradicionais e, principalmente, trazendo ao público consumidor novas maneiras de realizar negócios financeiros.

Em outros setores, a economia digital mudou a forma de produzir riquezas, renovou o modelo sustentável, chegando a alterar os espaços urbanos, como o tipo de empresa denominada de *economia compartilhada,* a qual consiste em empresas que visam a utilização de bens ociosos, ou dividir os bens já utilizados, melhor aproveitando os recursos existentes, sem a ideia de explorar, mas de reaproveitar. Esse modelo de negócio adequou-se em diversos setores como aluguel de imóveis, caronas pagas, trocas de serviços ou bens por serviços, aluguel dos mais variados bens ou até de pessoas, no sentido metafórico da palavra.

Evidente que economia no sentido amplo que o termo demonstra é extremamente complexo para se analisar, ainda que no sentido digital, dessa forma, delimitando o tema, bem como pela relevância

---

5. ULRICH, Fernando. **Bitcoin: a moeda na era digital**. São Paulo: Instituto Ludwig Von Mises, 2014. P. 22.

atual, o modelo de economia compartilhada do setor de transporte será melhor demonstrado.

1.1. ECONOMIA COMPARTILHADA: ANÁLISE DO SISTEMA DE TRANSPORTE

Poderia dizer que o modelo de negócio denominado por alguns de *carona paga* foi uma verdadeira quebra de paradigmas para o setor de transportes, principalmente nas discussões judiciais entre os taxistas e carros particulares de aluguel. Esse novo modelo enxergou um potencial ocioso, levando em consideração o alto número de veículos por habitantes, bem como um mercado de reserva de mão de obra necessitando encaixar-se no mercado de trabalho.

Basicamente, por meio de uma plataforma digital, na grande maioria instalados em aplicativos de celulares, consumidores que necessitam de transporte conectam o aplicativo solicitando o local que necessitam ir. A plataforma localiza motoristas previamente cadastrados, os quais encontram-se à disposição para a corrida, podendo aceitarem o transporte mediante valor já determinado pelo sistema.

Apesar de parecer um modelo já utilizado no setor de transporte de pessoas, como taxis e carros executivos, o modelo de negócio invadiu o mercado e em pouco tempo passou a ser utilizado por milhares de pessoas. Esse fenômeno evidencia uma nova maneira de produção de renda, em que a ociosidade de bens de consumo pode ser utilizada como fatores de produção, aliando melhor o aproveitamento dos bens existente, preocupação com o meio ambiente e, principalmente, um potencial inventivo aplicado em plataformas virtuais com alto grau de tecnologia.

A aplicabilidade prática foi considerada um sucesso quanto à explosão de um modelo de negócio que, poderia dizer, melhor representa uma *startup* ou, também, ao descobrimento de um nicho de negócio que passou a ser aproveitado, sem que toda uma estrutura empresarial fosse criada para atender as demandas dos consumidores. O potencial inventivo reformulou a concepção de se fazer negócio, aplicou a uma estrutura tecnológica a simples prestação de serviço de transporte de pessoas.

Ocorre que toda mudança também traz consigo uma série de dúvidas e novas questões a serem apreciadas pelo poder judiciário. Ainda que não se tenha criado um novo tipo de serviço, a forma de prestá-lo foi alterada e, consequentemente, a hermenêutica jurídica deve se adaptar os novos elementos trazidos pelo modelo denominado de carona paga.

Esses elementos criaram uma série de discussões na sociedade, como a necessidade de regulamentação ou não, devendo imperar a nítida intervenção estatal ou se a própria livre iniciativa garante essa possibilidade. As discussões chegaram literalmente ao conflito, setores da indústria de transporte mobilizaram cidades, motoristas adeptos ao modelo de carona paga foram agredidos, sindicatos de taxistas avançaram com lobbies coorporativos a fim de inibir a prestação de serviços.

Dessa forma, uma análise do embasamento legal deve ser feita, demonstrando, por um lado, os pontos defendidos pela livre iniciativa e, de outro lado, pontos dos defensores da regulamentação do serviço, bem como, na mesma linha, importa analisar a competência legislativa acerca da regulamentação.

1.2. MOBILIDADE URBANA E SERVIÇOS DE TRANSPORTES

O modelo específico de economia compartilhada cujo objetivo é o transporte de pessoas, trouxe à tona uma discussão que ainda não era relevante, quando existiam apenas carros executivos que prestavam serviços particulares de transportes de pessoas. Contudo, com a proliferação de novos adeptos, desde motoristas e consumidores, um sinal de fumaça surgiu para o bom direito.

Especificamente a discussão encontrou uma lacuna normativa em razão do serviço prestado ter natureza jurídica privada e, concomitantemente, prestar serviços de transporte individual de pessoas.

A Lei federal 12.587 de 2012, a qual institui as diretrizes de Política Nacional de Mobilidade Urbana, dispositivo legislativo em consonância com a Constituição Federal em seu art. 21, XX e 182, estabeleceu parte da regulamentação legal no que tange aos serviços de transportes de pessoas. Particularmente, a lei conceituou serviços e classificou modalidades, visando políticas que contribuam para o acesso às cidades, impliquem em desenvolvimento do espaço urbano, sobretudo, objetivando a integração entre os diferentes modos de transporte e a melhoria da acessibilidade e mobilidade das pessoas e cargas no território dos municípios.

Em princípio, no artigo 3º, a lei diferencia os modos de transporte urbano em motorizados e não motorizados, estabelece as classificações quanto ao objeto em de passageiros e de cargas, à característica do serviço em coletivo e individual e à natureza em público e privado, além de descrever as infraestruturas existentes de mobilidade urbana. Conceitos esses providenciais para o entendimento da alocação do serviço compartilhado de transporte de pessoas.

Alguns importantes conceitos foram descritos necessariamente para que a norma se adequasse às atividades exercidas nos sistemas urbanos existentes. O artigo 4º da Lei descreveu de forma específica esses conceitos: I – transporte urbano: conjunto dos modos e serviços de transporte público e privado utilizados para o deslocamento de pessoas e cargas nas cidades integrantes da Política Nacional de Mobilidade Urbana; II – mobilidade urbana: condição em que se realizam os deslocamentos de pessoas e cargas no espaço urbano; III – acessibilidade: facilidade disponibilizada às pessoas que possibilite a todos autonomia nos deslocamentos desejados, respeitando-se a legislação em vigor.

No mesmo artigo, inicialmente a lei descreveu os modos de transporte: IV – modos de transporte motorizado: modalidades que se utilizam de veículos automotores; V – modos de transporte não motorizado: modalidades que se utilizam do esforço humano ou tração animal; VI – transporte público coletivo: serviço público de transporte de passageiros acessível a toda a população mediante pagamento individualizado, com itinerários e preços fixados pelo poder público; VII – transporte privado coletivo: serviço de transporte de passageiros não aberto ao público para a realização de viagens com características operacionais exclusivas para cada linha e demanda; VIII – transporte público individual: serviço remunerado de transporte de passageiros aberto ao público, por intermédio de veículos de aluguel, para a realização de viagens individualizadas; IX – transporte urbano de cargas: serviço de transporte de bens, animais ou mercadorias; X – transporte motorizado privado: meio motorizado de transporte de passageiros utilizado para a realização de viagens individualizadas por intermédio de veículos particulares; XI – transporte público coletivo intermunicipal de caráter urbano: serviço de transporte público coletivo entre Municípios que tenham contiguidade nos seus perímetros urbanos; XII – transporte público coletivo interestadual de caráter urbano: serviço de transporte público coletivo entre Municípios de diferentes Estados que mantenham contiguidade nos seus perímetros urbanos; e XIII – transporte público coletivo internacional de caráter urbano: serviço de transporte coletivo entre Municípios localizados em regiões de fronteira cujas cidades são definidas como cidades gêmeas.

Como se observa o legislador detalhou os modos de transportes que constituem a estrutura do modal urbano, dentre diversos modos de transporte existentes. Dentre outras questões de fundo social, a lei, particularmente na questão dos serviços de transporte, estabeleceu regras na esfera pública e privada. Prescreveu que a contratação dos serviços de transporte público coletivo será precedida de licitação e deverá observar diretrizes quanto à fixação de metas, concessão de incentivos, entre outros que envolvam os aspectos financeiro e econômico.

Determinou que os serviços de transporte privado coletivo, prestados entre pessoas físicas ou jurídicas, deverão ser autorizados, disciplinados e fiscalizados pelo poder público competente, com base nos princípios e diretrizes desta Lei, e que os serviços de utilidade pública de transporte individual de passageiros deverão ser organizados, disciplinados e fiscalizados pelo poder público municipal, com base nos requisitos mínimos de segurança, de conforto, de higiene, de qualidade dos serviços e de fixação prévia dos valores máximos das tarifas a serem cobradas, sendo os serviços de táxi enquadrados na referida categoria.

Por fim o legislador foi expresso quanto ao serviço de transporte público coletivo, no sentido do poder público delegante deverá realizar atividades de fiscalização e controle dos serviços delegados, preferencialmente em parceria com os demais entes federativos. Fica bem clara a intenção do legislado em preocupar-se quanto à característica do serviço coletivo e à natureza pública, por uma lógica social do referido serviço, em um escopo claramente coletivista, uma tendência do estado social existente.

Somente a partir da Lei 13.640 de 2018, a Lei de Mobilidade Urbana foi alterada e passou a prever em seu art. 4º, X o transporte remunerado privado individual de passageiros como "serviço remunerado de transporte de passageiros, não aberto ao público, para a realização de viagens individualizadas ou compartilhadas solicitadas exclusivamente por usuários previamente cadastrados em aplicativos ou outras plataformas de comunicação em rede".

A referida alteração legislativa foi um marco na discussão entre a obrigatoriedade de regulamentação do serviço privado individual de passageiros ou a livre iniciativa da prestação dos serviços.

1.3. REGULAMENTAÇÃO DO SERVIÇO PRIVADO E INDIVIDUAL DE PASSAGEIROS

Após a publicação da Lei 13.640/2018, passou a constar no texto da Lei de Mobilidade Urbana, em seu art. 11-A, o seguinte dispositivo: "compete exclusivamente aos Municípios e ao Distrito Federal regulamentar e fiscalizar o serviço de transporte remunerado privado individual de passageiros previsto no inciso X do art. 4º desta Lei no âmbito dos seus territórios".

A princípio o legislador jogou uma pá de cal sobre a lacuna legislativa da regulamentação do serviço privado individual de passageiros, uma vez que atribuiu aos Municípios e ao Distrito Federal a competência de regulamentação e fiscalização. Contudo, o legislador criou as normas de caráter geral para tanto, limitando em boa parte o campo legislativo para os Municípios e Distrito Federal atuarem. Vê-se claramente que a Lei buscou, sobretudo, a eficiência, a eficácia, a segurança e a efetividade na prestação do serviço.

Já de início a lei atribuiu a competência aos Municípios e Distrito Federal pela cobrança dos tributos na prestação dos serviços, denotando a competência municipal do imposto sobre a prestação de serviço ou pela aplicação de taxas.

Definiu exigências para as empresas prestadoras de serviços de transporte remunerado privado individual de passageiros em contratar seguro de Acidentes Pessoais a Passageiros (APP) e do Seguro Obrigatório de Danos Pessoais causados por Veículos Automotores de Vias Terrestres, bem como a inscrição do motorista como contribuinte individual do Instituto Nacional do Seguro Social (INSS).

Para os Municípios que optarem pela regulamentação, somente será autorizado o motorista que cumprir com as exigências como: possuir Carteira Nacional de Habilitação na categoria B ou superior que contenha a informação de que exerce atividade remunerada; conduzir veículo que atenda aos requisitos de idade máxima e às características exigidas pela autoridade de trânsito e pelo poder público municipal e do Distrito Federal; emitir e manter o Certificado de Registro e Licenciamento de Veículo (CRLV); e apresentar certidão negativa de antecedentes criminais.

A exploração dos serviços sem o cumprimento dos requisitos descritos, bem como sem cumprir com a regulamentação do poder público municipal e do Distrito Federal, caracterizará transporte ilegal de passageiros.

Ou seja, a lei federal estabeleceu as diretrizes gerais, atribuindo aos Municípios e Distrito Federal a competência para regulamentar os serviços nas suas localidades. Isso não significa que os referidos federados possuem competência absoluta em legislar sobre a matéria, uma vez que estão adstritos a legislar sobre assuntos de interesse local ou suplementar a legislação federal ou estadual no que couber.

Evidente que a lei municipal não pode restringir direitos e garantias constitucionais, devendo a lei ser interpretada conforme ela. A posição adotada pelo legislador sobreveio em boa parte pela posição liberal, daqueles que defendiam a liberdade constitucional da livre iniciativa e os princípios gerais da atividade econômica, demonstrando que o transporte individual privado de pessoas não constava na lei que regulamentava o transporte terrestre urbano, a Lei 9.503 de 1997.

O Supremo Tribunal Federal em sede de Arguição de Descumprimento de Preceito Fundamental[6] julgou inconstitucional lei municipal que visava proibir o uso de carros particulares na prestação de serviço de transporte privado e individual de pessoas, uma vez que configura limitação desproporcional às liberdades de iniciativa (arts. 1º, IV, e 170 CRFB) e de profissão (art. 5º, XIII, da CRFB).

---

6. ADPF 449, Relator(a): Min. LUIZ FUX, Tribunal Pleno, julgado em 08/05/2019, PROCESSO ELETRÔNICO DJe-190 DIVULG 30-08-2019 PUBLIC 02-09-2019.

A decisão além de entrar no campo da liberdade de profissão, também demonstrou uma forte vertente em coibir o abuso legislativo no que concerne ao monopólio de certos grupos de interesse, destinando a possibilidade de prestação de serviço de transporte a apenas certos veículos ou indivíduos autorizados pelo município, sendo que a regulamentação ordinária municipal não pode invadir a esfera legislativa da União no que diz respeito ao trânsito e transporte e condições para o exercício de profissões.

Da tese fixada pelo tribunal supremo, demonstra-se em consonância à evolução tecnológica e social, que as diretrizes principiológicas do direito devem prevalecer como a limitação do poder do Estado, a defesa do consumidor, o impacto positivo na mobilidade urbana, incentivo à inovação e livre-iniciativa e livre concorrência.

Certo que a mudança federal foi um marco para a discussão quanto à necessidade de regulamentação ou não do referido serviço, como um importante passo para efetivar a legalidade dos aplicativos de transporte, também revelando a base federal normativa que criou normas gerais para o Distrito Federal e Municípios seguirem.

Capítulo 2

INTELIGÊNCIA ARTIFICIAL NO EMPREENDEDORISMO

Alessandra Cristina da Costa

"***Nada em si é bom ou mau; tudo depende do que pensamos***"
(Hamlet – Cena II, Ato II)

Vamos imaginar juntos o mundo do futuro onde os carros não precisam de motorista, idosos possuem amigos robóticos que, além de fazer companhia, cuidam de situações como o remédio na hora correta e o monitoramento da saúde em tempo real. Um aplicativo de assistente virtual que te ajuda a verificar se falta algo na geladeira e manda o comando de compra direto para o supermercado, além de verificar a qualidade do que a família toda tem consumido, se você está dormindo bem, como está a segurança da casa e até qual a melhor hora para passear com o seu cachorro. Um mundo em que ao chegar no aeroporto para fazer seu *check in*, você seja atendido por um androide sorridente que te ajuda com todas as dúvidas que tiver, hospitais com máquinas inteligentes que diagnosticam e tratam de forma precisa diversas doenças sem que os exames tenham passado necessariamente por um médico, um carro autônomo entregando sua pizza no sábado à noite, neurocomputadores que aprendem e aprimoram suas habilidades sozinhos, supercomputadores tomando as melhores decisões para potencializar operações, aumentar o faturamento e economia de uma indústria.

Várias das situações citadas já são uma realidade, elas são possíveis por meio do uso da chamada Inteligência Artificial (IA). Longe dos filmes de ficção científica a presença da Inteligência Artificial já pode ser sentida cada vez mais na sociedade, este tipo de tecnologia ainda não possui a capacidade de se emocionar ou ter consciência da própria existência, mas por meio de seus algoritmos tem causado um impacto sem precedentes na nossa forma de viver.

Nos deparamos com a IA, desde coisas simples como a utilização de sites ·de buscas, streamings, corretor ortográfico do celular, até robôs que possuem a capacidade de atender sozinhos ao público, estes robôs já podem ser vistos em vários locais do mundo e tem a capacidade de estabelecer diálogos estruturados com os humanos, analisando e construindo sozinho a melhor forma atendê-los. Esta tecnologia é considerada um dos pilares da chamada indústria 4.0.[1]. e esta revolucionando a forma como a indústria realiza sua produção.

De acordo com Cezar Taurion,[2] a Inteligência Artificial terá um impacto similar ou até maior ao que a eletricidade, pois a Inteligência Artificial (IA) será cada vez mais integrada em tudo o que fazemos, esta integração acontecerá a tal ponto que não perceberemos a sua utilização em nosso dia a dia.

Nos últimos anos vimos alguns avanços significativos como o Watson, da IBM, o AlphaGo, da Google e Alexa da Amazon. As possibilidades do seu uso são gigantescas e os avanços mostram que o seu potencial evolutivo dobra a cada ano.

Mas e como os empreendedores devem se portar diante deste panorama? Estão preparadas para os impactos que a utilização da Inteligência artificial poderá e irá trazer para os seus negócios?

---

1. "A indústria 4.0 pode ser vista como um novo paradigma de produção desenvolvido nas empresas, resultado da quarta revolução industrial, a qual trouxe como marca um significativo avanço na relação entre homem e máquina. (...) Em razão da sua íntima relação com atributos como conectividade, inteligência artificial, *data science, big data, IoT, machine learning* e tantos outros, a indústria 4.0 efetiva um fenômeno bastante amplo dentro das organizações, transformando a maneira como máquinas se comunicam e utilizam as informações para otimizar o processo de produção, tornando-o mais econômico, ágil e autônomo." Indústria 4.0: afinal, você sabe realmente o significado?. Disponível em: < https://www.totvs.com/blog/industria-4-0-saiba-o-real-significado/> Acessado em 31 jan de 2020.

2. TAURION, Cezar. **O Uso da Inteligência Artificial não é uma opção Futurista.** Disponível em http://cio.com.br/tecnologia/2017/10/10/o-uso-de-inteligencia-artificial-nao-e-uma-opcao-futurista/ Acesso em 01/11/2017.

2.1. AFINAL O QUE É A INTELIGÊNCIA ARTIFICIAL?

Para tentarmos definir o que é a Inteligência Artificial, é necessário primeiramente definir o que é a própria Inteligência. De acordo com o Dicionário Aurélio, inteligência é o "conjunto de todas as faculdades intelectuais (memória, imaginação, juízo, raciocínio, abstração e concepção)", já o mesmo dicionário define que Inteligência Artificial seria "o ramo da informática que estuda o desenvolvimento de sistemas computacionais com base no conhecimento sobre a inteligência humana" [3].

Para autores como Nikolopoulos (1997)[4] e McCarthy (2002)[5], a Inteligência Artificial é um campo de estudos multidisciplinar, originado de matérias como computação, engenharia, psicologia, matemática e cibernética, cujo principal objetivo é construir sistemas que apresentem comportamento inteligente e desempenhem tarefas com um grau de competência equivalente ou superior ao grau com que um especialista humano as desempenharia. .

Em poucas palavras, é um sistema que utiliza a combinação de várias tecnologias, que ajuda o software a "pensar" e encontrar soluções no mesmo nível ou muitas vezes melhores do que um humano poderia fazer e de uma forma muito mais rápida.

Deste modo, é uma tecnologia que permite que as máquinas percebam, compreendam, encontrem padrões, executem e aprendam por conta própria ou complementem atividades realizadas por humanos, sempre com o intuído de aperfeiçoar sua operação.

2.2. TIPOS DE IA

A lógica de programação aplicada à IA é diferente da convencional utilizada para a criação de softwares comuns, as pesquisas desenvolvidas nesta área se inspiram principalmente no sistema nervoso central e nas redes criadas pelos neurônios em nosso cérebro, pois este é capaz de associar informações, interpretar, encontrar

---

3. Publicado em: 2016-09-24, revisado em: 2017-02-27. Disponível em: https://dicionariodoaurelio.com/inteligencia›. Acesso em: 30 outubro de 2017.

4. NIKOLOPOULOS, C. Expert systems: New York: Marcel Dekker, Inc., 1997.

5. MCCARTHY, J. **What is Artificial Intelligence?**. Disponível em: http://www-formal.stanford.edu/jmc/whatisai/ . Acesso em: 27 outubro 2002.

padrões e assim encontrar e aplicar uma solução, além de aprender com seus erros e acertos.

Seguindo esta linha, mas não se limitando apenas a esta forma, muitas pesquisas para a aplicação da inteligência artificial tentam simular as sinapses das conexões neurais humanas, as chamadas redes neurais artificiais (RNAs), por meio da linguagem de programação e interpretação de *Big Data*[6] que servirão de base para determinar padrões e fazer previsões sobre eventos futuros desconhecidos, por meio das Análises Preditivas que analisam o histórico destes dados e algoritmos utilizados para identificar a probabilidade de resultados.

Para ensinar os computadores a "pensar" podemos passar por várias áreas da ciência da computação como *Machine Learning*, *Deep Learning*, Processamento de Linguagem Natural (PLN), além de outras. Para fins de informação, vamos nos concentrar nestes três tipos[7]:

> *Machine Learning:* é o chamado aprendizado de máquina, que é tipo de aprendizado em que o computador utiliza dados para aprender com apenas o mínimo de programação. Em vez de programar os preceitos e regras na máquina e esperar o resultado, com *machine learning*, conseguimos deixar que a máquina aprenda estes preceitos por conta própria a partir dos dados alimentados, chegando ao resultado de forma autônoma, como, por exemplo, as recomendações personalizadas na Netflix e outros sites de busca.
>
> *Deep Learning:* é o que chamamos de aprendizado profundo, pois utiliza algoritmos complexos para imitar a rede neural do cérebro humano e aprender uma área do conhecimento com pouco ou nenhuma supervisão.
>
> Processamento de Linguagem Natural (PLN): este tipo de processamento utiliza as técnicas de *Machine Learning* com o objetivo de encontrar padrões e realizar Análises Preditivas, por meio de um grande conjunto de dados e a partir disso reconhecer o que seria uma linguagem natural, ou seja, que são naturais da comunicação, tais como a interpretação de

---

6. São grandes quantidades de dados inseridos nos processos de IA, podendo ser estruturados ou não.
7. RUSSELL, S. and Norvig, P. **Artificial Intelligence - a modern approach**, 1995.

um texto e de sons. Um exemplo para a sua aplicação é o que chamamos de análise de sentimentos, onde os algoritmos podem procurar padrões em postagens na internet para compreender como os clientes se sentem em relação um produto específico ou marca.

2.3. DOS IMPACTOS DA UTILIZAÇÃO DA IA NAS EMPRESAS

A utilização da Inteligência Artificial pode gerar diversos benefícios às empresas, entre elas estão a diminuição de custos, aumento da produtividade, entrega de produtos, serviços mais ágeis e flexíveis, aumento dos lucros, maior rapidez na concretização da venda.

Entretanto, foi publicado pela McKinsey Global Institute, um estudo detalhado sobre como e de que forma a IA vem sendo utilizadas nas empresas, o relatório "Artificial Intelligence: the next digital frontier?"[8] mostrou que existe uma grande distância entre a percepção do potencial da IA e sua adoção. O estudo demonstrou que poucas empresas estão adotando Inteligência Artificial de forma ativa. Na pesquisa com 3.000 executivos (C-Level)[9], somente 20% disseram que estão usando este tipo de tecnologia em grande escala ou que ela já faz parte do seu core business[10].

As empresas que buscam alcançar vantagem competitiva através da utilização da IA, buscam automatizar processos que as máquinas ou softwares, realizem melhor e mais rápido do que os seres humanos e com melhores resultados. A utilização da *Machine Learning* e PNL, por exemplo, podem proporcionar uma melhor compreensão das expectativas e intenções dos clientes, o que pode gerar a possibilidade de uma experiência aprimorada, trazendo um melhor posicionamento competitivo na área de atuação.

---

8. McKinsey&Company. Discussion Paper - **Artificial Intelligence: the next digital frontier?** – Junho 2017.

9. Expressão utilizada para identificar os principais executivos de uma estrutura/empresa, que em inglês, são chamados de "Chiefs". Exemplos: CEO, CIO, CFO, COO, entre outros.

10. Termo inglês que habitualmente é usado para definir qual o ponto forte e estratégico da atuação de uma determinada empresa.

Para que o uso desta tecnologia seja bem aproveitado é necessário redesenhar os processos de acordo com a intensidade de aplicação da IA na organização, pois modelos antigos de estrutura organizacional podem não trazer os resultados esperados, novos processos e novos modelos mentais serão desafiadores de implementar, mas imprescindíveis para a obtenção de resultados concretos.

O relatório[11] emitido pela McKinsey&Company identificou que para a utilização efetiva da IA nas organizações, os executivos precisam primeiramente identificar onde a Inteligência Artificial poderá criar uma vantagem mais significativa, para após adotar as formas e definir estratégias comuns de trabalho. O estudo afirma ainda que o trabalho em conjunto com startups e pioneiros na área pode acelerar e muito este processo.

A boa utilização deste tipo de tecnologia em conjunto com uma gestão direcionada, pode impulsionar a eficiência operacional em escala e velocidade incomparáveis com os processos atuais. O estudo menciona que 83% das empresas entrevistadas aumentaram sua retenção e clientes e 74% aumentaram a velocidade da efetivação de uma venda.

As empresas de qualquer seguimento devem estar atentas, pois, o uso deste tipo de tecnologia não é uma opção futurista a longo prazo, mas uma realidade que pode ser decisiva em termos de competitividade e sustentabilidade do negócio.[12]

2.3.1. As principais vantagens da sua utilização

Além do raciocínio, percepção e auxilio nas tomadas de decisões das empresas os algoritmos complexos da Inteligência Artificial trazem três principais vantagens na sua utilização dentro das empresas, sendo elas:

1) ***Redução de erros:*** a IA, conforme visto anteriormente, possui a capacidade de identificar, interpretar padrões, encontrar soluções mais viáveis, executar, estar em constante aprendizagem por meio de todo este processo, para que as tomadas de

11. McKinsey&Company. Idem.

12. TAURION, Cezar. **O Uso da Inteligência Artificial não é uma opção Futurista.** Disponível em http://cio.com.br/tecnologia/2017/10/10/o-uso-de-inteligencia-artificial-nao-e-uma-opcao-futurista/ Acesso em 01/11/2017.

decisões se tornem cada vez mais rápidas e seguras. Por este fato, este tipo de tecnologia consegue desempenhar de forma superior as tarefas que seriam mais seriam mais propensas à erros caso fossem realizadas por humanos;

2) ***Redução de custos*:** está em consonância com o primeiro item desta lista, pois ao reduzir possíveis erros, a redução dos custos que estes erros proporcionariam à empresa será proporcional. Todavia, esta não é a única forma da IA reduzir custos. Muitas empresas, como bancos, empresas áreas, e-commerces, utilizam os robôs para iniciar o atendimento com o cliente, e considerando sua capacidade em realizar um diálogo estruturado para atender da melhor forma o cliente, a situação somente será repassada para um ser humano em casos de problemas mais complexos. Deste modo, abrindo precedente para à empresa reduzir gastos com pessoal ou mesmo realocar colaborador para áreas que possam melhorar a geração de lucro e estratégia da empresa;

3) ***Aumento de lucro***: com a diminuição de erros e custos, a possibilidade de crescimento e aumento do lucro serão igualmente proporcionais.

2.3.2. Possíveis aplicações da inteligência artificial na indústria e comércio

Manutenção preditiva

Por meio da coleta de dados a análise preditiva consegue antecipar padrões e possibilidades. Esta antecipação só se torna possível graças aos mecanismos de inteligência artificial implantados na empresa. Ela prediz o tempo de vida útil dos equipamentos e componentes das máquinas, além das condições necessárias para que este tempo seja bem aproveitado.

Entre os principais benefícios da manutenção preditiva, estão[13]:

- Antecipar a necessidade de serviços de manutenção do equipamento;

13. ALBUQUERQUE, Daniela. **O que é a manutenção preditiva?** Disponível em: < https://certificacaoiso.com.br/e-manutencao-preditiva-2/> acessada em 31 de jan de 2020.

- Eliminar a chance de desmontagem desnecessária;
- Aumentar o tempo de disponibilidade dos equipamentos;
- Reduzir as paradas de emergência;
- Aumentar o aproveitamento da vida útil dos equipamentos e a confiabilidade do desempenho;
- Determinar previamente interrupções de fabricação.

Com o uso da *machine learning* é possível automatizar a manutenção preditiva, ou seja, a IA identifica a necessidade de substituição da peça sem a intervenção humana.

Os objetivos principais de uma empresa que utiliza a inteligência artificial no que diz respeito a garantir o bom funcionamento dos equipamentos, reduz o tempo de operação, os custos de manutenção e otimiza a produtividade dos processos de modo geral. No caso de ser estabelecida como constante as manutenções preditivas, é possível, inclusive, eliminar as manutenções periódicas.

Supply chain

O gerenciamento da cadeia de suprimentos de uma empresa inclui todo o processo de logística de materiais e produtos.

A partir da coleta de dados e da aprendizagem de máquina (*machine learning*), é possível prever possíveis demandas, que se tornam mais precisas a partir do uso da inteligência artificial. Tornando mais fácil o processo de tomada de decisões acertadas, de modo a evitar desperdícios e custos desnecessários.

Otimização do Trabalho humano (trabalho em conjunto homem e máquina)

A IA com certeza será a causadora da redução de vários postos de trabalho, porém os sistemas de inteligência artificial podem, otimizar e complementar a participação humana no processo produtivo, como ocorre na fábrica da FIAT na cidade de Betim (MG)[14].

---

14. Industria 4.0 – fábrica FIAT Betim (MG). Disponível em: < https://www.youtube.com/watch?v=Yl5IaoASWDo> acessado em 31 de jan de 2020.

Este trabalho em conjunto máquina e humano, aumenta a produção, diminuindo as possibilidades de erros e consequentemente reduzindo os custos.

Previsão do comportamento do consumidor

Atualmente um dos usos mais comuns do sistema de IA no comércio. As empresas conseguem mapear o comportamento do consumidor por meio de dados coletados, pela internet, pela movimentação captada dentro dos seu estabelecimento, entre outras formas de captura de dados, podendo com estes identificar padrões, prever possibilidades e utilizar estas informações para criar ações de marketing que se alinham com seu tipo de público, aumentando as chances de venda.

Personalização da experiência de compra

Ao se permitir prever o comportamento do consumidor, é possível oferecer uma boa assistência no momento da compra, que pode ser decisivo no fechamento da venda. Dessa maneira, com a inteligência artificial, será possível oferecer os produtos certos, na hora certa para cada cliente do negócio.

Outras áreas de aplicação da Inteligência Artificial que podem ser empregadas nas empresas:

- Robótica e automação industrial;
- Otimização e controle de processos;
- Reconhecimento de imagem, face, produtos e peças;
- Automação do atendimento ao cliente;
- Processamento de linguagem natural;
- Bancos de dados dedutivos e mineração de dados;
- Reconhecimento de padrões;
- Melhorias dos mecanismos de busca;
- Tomada decisões acertadas e seguras;
- Aprendizagem, planejamento e escalonamento de tarefas;
- Reconhecimento de faces, de voz, de cheiros e de sabores.

Para as empresas, o uso deste tipo de tecnologia não é uma opção futurista a longo prazo, mas uma realidade que pode ser decisiva em termos de competitividade e sustentabilidade do negócio.[15]

2.4. DAS IMPLICAÇÕES JURÍDICAS DA UTILIZAÇÃO DA INTELIGÊNCIA ARTIFICIAL

Mas quem se responsabiliza pelos danos causados por ações tomadas por um software de IA? O desenvolvedor seria também responsável por aquilo que sua criação fez ou deixou de fazer? Seria o usuário? A imprevisibilidade do comportamento atenua ou agrava cada caso? Essas e outras questões pairam nas discussões relacionadas ao Direito quando falamos de IA.

O uso da inteligência Artificial não se limita apenas a softwares e robôs, como também em nanorobôs, androides, avatares e similares. Não há dúvidas de que a evolução da Inteligência Artificial e sua forma de utilização, tem sido cada vez mais rápida, e vem provocando impactos em todas as áreas do Direito.

Afinal, os robôs humanoides, ao serem comparados aos humanos, teriam também direito a terem direitos ou serem punidos pelos seus atos? .

Isaac Asimov, escritor e autor de livros que deram origem aos filmes "eu, robô" e "homem bicentenário", já tratava destas questões em 1950, quando em seus textos abordava conflitos jurídicos que poderiam existir entre os seres humanos e os próprios robôs.

Ao considerar esta possibilidade de conflitos e o crescimento contínuo da utilização da IA, esses e muitos outros questionamentos vêm se tornando tema central nas principais potências econômicas do planeta. Diversos países estão investindo na criação de regulamentações a fim de lidar com esta nova realidade.

Anteriormente não era possível a um computador realizar qualquer tipo de ação sem que o programador não soubesse executar ele próprio. Já a IA traz a possibilidade de que programas de computadores desenvolvam, eles próprios, habilidades de encontrar

---

15. TAURION, Cezar. **O Uso da Inteligência Artificial não é uma opção Futurista.** Disponível em http://cio.com.br/tecnologia/2017/10/10/o-uso-de-inteligencia-artificial-nao-e-uma-opcao-futurista/ Acesso em 01/11/2017.

soluções e desempenhar ações que os seus desenvolvedores podem não ser capazes de alcançar ou prever.

Cabe aqui ressaltar que para definir se a IA propriamente teria responsabilidade civil e até criminal dos seus atos seria o fato desta tecnologia possuir consciência de sua existência e de seus atos, o que neste momento de desenvolvimento ainda não ocorreu. Desta forma, não há o que se falar em responsabilidade da máquina, o que ainda não alivia a questão de quem seria responsável pelos atos realizados pela máquina.

Diante do exposto, precisamos primeiramente conceituar o que é a responsabilidade civil.

2.4.1. A responsabilidade civil

A responsabilidade civil tem como principal objetivo garantir a reparação de um dano causado por outra pessoa que possa ter levado a diminuição do bem da vítima ou ainda causado qualquer problema em um acordo realizado previamente. Este ano poderá ser de natureza material ou imaterial.

Nesta mesma linha de raciocínio GAGLIANO menciona que:

> "Assim, associando-se essa linha de raciocínio ao campo do direito privado, a responsabilidade civil procede de uma agressão contra algum interesse eminentemente particular, sujeitando, com isso, o transgressor ao pagamento de uma indenização pecuniária à vítima, salvo o caso de se poder repor *in natura* o estado anterior das coisas" (GAGLIANO; PAMPLONA FILHO, 2010)[16]

A responsabilidade civil tem várias formas e espécies sendo as principais a subjetiva e a objetiva. A responsabilidade subjetiva é resultante da culpa, isto é, de uma ação realizada com a intenção de causar dano, que deverá ser comprovada em momento oportuno. Já a responsabilidade objetiva, por sua vez, utiliza em seu cerne a

---

16. GAGLIANO, Pablo Stolze; PAMPLONA FILHO, Rodolfo. **Novo curso de direito civil**: responsabilidade civil. Vol. 3. 8. ed. rev. atual. e aum. São Paulo: Saraiva, 2010.

teoria do risco que prevê que a vítima deve ser indenizada mesmo que não haja a comprovação da culpa, deste modo apenas dano em si causado a outrem e o nexo causal (ato que causou o dano), já são suficientes para determiná-la como sendo responsabilidade civil objetiva, tal como aquilo que esta sob sua responsabilidade como uma coisa ou animal.

Deste modo, o artigo 186 do Código Civil Brasileiro[17] determina que: "aquele que, por ação ou omissão voluntária, negligência ou imprudência, violar direito e causar dano outrem, ainda que exclusivamente moral, comete ato ilícito".

Este dano pode ser causado pela pessoa em si ou por um terceiro que esteja sob sua responsabilidade e ainda por animais e seres inanimados, como máquinas.

Diante de todo o exposto, fica claro que a Inteligência artificial por não ser dotada de consciência dos seus atos, não passa a ser considerado como um ser inanimado e por isso não pode responder por seus atos. Existem então apenas dois possíveis responsáveis por responder a possíveis danos: os seus fabricantes, que também podem ser chamados de desenvolvedores ou seus proprietários/usuários.

Nos casos de defeito de fabricação ou programação, o fabricante/desenvolvedor é responsável por tudo que a sua criação ou produto faz, conforme o Inteligência artificial: Aspectos Jurídicos, de Tarcísio Teixeira e Vinicius Cheliga:

> "o fabricante é responsável pelo desenvolvimento da inteligência artificial, sua curva de aprendizagem, ou seja, de possíveis erros de aprendizagem, e quando equipada a inteligência artificial de elementos relacionados à robótica, é necessário planejamento para seu ciclo de manutenção, com troca de peças desgastadas, sensores que podem ter sido danificados e elementos de lubrificação"[18].

---

17. BRASIL. Código Civil. **Lei n.º 10.406, de 10 de janeiro de 2002 (Código Civil)**. *In*: Presidência da República. Casa Civil. Subchefia para Assuntos Jurídicos. Disponível em: <http://www.planalto.gov.br/ccivil_03/leis/2002/l10406.htm>

18. TEIXEIRA, Tasrcísio e CHELIGA, Vinicius - Inteligência Artificial: Aspectos Jurídicos, Editora Juspodivm, 2019.

Outro ponto também mencionado por TEIXEIRA é o fato de que a IA se trata de um software e a maioria das empresas utilizam linguagens de programação fechadas que não estão "disponíveis ao usuário comum, dentro de suas políticas e limitado o acesso para a verificação e medição do que ocorre dentro do algoritmo".

Já no caso de dano causado pelo usuário, este dano ocorrerá por uma possível má utilização do produto que foi contra as indicações do fabricante. Neste caso, tal ato deverá ser devidamente comprovado para a imputação da responsabilização.

2.4.2. Como anda essa questão no parlamento europeu e EUA?

Muito ainda há que se discutir sobre o assunto, no Brasil ainda não existe disposições específicas para esta área, na vanguarda desta discussão, a União Europeia tornou-se referência, quando o Parlamento Europeu editou a Resolução 2015/2103, de 16 de fevereiro de 2017, com recomendações à Comissão de Direito Civil sobre Robótica.[19]

Recentemente, os Estados Unidos também se pronunciaram a respeito da elaboração da chamada *"American AI Initiative"*, iniciativa para impulsionar a indústria de IA nos EUA. Mas ainda fica a pergunta: *quem se responsabilizará pelas decisões da inteligência artificial?* Em 2018 a empresa Amazon desenvolveu uma ferramenta de inteligência artificial com o objetivo de realizar um processo seletivo mais rápido, eficiente e imparcial. No entanto, durante testes realizados foi percebido que a ferramenta discriminava mulheres dependendo de sua associação com atividades feminista.[20]

---

19. UNIÃO EUROPEIA. **Resolução do Parlamento Europeu, de 16 de fevereiro de 2017, com recomendações à Comissão de Direito Civil sobre Robótica (2015/2103.** 2017. Disponível em: <http://www.europarl.europa.eu/sides/getDoc.do?pubRef=-//EP// TEXT+TA+P8-TA-2017-0051+0+DOC+XML+V0//EN#BKMD-12>. Acesso em: 10 out. 2017. Relatora Mady Delvaux, *de* 31 de maio de 2016. Disponível em: <http://www.europarl.europa.eu/sides/getDoc.do?pubRef=-//EP// NONSGML+COMPARL+PE-582.443+01+DOC+PDF+V0//PT>. Acesso em 20.05. 2017.

20. DASTIN, Jeffrey. "Amazon scraps secret AI recruiting tool that showed bias against women". Reuters: 10 de outubro de 2018. Disponível em:

Mesmo que tal ferramenta nunca tenha sido utilizada, podemos levantar aqui o questionamento de qual seria a responsabilidade da Amazon caso mulheres que se enquadrassem neste tipo de abordagem tivessem sido discriminadas?

A responsabilidade na utilização da Inteligência Artificial no âmbito dos direitos e obrigações estabelecidos por meio desta tecnologia da IA, de acordo com Pagallo, é normalmente interpretada do ponto de vista jurídico tradicional, que define a IA apenas como ferramenta. Ou seja, a responsabilidade pelo comportamento da ferramenta recai sobre a pessoa física ou jurídica em nome de quem ela age[21].

A teoria que vê a IA como ferramenta corrobora com o fato de que a responsabilidade será da empresa em que a IA é utilizada para prestar serviços e oferecer produtos e dependendo da situação de quem a produziu. Outra teoria importante a se destacar são os casos em que a IA deve ser utilizada por um usuário para desempenhar ou desenvolver atividades sob a vigilância do mesmo, deste modo a responsabilidade seria de quem possui o dever de guarda, entre outras palavras do seu proprietário, ou usuário muitas vezes denominados consumidores.[22]

Ao considerar o fato de que este tipo de tecnologia pode aprender, o Parlamento Europeu fez menção a essas circunstâncias, responsabilizando a pessoa que "ensinou" o robô que efetivamente causou danos a outrem, podendo ser considerado dependendo do caso como possível "mau uso". Esta responsabilidade jurídica deverá ser proporcional ao nível de instruções fornecidas pelo responsável ao *software* e ao nível de autonomia da IA.[23]

---

https://www.reuters.com/article/us-amazon-com-jobs-automation-insight/amazon-scraps-secret-ai-recruiting-tool-that-showed-bias-against-women-idUSKCN1MK08G. Acesso em 20.05. 2017.

21. PAGALLO, Ugo. *The laws of robots*: crimes, contracts, and torts. Heidelberg: Springer, 2013.

22. PAGALLO, Ugo. *The laws of robots:* crimes, contracts, and torts. Heidelberg: Springer, 2013.

23. UNIÃO EUROPEIA. *Projeto de Relatório que contém recomendações à Comissão sobre disposições de Direito Civil sobre Robótica (2015/2013(INL)).* Relatora Mady Delvaux, de 31 de maio de 2016. p. 11. Disponível em: <http://www.europarl.europa.eu/sides/ getDoc.do?pubRef=-//EP// NONSGML+COMPARL+PE-582.443+01+DOC+PDF+V0//PT>. Acesso em 20.05.2017.

A Resolução Europeia destacou como uma possível solução, motivada pela complexidade do tema e a imprevisibilidade no uso desta tecnologia, o estabelecimento de um regime de seguros obrigatórios para os fabricantes e proprietários, com o objetivo de reparar quaisquer danos que vierem a ser causados pelos seus sistemas de Inteligência Artificial.[24]

Ainda não são claros os riscos que essa tecnologia apresenta realmente, mas se faz urgente a necessidade da criação de uma norma que regule a responsabilidade pelas consequências danosas. De qualquer forma, independente da teoria adotada a responsabilidade deverá ser atribuída a um ser humano, e não ao robô.

No Brasil os legisladores deverão criar uma normatização específica sobre o tema ou atualizar a legislação já existente. É importante se manter atento as novas regulamentações que já surgiram e que ainda surgirão conforme a necessidade da sociedade quando se fala de Inteligência Artificial, para possíveis adequações. Bem como deve-se presar que as normas sejam redigidas de modo a abarcar as especificidades dessa tecnologia, a fim diminuir a possibilidade de conflitos USUÁRIO-INTELIGÊNCIA ARTIFICIAL-EMPRESA, além de garantir a segurança jurídica.

Como apontado anteriormente o Brasil ainda não possui regramentos específicos para o uso deste tipo de tecnologia, deste modo, é importante considerarmos as recomendação quc o Parlamento Europeu e encaminhada para a Comissão Europeia em 2017, com disposições de direito civil sobre robótica, trazendo pontos importantes com relação ao tema, possuindo um capítulo direcionado justamente sobre a responsabilidade[25]

> Art. 49. Considera que a responsabilidade civil pelos danos causados por robôs constitui uma questão crucial que tem de ser igualmente resolvida ao nível da União, a fim de garantir o mesmo nível de eficácia, de transparência e de coerência

24. UNIÃO EUROPEIA. *Resolução do Parlamento Europeu, de 16 de fevereiro de 2017, com recomendações à Comissão de Direito Civil sobre Robótica (2015/2103).* 2017. Disponível em: <http://www.europarl.europa.eu/sides/getDoc.do?pubRef=-//EP//TEXT+TA+P8-TA-2017-0051+0+DOC+XML+V0//EN#BKMD-12>. Acesso em 20.05.2017.

25. TEIXEIRA, Tasrcísio e CHELIGA, Vinicius - Inteligência Artificial: Aspectos Jurídicos, Editora Juspodivm, 2019.

> na execução da segurança jurídica em toda a União para benefício dos cidadãos, dos consumidores e das empresas (PARLAMENTO EUROPEU, 2017[26])

Aqui podemos verificar o impacto como um todo de a três agentes. Sendo o primeiro agente a SOCIEDADE, que de forma voluntária ou involuntária é atingida pela robótica que utilizem ou não a inteligência artificial para os seus feitos, o segundo são os consumidores que utilizam tais produtos e o terceiro as empresas que efetivamente fabricam os robôs[27].

> Art. 50. Observa que o desenvolvimento da tecnologia robótica exigira mais compreensão relativamente aos pontos comuns necessários para a atividade conjunta entre humanos e robôs. que deverá ter por base duas relações de interdependência centrais. previsibilidade e a direcionalidade, assinala que estas duas relações de interdependência são fundamentais para determinar que informações devem ser partilhadas entre humanos e robôs como pode ser alcançada uma base comum entre humanos todos, a fim de permitir uma ação conjunta e sem problemas (PARLAMENTO EUROPEU, 2017)

Já o artigo acima menciona essa união/integração entre homens e máquina, porém o artigo 52 trata da responsabilidade do robô equipado com a IA, diminuindo sua responsabilidade por não terem sido provocados por um humano.

> 52. Considera que qualquer que seja a solução jurídica aplicável à responsabilidade civil pelos danos causados por robôs em casos que não sejam de danos patrimoniais, o futuro instrumento legislativo não deve em caso algum, limitar o tipo ou a extensão dos danos a serem indenizados,

---

26. DISPOSIÇÕES DE DIREITO CIVIL SOBRE ROBÓTICA – Relatório – PARLAMENTO EUROPEU – FEV.2017 - < https://www.europarl.europa.eu/doceo/document/TA-8-2017-0051_PT.html> ACESSADO EM 16.11.2020

27.

> nem deve limitar as formas de compensação que podem ser disponibilizadas à parte lesada pelo simples fato de os danos não terem sido provocados por um agente não humano: (PARIAMENTO EUROPEU, 201

O artigo abaixo tem sido exaustivamente discutido no meio, pois sugere a criação de um fundo para os robôs autônomos, que funcionaria tal qual um seguro de carros, com o intuito de cobrir danos causados, neste caso, por robôs autônomos.

> 57. Destaca que uma possível solução para a complexidade de atribuir responsabilidade pelos danos causados pós robôs cada vez mais autônomos pode ser um regime de seguros obrigatórios conforme acontece já, por exemplo, com os carros; observa, no entanto, que ao contrário do que acontece com o regime de seguros para a circulação rodoviária, em que os seguros cobrem os atos e as falhas humanas, um regime de seguros para a robótica deveria ter em conta todos os potenciais elementos da cadeia de responsabilidade; (PARLAMENTO EUROPEU, 2017),

Em novembro de 2020 o Parlamento Europeu aprovou, novas iniciativas legislativas, visando uma maior regulamentação do uso da Inteligência Artificial na União Europeia. As novas iniciativas preveem regras em matéria de ética, responsabilidade e direitos de propriedade intelectual.

Entre as iniciativas aprovadas, determina que a IA deverá ser sempre "antropocêntrica e antropogênica, ou seja, centrada nos seres humanos e apenas produzida por eles.

Outro ponto interessante levantado pelas novas iniciativas realça a necessidade de as tecnologias consideradas de alto risco, que são decorrentes do uso da autoaprendizagem da Inteligência Artificial, que inclui, por exemplo, os carros autônomos que devem ser fabricados de forma a permitir a supervisão humana a qualquer momento. De forma mais clara a nova determinação indica que caso a autoaprendizagem for contra princípios éticos ou se tornar perigosa de alguma forma, a capacidade de aprender deverá ser suspensa e retomada por um humano.

2.5. A INTELIGÊNCIA ARTIFICIAL NO CINEMA E O PENSAMENTO LINEAR

Não é de hoje que o cinema anda lado a lado com as previsões futurísticas, tanto é que muitas vezes quando falamos das inovações tecnológicas que acontecem atualmente, muitas delas já foram antecipadas na tela grande, como se tudo fosse invenção da indústria de cinema. Mas eles não inventam tudo isso da sua imaginação criativa, na verdade, eles bebem da fonte dos grandes especialistas futuristas.

Com a IA não seria diferente, vários diretores já trabalharam com este tema, a complicada relação entre o homem e suas máquinas, discutindo em seus filmes sobre inteligência, consciência e, em meio a tanta tecnologia.

A ficção é cheia de seres dotados de inteligência artificial, como o computador de bordo HAL 9000, do filme 2001 – Uma Odisseia no Espaço, os robôs assassinos dos filmes Exterminador do Futuro ou um sistema inteligente e artificial que manipula a mente das pessoas e cria a ilusão de um mundo real enquanto usa os seres humanos para produzir energia, como nos filmes da trilogia Matrix. Mas, na prática, o que chegou ao mercado até agora foram sistemas muito mais simples e especializados.

Abaixo segue uma lista de 15 filmes e 06 séries que possuem como temática este assunto tão fascinante:

1) 2001 – Uma Odisseia no Espaço (1968). Direção Stanley Kubrick;
2) Blade Runner (1982). Direção: Ridley Scott[28];
3) Ex-Machina (2015). Direção: Alex Garland;
4) I.A. Inteligência Artificial (2001). Direção: Steven Spielberg;
5) Eu, Robô (2004)[29]. Direção: Alex Proyas;
6) Metrópolis (1927). Direção Fritz Lang;
7) Her (2013). Direção: Spike Jonze;
8) WALL-E (2008) animação da PIXAR. Direção: Andrew Stanton;

28. Possui sequência.

29. Inspirado na coleção de contos “Eu, Robô” de Isaac Asimov.

9) Matrix (1999). Direção: Lana Wachowski, Lilly Wachowski[30];
10) Transcendence (2014). Direção: Wally Pfiste;
11) O Exterminador do Futuro (1984). Direção: James Cameron[31];
12) Westworld – Onde Ninguém Tem Alma (1973). Direção: Michael Crichton[32];
13) O Homem Bicentenário (1999). Direção: Chris Columbus;
14) War Games (1983). Direção: John Badham;
15) Tron: Uma Odisseia Eletrônica (1982). Direção: Steven Lisberger.

Séries

1) Westworld (2 temporadas) – HBO
2) Black Mirror (5 temporadas) – Netflix
3) Love, Death & Robots (1 temporada) – Netflix
4) Person of Interest (5 temporadas) – Warner
5) Humans (3 temporadas) – AMC
6) Better Than Us (1 temporada) – Netflix.

Hologramas perfeitos que respondem a quase todas as suas necessidades? Máquinas tão inteligentes quanto os humanos? Carros autônomos voadores? Download da memória humana? Amor entre o homem e supercomputadores. Tudo isso é possível, e se você, caro leitor, imagina que as inovações tecnológicas previstas no cinema vão demorar muito tempo para se concretizar, talvez esteja pensando de maneira linear.

O PENSAMENTO LINEAR

Crescimento Linear X Crescimento Exponencial

A tendência dos seres humanos é fazer projeções lineares, onde nos baseamos no histórico que conhecemos da evolução de

30. Além dos outros filmes da série.
31. Além dos outros filmes da série.
32. Possui uma série de TV com o mesmo nome e argumento do canal HBO.

uma tecnologia e projetamos para o futuro[33]. O crescimento linear permite a visualização de uma linha reta e constante, normalmente lenta ao longo do tempo, além da fácil previsão.

Como exemplo a evolução da máquina fotográfica[34], ela foi criada em 1839, feita de madeira com a utilização de placa de ouro, em 1888 foi produzida a primeira máquina que utilizava rolo fotográfico, apenas 133 anos depois da sua criação, surgiu a primeira máquina portátil automática, este seria o pensamento dito linear.

Mas, atualmente a tecnologia e a sua forma de utilização crescem num ritmo acelerado e exponencial, ou seja, no ritmo da multiplicação, onde os resultados podem acontecer muito mais rápido do que nossos ancestrais e nós mesmos estávamos habituados e este rápido progresso da tecnologia irá gerar mudanças que afetarão toda a nossa forma de enxergar o mundo.

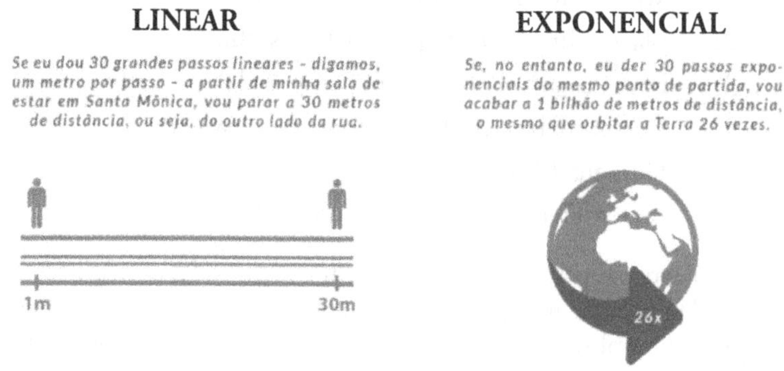

Fonte: Livro *"Bold: How to Go Big, Create Wealth and Impact the World"*[35]

As empresas deverão ajustar as expectativas naturalmente lineares o quanto antes a este novo cenário, visto que nossos cérebros lineares não conseguem ainda enxergar todas as oportunidades que

33. Kurzweil, Ray. The Law of Accelerating Returns, 2001. Disponível em: http://www.kurzweilai.net/the-law-of-accelerating-returns. P. 2.

34. Mais informações disponíveis em: <https://fotografiamais.com.br/maquina-fotografica-antiga/> Acesso em 30 de jan de 2020.

35. DIAMANDIS, Peter H., KOTLER, Steven. *Bold: How to Go Big, Create Wealth and Impact the World*, Editora Simon & Schuster, 2016.

a tecnologia poderá oferecer, porém, em um mundo veloz como o que estamos nos deparando, exige que estejamos preparados para nos projetar no amanhã utilizando a inovação e as novas tecnologias que tem surgido.

Um exemplo do que foi retratado acima foi o que ocorreu com a empresa Kodak. Como uma empresa de 120 anos, considerada como umas das empresas mais importantes do mundo, declarou falência em 2012 por ignorar o poder da tecnologia e da inovação[36]:

> **CASO KODAK:**
>
> No final da década de 70, a Kodak era considerada umas das empresas mais importantes do mundo. Tinha 90% das vendas de filmes fotográficos e 85% das vendas de câmeras tradicionais no principal mercado do mundo até então os Estados Unidos, e uma presença fortíssima no redor do mundo (inclusive o Brasil). Tinha 100.000 empregados e um lucro de bilhões.
>
> Em 1975 a empresa criou o produto que a iria arruinar anos depois. A Kodak em seu auge, criou uma câmera digital capaz de tirar fotos de até 0.1 megapixel, em 1986 uma câmera de 1 megapixel e em 1991 a primeira câmera digital em que o usuário podia ver o que estava sendo capturado em tempo real, comum atualmente.
>
> Entretanto, mesmo desenvolvendo tecnologia de ponta para a época, a empresa não levou as câmeras digitais para o mercado na hora em que foram inventadas.
>
> A Kodak não compreendeu que as novas tecnologias desenvolvidas por ela poderiam entrar em curva exponencial até chegarem a imagens de alta resolução.
>
> No final dos anos 90, a Kodak acreditou que a câmera digital criada por ela prejudicaria suas vendas de produtos químicos, papéis fotográficos e câmeras tradicionais, o que a forçaria a competir contra si mesma e por isso decidiu realizar uma transição lenta para as câmeras digitais.
>
> Por não conseguir se projetar no amanhã, mantendo a posição linear a que nossos cérebros estão acostumados foi ultrapassada por grandes empresas como Canon, Sony e Fuji.

---

36. DIAMANDIS, Peter H., KOTLER, Steven. Bold: *How to Go Big, Create Wealth and Impact the World,* Editora Simon & Schuster, 2016.

Deste modo, fica claro que a Kodak se tratava de uma empresa inovadora, contudo não se moveu rápido o suficiente para adentrar no mercado novo que estava se formando cada vez mais rápido a sua frente declarando falência no ano de 2012.

Portanto, da próxima vez que assistir a um filme de ficção científica e achar que tudo é uma grande loucura dos roteiristas, melhor pensar duas vezes e deixar de lado o pensamento linear.

Para concluir este capítulo a reflexão que fica é que a *única constante da vida é a mudança*[37], ignorar a transformação que tem ocorrido no Brasil e no mundo, não vai impedi-la de acontecer. O uso da inteligência artificial vai se tornar cada vez mais onipresente em nossas vidas e a empresa que não se adaptar a esta nova realidade, estará fadada a ser atropelada pelos concorrentes, podendo ser um golpe fatal para a sua existência. Portanto, devemos tornar as novas tecnologias nossas aliadas. Como diz Cezar Taurion, Partner e Head of Digital Transformation da Kick Corporate Ventures e presidente do i2a2 (Instituto de Inteligência Artificial Aplicada):

> "Não devemos apostar corrida contra as máquinas, mas sim correr com elas. Quanto mais soubermos trabalhar em conjunto com a tecnologia e a IA, melhor será o nosso futuro"[38].

37. Autor desconhecido.

38. TAURION, Cezar, A inteligência artificial vai reinventar as empresas da forma que conhecemos. Disponível em: < https://neofeed.com.br/blog/home/a-inteligencia-artificial-vai-reinventar-as-empresas-da-forma-que-conhecemos/> acessado em 29 de jan de 2020.

Capítulo 3

INTERNET DAS COISAS: ASPECTOS JURÍDICOS

Douglas Guergolette Alfieri

Atualmente, cada vez mais vemos coisas inteligentes, os produtos "smart", seja *smartTV, smartwatch, smartphone,* entre diversos outros produtos que antes eram apenas dispositivos comuns, mas hoje são conectados à internet, como até aspiradores de pó, coletando informações do usuário e fornecendo informações e funções a ele de maneira segura e confiável, de modo a facilitar a nossa vida em diversos aspectos, eliminando cada vez mais o espaço entre físico e virtual, sendo possível ainda vislumbrarmos um futuro não tão distante de ambientes completamente conectados e conscientes das coisas que ali estão e até mesmo das pessoas.

É importante entendermos que Internet das Coisas não define apenas dispositivos que sejam nativamente inteligentes, afinal, hoje já existem diversos dispositivos que de certo modo tornam dispositivos comuns em dispositivos inteligentes.

A Gartner, que é uma das principais empresas de pesquisa e consultoria do mundo, previu que em 2019 tínhamos 14,2 bilhões de dispositivos conectados, e a previsão é de que cheguemos a 25 bilhões em 2020[1].

Porém, apesar de esta conexão das coisas com a internet ter diversos aspectos positivos, existem questões que são muito importantes

1. Disponível em <https://www.gartner.com/en/newsroom/press-releases/2018-11-07-gartner-identifies-top-10-strategic-iot-technologies-and-trends>. Acesso em 19 nov 2020.

e que devemos tomar muito cuidado: o risco à privacidade e à segurança do usuário, especialmente face a promulgação e entrada em vigor da Lei nº 13.709/2018 (LGPD – Lei Geral de Proteção de Dados), sendo que segundo estudo da Gartner[2], acredita-se que em 2020 mais de 25% dos ataques identificados em empresas irão envolver Internet das Coisas, embora IoT será responsável por menos de 10% dos orçamentos de segurança da Tecnologia da Informação.

Segundo estudos da Gartner, em 2018 a expectativa era de um aumento de 28% nos investimentos em segurança de IoT, chegando a US$ 1,5 bilhões e a previsão é de que este valor atinja US$ 3,1 bilhões em 2021[3].

Cada vez mais informações são coletadas das pessoas, formando imensos bancos de dados organizados ou não, mas com os quais é possível determinar padrões de comportamento, de consumo, idade, gostos, entre diversas outras informações, que são utilizados em um comércio de informações e num marketing tão segmentado e específico quanto se pode ser, afinal, um marketing feito no lugar correto, na hora correta, para a pessoa já interessada no seu produto tem muito mais chances de ser eficaz e resultar numa venda do que aquele feito para um grupo aleatório de pessoas, a título de exemplo, com idade entre dezoito e vinte e cinco anos, inclusive sendo uma forma de agregar valor ao produto. E por isso e outros motivos devemos falar sobre a privacidade do indivíduo conectado, e especialmente do usuário de objetos conectados (ou inteligentes).

Outra coisa que sempre preocupa quando falamos de internet é o roubo e o sequestro de dados, os vírus, as atividades dos hackers, e até mesmo falhas de sistema ou mesmo de pessoal que resultam no vazamento de informações privadas dos usuários.

E por esse motivo, cada vez mais o regulamento de *compliance* irá levar a um aumento na adoção de medidas de segurança da informação, envolvendo medidas de segurança de IoT, especialmente nos próximos anos.

---

2. Disponível em <https://www.gartner.com/imagesrv/books/iot/iotEbook_digital.pdf>. Acesso em 03 fev 2020.

3. Disponível em <https://www.smart-energy.com/industry-sectors/iot/iot-security-gartner/>. Acesso em 19 nov 2020.

No Brasil, a regulamentação quanto à privacidade e segurança do internauta de certo modo já existe, mas de modo muito amplo, em legislações como a Declaração Universal dos Direitos Humanos[4], a Constituição da República Federativa do Brasil[5], o Marco Civil da Internet (Lei 12.965/2014)[6] e o Código de Defesa do Consumidor (Lei 8.078/90)[7], por exemplo.

Com a entrada em vigor da LGPD, foram definidos conceitos de dados pessoais[8], dados pessoais sensíveis[9], entre diversos outros, além de terem sido estabelecidas diversas regras para a coleta e tratamento de dados, o que também se aplica aos dispositivos conectados à internet das coisas.

Com o advento da LGPD, muitos dos pontos que abordamos estão sendo mitigados, como a transparência do fornecedor ao informar o internauta sobre as políticas de privacidade, que serão praticamente obrigatórias; como e para que são feitas as coletas de dados, mesmo quando feitas através de *cookies* no navegador; o direito do internauta de decidir não fornecer suas informações; porém, ainda temos muito a debater, como a definição de quem é o usuário utilizando a coisa, em casos como o de uma *smartTV*, ou um assistente virtual como um dispositivo com *Alexa*, por exemplo, ou outros dispositivos que são utilizados por diversos usuários simultaneamente, e de que forma os dados serão coletados e relacionados.

---

4. Disponível em <http://www.onu.org.br/img/2014/09/DUDH.pdf>. Acesso em 24 set 2017.

5. Disponível em <http://www.planalto.gov.br/ccivil_03/constituicao/constituicaocompilado.htm>. Acesso em 24 set 2017.

6. Disponível em <http://www.planalto.gov.br/ccivil_03/_ato2011-2014/2014/lei/l12965.htm>. Acesso em 24 set 2017.

7. Disponível em <http://www.planalto.gov.br/ccivil_03/leis/l8078.htm>. Acesso em 24 set 2017.

8. "Informação relacionada a pessoa natural identificada ou identificável". Art. 5º, inciso I, Lei 13.709/2018. Disponível em <http://www.planalto.gov.br/ccivil_03/_ato2015-2018/2018/lei/L13709.htm>. Acesso em 03 fev 2020.

9. "Dado pessoal sobre origem racial ou étnica, convicção religiosa, opinião política, filiação a sindicato ou a organização de caráter religioso, filosófico ou político, dado referente à saúde ou à vida sexual, dado genético ou biométrico, quando vinculado a uma pessoa natura". Art. 5º, inciso II, Lei 13.709/2018. Disponível em <http://www.planalto.gov.br/ccivil_03/_ato2015-2018/2018/lei/L13709.htm>. Acesso em 03 fev 2020.

Outra questão importante que permanece é que, em sendo objetos que em geral são altamente duráveis, permanecendo perfeitamente funcionais por mais décadas, como geladeiras, por exemplo, como será garantida a segurança dos dados do usuário de uma geladeira inteligente com o passar dos anos? Sabemos que nossos computadores são atualizados frequentemente para a correção de *bugs*[10] que afetam a segurança do dispositivo, mas há sempre um limite temporal: celulares normalmente são atualizados por um ou dois anos, computadores por um tempo maior[11], mas sempre com uma data para acabar o suporte a upgrades e atualizações de segurança. Qual será um prazo razoável para o fornecedor continuar fornecendo atualizações de segurança para objetos inteligentes? De que forma o fornecedor poderia proteger o objeto inteligente a longo prazo, contra vírus, *spywares*, hackers, entre outros riscos existentes? O que irá ocorrer após encerrado o prazo de suporte com a privacidade e segurança do usuário de "coisas inteligentes"? De quem é a responsabilidade com relação ao roubo de informações pessoais coletadas por objetos inteligentes?

Todas essas questões relativas à privacidade e segurança do usuário devem eventualmente ser respondidas e reguladas de alguma forma, conforme trataremos a seguir, e o primeiro passo para a regulamentação da Internet das Coisas felizmente foi dado pelo governo em junho de 2019, com a promulgação do Decreto 9.854/2019, que institui o Plano Nacional de Internet das Coisas e dispõe sobre a Câmara de Gestão e Acompanhamento do Desenvolvimento de Sistemas de Comunicação Máquina a Máquina e Internet das Coisas.

---

10. *Bug* é definido por Rodrigo Prada, em seu artigo "O que é Bug" publicado no portal Tecmundo, como "quando a linguagem do computador entra em conflito e gera uma impossibilidade de continuar a execução de um programa. Também chamado de falha na lógica, ocorre quando o computador perde a finalidade de um determinado processo. Os bugs podem gerar falhas na segurança, especialmente quando ocorrem em programas que têm acesso à rede.". Disponível em <https://www.tecmundo.com.br/seguranca/213-o-que-e-bug-.htm>. Acesso em 27 set 2017.

11. A Microsoft, por exemplo, oferece suporte base de no mínimo 5 anos da data da disponibilidade geral do produto e mais 5 anos de suporte estendido, conforme sua "Ficha informativa do ciclo de vida do Windows". Disponível em <https://support.microsoft.com/pt-br/help/13853/windows-lifecycle-fact-sheet>. Acesso em 27 set 2017.

Como veremos, esse é o pontapé inicial que o Brasil precisava para reduzir a insegurança jurídica e incentivar a inovação nesta área.

3.1. O QUE SIGNIFICA INTERNET DAS COISAS (IOT - *INTERNET OF THINGS*)?

Primeiramente é importante definir o termo "internet das coisas", a fim de que seja possível compreender posteriormente o conteúdo aqui apresentado.

O termo "internet das coisas" é definido por Haller/Karnouskos/Schroth[12] como (em tradução livre):

> Um mundo onde objetos físicos são perfeitamente integrados numa rede de informações, e onde os objetos físicos podem se tornar participantes ativos nos processos comerciais. Serviços são disponibilizados para interagir com esses 'objetos inteligentes' através da Internet, consultando seus estados e quaisquer informações associadas com eles, levando em consideração problemas de segurança e privacidade.[13]

Benjamin Fabian, em sua tese de doutorado em economia intitulada "Secure Name Services for the Internet of Things"[14], num conceito mais abrangente de Internet das Coisas a define como:

> Numa ampliação do seu escopo inicial de aplicação, porém, a Internet das Coisas também pode servir como a espinha dorsal para

12. HALLER, Stephan; KARNOUSKOS, Stamatis; SCHROTH, Christoph. The Internet of Things in an Enterprise Context, in: DOMINGUE, John; FENSEL, Dieter; TRAVERSO, Paolo (Org.). **Future Internet – FIS 2008**. Berlim: Springer, 2009. Disponível em <https://rd.springer.com/chapter/10.1007/978-3-642-00985-3_2>. Acesso em 18 set 2017. p. 15.

13. Citação original: "A world where physical objects are seamlessly integrated into the information network, and where the physical objects can become active participants in business processes. Services are available to interact with there 'smart objects' over the Internet, query their state and any information associated with them, taking into account security and privacy issues."

14. FABIAN, Benjamin. **Secure Name Services for the Internet of Things**. 2008. Dissertação (Doutorado em Economia) - Faculdade de Economia e Administração de Empresas de Humboldt – Universidade de Berlim, Berlim, Alemanha. Disponível em <https://edoc.hu-berlin.de/bitstream/handle/18452/16481/fabian.pdf?sequence=1&isAllowed=y>. Acesso em 18 set 2017. p. 1.

> a *Computação Onipresente*, possibilitando ambientes inteligentes a descobrir objetos e reconhecer pessoas, e recuperar informações da Internet para facilitar a funcionalidade adaptável que eles fornecem; por exemplo, em casas inteligentes onde os aparelhos da cozinha ou a mobília para o uso diário podem ser aprimoradas para fornecer informações e serviços de aconselhamento.[15]

Numa definição ampla, podemos dizer que internet das coisas é um termo utilizado para definir um complexo de "objetos inteligentes", que são conectados à internet, captando informações dos usuários, e transmitindo essas informações de modo a fornecer um serviço personalizado, possibilitando que o consumidor tenha um papel mais ativo e também que os objetos possuam funcionalidades adaptáveis, de modo que estes objetos estejam perfeitamente integrados à vida e ao dia a dia do usuário, e se tornando cada vez mais presente, a internet das coisas pode tornar a computação onipresente, o que permitirá que ambientes também estejam conectados e possam reconhecer objetos e usuários, criando cada vez mais experiências personalizadas ao usuário, tanto de consumo, como de marketing, mas também afetando sua privacidade, de modo que legislações como a LGPD e a GDPR (*General Data Protection Regulation*, a lei de proteção de dados da União Europeia) são importantíssimas para regular o dever de transparência dos fornecedores quanto aos dados coletados, bem como o direito à privacidade e segurança do usuário, especialmente tendo em vista atualizações de sistema e roubo de dados por hackers.

Um exemplo de objeto que se enquadram no conceito de internet das coisas são as geladeiras inteligentes[16], que tiram fotos

15. Citação original: "In a broadening of its initial application scope, however, the IOT could also serve as the backbone for *Ubiquitous Computing*, enabling smart environments to ascertain objects and recognize people, and retrieve information from the Internet to facilitate the adaptive functionality they provide; for example, in smart homes where kitchen appliances or furniture for everyday use can be enhanced to provide information and counseling services."

16. Um exemplo é exposto nesta matéria: NUNES, Emily Canto. **Geladeira que manda fotos do seu interior prova que a internet das coisas chegou**. Ig Tecnologia: 07 jan 2016. Disponível em: <http://tecnologia.ig.com.br/2016-01-07/geladeira-que-manda-fotos-do-seu-interior-prova-que-a-internet-das-coisas-chegou.html>. Acesso em 18 set 2017.

do que está armazenado nela, enviando ao celular do usuário, podendo o usuário controlar inclusive a validade dos produtos, entre outras funções como exibição de agenda, recados, etc. Neste caso, ao usuário é uma comodidade, especialmente quando precisa fazer compras e pode saber exatamente o que está na sua geladeira, mas tais informações também são coletadas pelo fornecedor, que poderá comercializar seus padrões de consumo de perecíveis.

O Decreto 9.854/2019 trouxe a definições legais de conceitos básicos de internet das coisas para a legislação brasileira logo em seu artigo 2º, como "internet das coisas" em si, "coisas", "dispositivos" e "serviço de valor adicionado", vejamos.

> I - Internet das Coisas - IoT - a infraestrutura que integra a prestação de serviços de valor adicionado com capacidades de conexão física ou virtual de coisas com dispositivos baseados em tecnologias da informação e comunicação existentes e nas suas evoluções, com interoperabilidade;
>
> II - coisas - objetos no mundo físico ou no mundo digital, capazes de serem identificados e integrados pelas redes de comunicação;
>
> III - dispositivos - equipamentos ou subconjuntos de equipamentos com capacidade mandatória de comunicação e capacidade opcional de sensoriamento, de atuação, de coleta, de armazenamento e de processamento de dados; e
>
> IV - serviço de valor adicionado - atividade que acrescenta a um serviço de telecomunicações que lhe dá suporte e com o qual não se confunde novas utilidades relacionadas ao acesso, ao armazenamento, à apresentação, à movimentação ou à recuperação de informações, nos termos do disposto no art. 61 da Lei nº 9.472, de 16 de julho de 1997[17].

Tais conceitos são essenciais para que possamos entender que IoT é um conceito, não um dispositivo em si, e para que sejam possíveis políticas públicas de incentivo, como a do Projeto de Lei 7656/2017, conforme explanaremos a seguir.

---

17. Art. 2º, incisos I a IV, Decreto 9.854 de 25 de junho de 2019. Disponível em <http://www.planalto.gov.br/ccivil_03/_Ato2019-2022/2019/Decreto/D9854.htm>. Acesso em 03 fev 2020.

3.2. ASPECTOS RELEVANTES DA INTERNET DAS COISAS

Atualmente, grandes empresas têm investido muito em internet das coisas, especialmente a Microsoft, Xiaomi, Google, Samsung, Amazon, entre outras, criando e disponibilizando ao consumidor produtos que tornam a sua vida mais conectada, como a já mencionada geladeira inteligente, mas também termostatos inteligentes, relógios inteligentes, assistentes domésticos inteligentes (Amazon Echo, Google Home, Apple HomePod, etc.), televisões inteligentes, até mesmo aspiradores de pó inteligentes, fechaduras de porta, tomadas, enfim, os mais diversos produtos.

Se pensarmos numa vida cada vez mais conectada, podemos ver diversas vantagens, como nunca mais esquecer a porta aberta utilizando uma fechadura inteligente, que através de um aplicativo pode abrir ou fechar a porta da sua casa, onde quer que você esteja, ou uma televisão inteligente onde o consumidor decide o que vai assistir e quando, onde pode comprar produtos e serviços sem sair do seu sofá, ou ainda, os assistentes domésticos inteligentes, que lhe permite acender luzes conectadas, como a Phillips Hue com comandos de voz, ou adicionar compromissos no seu celular mesmo que ele esteja em outro cômodo. Mas todas essas comodidades vêm com um preço: coleta de dados dos usuários, pois apesar de estarmos adquirindo um produto, associado a ele vem um serviço que aparentemente é gratuito, como é o caso dos assistentes virtuais como Google Assistente, Apple Siri, Amazon Alexa, Microsoft Cortana, entre outros, que gentilmente nos auxiliam através de comandos de voz e diálogos cada vez mais dinâmicos, mas que coletam informações sobre nossa voz, nossos costumes, os produtos que pesquisamos, informações estas que são utilizadas através do marketing direcionado. É por isso que quando pesquisamos algo no Google, por exemplo, produtos relacionados começam a aparecer em propagandas por toda a internet. E com a internet das coisas, isso pode se tornar muito mais direcionado não só na internet, mas também em lojas físicas, através de mensagens de celular, e em diversos outros aspectos que podem ser desenvolvidos.

A internet das coisas pode interferir no nosso dia a dia também em outros quesitos, como em produtos e serviços voltados para a nossa saúde, como ocorre com o Samsung Health, por exemplo, que tanto através de celulares (*smartphones*) como através de relógios inteligentes (*smartwatches*), incentiva o usuário a fazer mais exercícios, a se alongar depois de ficar muito tempo em repouso, ou dispositivos que captam informações sobre a qualidade do sono, batimentos cardíacos, quantidade de passos caminhados, distância percorrida, quais exercícios foram realizados, entre diversas outras informações, como os relógios e pulseiras inteligentes da Samsung, Apple, Xiaomi e diversas outras, que em uma primeira análise podem ser consideradas inofensivas à privacidade e segurança do usuário, mas deve ser uma obrigação do fornecedor informar com clareza e transparência se os dados são captados apenas localmente ou armazenadas na nuvem, para quais fins são coletados, como são utilizados, se são transferidos ou comercializados a fim de que outras empresas possam oferecer produtos direcionados a esses consumidores.

Outra questão que deve ser observada é que produtos inteligentes obviamente utilizam sistemas operacionais, possuem acesso à internet, e em razão disso, estão suscetíveis a ataques de hackers. Ou também, os dados coletados pelos dispositivos são armazenados na nuvem e/ou em servidores dos fornecedores, e tais locais podem ser atacados por hackers, ou por alguma falha, humana ou não, as informações podem se tornar públicas. A segurança da informação deve ser um aspecto tratado como prioridade entre os fornecedores, pois se o usuário aceita que seja coletada sua informação, certamente ela deve ser bem protegida por aquele que guarda a informação, e se for para esta informação se tornar pública, isso deve ser uma opção do usuário, nunca daquele que coleta a informação, salvo em raras exceções.

Como já mencionado no início, a expectativa é de que em 2020, mais de 25% dos ataques identificados em empresas irão envolver Internet das Coisas, embora IoT será responsável por menos de 10% dos orçamentos de segurança da Tecnologia da Informação[18].

Há também que se falar da privacidade do usuário, visto que com uma vida cada vez mais conectada, a nossa privacidade vai se tornando cada vez mais relativa, devendo caber ao internauta a opção de permitir ou não a coleta de dados pelos objetos conectados, o compartilhamento e comercialização de tais informações, a formação de bancos de dados e o seu enriquecimento, entre diversas outras questões, que já estão

18. Disponível em <https://www.gartner.com/imagesrv/books/iot/iotEbook_digital.pdf>. Acesso em 03 fev 2020.

sendo numa boa parte reguladas pela LGPD (no Brasil) e pela GDPR (na União Europeia).

Por fim, devemos tratar das formas possíveis de regulamentação destas questões, considerando a natureza global da internet das coisas, onde os fornecedores fabricam o produto em um país, comercializando o mesmo em diversas nações com culturas, políticas e legislações diferentes; observando ainda aspectos como a resistência a ataques, autenticação de dados, controle de acesso e privacidade do usuário global numa computação onipresente.

3.3. ASPECTOS JURÍDICOS

Conforme mencionado supra, quando tratamos dos aspectos jurídicos da internet das coisas, os tópicos mais relevantes a serem abordados certamente são a segurança e a privacidade do internauta, que são duas coisas intimamente conectadas, mas que possuem aspectos diferentes a serem levantados.

3.3.1. Privacidade

O conceito de privacidade pode ser definido por diversos aspectos, pode ser no aspecto físico, pode ser no aspecto do poder de decisão da pessoa com relação à disseminação e guarda de informações sem interferência de terceiros, incluindo o Estado; podendo também ser a privacidade das informações pessoais e o controle sobre a coleta, processamento, disseminação e comércio desses dados.

Adalberto Simão Filho[19] traz a análise de Stefano Rodotá[20]:

> Ao definir a esfera privada do indivíduo como aquele conjunto de ações, comportamentos, opiniões, preferências, informações pessoais, sobre as quais o interessado pretende

19. SIMÃO FILHO, Adalberto. Revisitando a Nova Empresarialidade a partir do Marco Civil em Contexto de Internet das Coisas. In: DE LUCCA, Newton; SIMÃO FILHO, Adalberto; LIMA, Cíntia Rosa Pereira de (coords.). Direito & *Internet* III – Tomo II: Marco Civil da internet (Lei n. 12.965/2014) – São Paulo: Quartier Latin, 2015. p. 37.

20. RODOTÁ, Stefano. **A vida na sociedade da vigilância. A privacidade hoje.** Rio de Janeiro: Renovar, 2008, p. 92.

> manter controle exclusivo, Stefano Rodotá termina por identificar esta privacidade como a "tutela das escolhas de vida contra toda forma de controle público e estigmatização social", gerando a "liberdade de escolhas existenciais".

E posteriormente complementa:

> Para o autor, a definição de privacidade como o direito de ser deixado só cede espaço à nova definição contextualizada no direito de manter o controle sobre as próprias informações.

Mas quando estamos tratando de internet, a privacidade adquire aspectos ainda mais amplos, pois de certo modo estamos ainda mais expostos, visto que a informação é uma das moedas mais valiosas na rede atualmente.

Quando falamos de privacidade na internet, três características devem ser levadas em consideração: o sigilo das informações do usuário, a garantia do anonimato das informações coletadas e o acesso à informação.

A privacidade inclui tanto o armazenamento seguro dos dados pessoais como a habilidade de controlar o que acontece com essa informação.

A privacidade por si só não possui valor algum, a informação em si, geralmente também não, mas uma informação específica sobre um usuário específico, essa é altamente valiosa, e na prática, moeda utilizada por usuários do mundo todo para o pagamento de serviços aparentemente gratuitos, afinal, "há uma expressão atual para retratar o modelo de riqueza da *web* que diz: se o serviço for gratuito, você não é o freguês, você é o produto!"[21]

Conforme veremos posteriormente, o direito à privacidade é um direito básico, garantido pela Constituição Federal, e também um direito humano exposto na Declaração Universal dos Direitos Humanos e no Pacto Internacional sobre Direitos Civis e Políticos, de modo que é um direito inalienável. Alguns podem questionar: mas se é um direito inalienável, como há a coleta, relativização, renúncia de parte e até a comercialização de dados da vida privada dos usuários? Neste caso, o objeto não é a privacidade em si, mas sim as informações obtidas, que para tal devem ter sido autorizadas pelo usuário, normalmente através da concordância com termos de uso e políticas de privacidade.

---

21. PINHEIRO, Patrícia Peck. **Direito Digital**. 6 ed. rev. atual. ampl. São Paulo: Saraiva, 2016. p. 105.

Ainda, a privacidade possui maior ou menor importância, dependendo de quais dados estamos tratando, se são dados pessoais comuns, se são dados sensíveis, constitucionalmente protegidos (por tratarem da intimidade e vida privada do cidadão), ou se são dados de utilização do produto ou serviço.

Para tanto, precisamos conceituar dados pessoais, dados sensíveis e os demais dados que não necessariamente possuem proteção especial. Dados pessoais podem ser definidos como quaisquer dados que possam identificar uma pessoa com precisão. Dados sensíveis também são dados pessoais, mas sobre questões políticas, raciais, médicas, genéticas, entre outras, que possuem garantia constitucional, bem como aqueles referentes à orientação afetiva e de gênero. Por fim, se os dados não se enquadrarem nesses conceitos, não gozam de proteção especial, e devem ser regulados conforme os termos de uso e/ou políticas de privacidade entabulados entre as partes.

A Lei Geral de Proteção de Dados (Lei n. 13.709/2019) veio trazer as definições jurídicas desses conceitos em seu artigo 5º, vejamos.

> Art. 5º Para os fins desta Lei, considera-se:
>
> I - dado pessoal: informação relacionada a pessoa natural identificada ou identificável;
>
> II - dado pessoal sensível: dado pessoal sobre origem racial ou étnica, convicção religiosa, opinião política, filiação a sindicato ou a organização de caráter religioso, filosófico ou político, dado referente à saúde ou à vida sexual, dado genético ou biométrico, quando vinculado a uma pessoa natural;
>
> III - dado anonimizado: dado relativo a titular que não possa ser identificado, considerando a utilização de meios técnicos razoáveis e disponíveis na ocasião de seu tratamento;
>
> IV - banco de dados: conjunto estruturado de dados pessoais, estabelecido em um ou em vários locais, em suporte eletrônico ou físico; [...][22]

---

22. Art. 5º, incisos I a IV, Lei n. 13.709 de 14 de agosto de 2019. Disponível em <http://www.planalto.gov.br/ccivil_03/_ato2015-2018/2018/lei/L13709.htm>. Acesso em 03 fev 2020.

A privacidade na rede, para que seja eficaz, deve levar em consideração como princípios gerais os seguintes pontos levantados por Rolf H. Weber e Romana Weber[23] (em tradução livre):

- *Escolha*: Indivíduos devem ter a opção de compartilhar ou não compartilhar suas informações.
- *Facilidade de utilização*: O sistema técnico deve ser desenvolvido de modo que a realização de escolhas pelos indivíduos não seja muito incômoda em relação à proteção da privacidade.
- *Notificação*: Indivíduos cujas informações sejam usadas por terceiros devem ser notificados deste uso.
- *Verificação*: O sistema legal deve providenciar meios para verificar se a informação é correta e se as políticas de privacidade existentes estão sendo seguidas.
- *Cumprimento e reparação*: O sistema legal deve providenciar mecanismos que assegurem a observância das políticas de privacidade e deem recursos para medidas legais.[24]

Para este autor, a privacidade na internet está intimamente ligada com o poder de decisão do internauta sobre as informações que opta por compartilhar ou não, e não apenas voluntariamente, mas também através de sistemas que coletam informações dos usuários, como aplicativos,

---

23. WEBER, Rolf H.; WEBER, Romanda. **Internet of Things. Legal Perspectives.** Heidelberg: Springer, 2010. Disponível em: http://mfaghihi.ir/wp-content/uploads/2015/10/Rolf-H.-Weber-Romana-Weber-auth.-Internet-of-Things_--Legal-Perspectives-Springer-Verlag-Berlin-Heidelberg-2010.pdf. p. 42.

24. Texto original: "*Choice*: Individuals should have the choice of sharing or not sharing their information.

- *Ease of use*: The technical system should be designed so that the execution of choices by individuals is not too cumbersome in respect to privacy protection.
- *Notification*: Individuals whose information is used by third persons must be notified about such use.
- *Verification*: The legal framework should provide means to verify if the information is correct and if existing privacy policies are followed.
- *Enforcement and redress*: The legal framework should provide mechanisms which ensure compliance with privacy policies and give recourse for legal action."

programas e serviços gratuitos que, em geral, são gratuitos pelo simples fato de que coletam e comercializam informações dos usuários.

Esta coleta de informações dos usuários forma bancos de dados enormes, de informações organizadas ou não, mas que permitem que através do *Big Data*, seja possível delimitar padrões de consumo, comportamento do internauta com grande precisão.

Big Data pode ser definido como soluções tecnológicas capazes de analisar um volume imenso de dados a velocidades que seriam impossíveis para um ser humano[25], bem como a tecnologia de captura, enriquecimento, disponibilização e uso exponencial de informações estruturadas e não estruturadas disponíveis na internet no âmbito da liberdade da expressão.[26]

Em se tratando de internet das coisas, nem sempre estes termos de uso se apresentam ao usuário como uma barreira à utilização do produto, como acontece com certas aplicações de internet, que só permitem ao usuário sua utilização após a aceitação dos termos de uso, visto que muitas vezes estaremos falando de tomadas inteligentes, assistentes pessoais, e diversos outros dispositivos que sequer possuem um display onde o usuário pode ler tais termos de uso.

Quando falamos de internet das coisas, estas são sempre conectadas à internet, e assim normalmente de certo modo acessíveis pelo smartphone do usuário ou computador, mas deve haver na legislação uma forma de compelir o fornecedor a apresentar os termos de uso, de acordo com a legislação vigente, antes de ser possível a utilização do produto inteligente e conectado, a fim de que o usuário, neste momento, possa definir se deseja ou não permitir que as suas informações sejam coletadas e compartilhadas com o fornecedor, e ser informado sobre o que este fará com estas informações.

Uma etapa de configuração do produto não irá limitar a livre iniciativa, e pode ser essencial para a garantia da privacidade do usuário, visto que a utilização de produtos inteligentes, que coletam grandes quantidades de dados dos usuários, sem que haja a possibilidade de o usuário limitar tal coleta ou até mesmo bloqueá-la, pode ser uma grande ofensa ao direito básico de privacidade.

---

25. PINHEIRO, Patrícia Peck. Idem. p. 96.
26. SIMÃO FILHO, Adalberto. Idem. p. 35.

Outra questão a ser observada é que em se tratando de "coisas inteligentes", muitas vezes estas são utilizadas por diversas pessoas dentro de uma mesma residência, de modo que o fornecedor deve tomar um cuidado especial ao coletar tais dados, considerando que o usuário permitiu tal coleta, pois ao formar bancos de dados com informações de todos os membros de uma família, não poderá associar tais informações a um único usuário, sendo este um dos maiores desafios da coleta de dados desse tipo objetos inteligentes.

No que tange a processos empresariais, é necessário um alto grau de confiabilidade, e na literatura são estabelecidos alguns requisitos de privacidade e segurança, conforme ensinam Benjamin Fabian e Oliver Günther (em tradução livre)[27]:

- *Resistência a ataques*: O sistema deve evitar pontos singulares de falha e deve se ajustar para falhas em nós.
- *Autenticação de dados*: Deve ser uma premissa que o endereço extraído e informações do objeto sejam autenticados.
- *Controle de acesso*: Provedores de informação devem ser capazes de implementar controle de acesso aos dados fornecidos.
- *Privacidade do cliente*: Devem ser tomadas medidas para que apenas o provedor da informação seja capaz de fazer inferências a partir da observação do uso do sistema de pesquisa relacionado a um consumidor específico; pelo menos essa inferência deve ser muito difícil de ser conduzida.

As empresas que utilizam tecnologia de IoT devem incluir esses requerimentos em seu conceito de gerenciamento de riscos para governança das atividades da empresa em geral.

Preencher os requisitos para garantir a privacidade do usuário não é fácil, mas diversas tecnologias foram criadas para tanto, como VPNs (Virtual Private Networks) ou Redes Virtuais Privadas, por exemplo, que é amplamente utilizado, mas existem outras, cada uma

---

27. FABIAN, Benjamin e GÜNTHER, Oliver. Distributed ONS and its Impact on Privacy. Glasgow: 2007 IEEE International Conference on Communications, 2007. p. 1223-1228. Disponível em: <https://ieeexplore.ieee.org/document/4288878>. Acesso em 19 nov 2020.

com suas vantagens e desvantagens, como Onion Routing[28], que criptografa os dados e mistura o tráfego deles por diversas fontes, com múltiplas camadas de criptografia, impedindo o relacionamento de um IP de origem de um pacote de dados à uma origem específica, porém, isso causa grandes tempos de espera e afeta o desempenho, esse é o método utilizado na chamada "dark web" para tornar a origem dos dados impossíveis de se rastrear.

É fato que o consumidor de "coisas inteligentes" não está com a sua privacidade completamente desprotegida pelo ordenamento jurídico brasileiro, visto que existe desde antes da promulgação da LGPD, legislação garante a inviolabilidade da privacidade, e com o advento da referida lei, que entrou em vigor em 18 de setembro de 2020, existem garantias de direitos aos usuários para definir se irão ou não permitir a coleta de suas informações pessoais, bem como a transparência do fornecedor sobre a coleta e utilização das informações dos usuários entre diversas regras postas na lei e sanções possíveis, porém, o nosso problema maior talvez seja a educação do usuário.

As sanções administrativas previstas na LGPD entrarão em vigor apenas em agosto de 2021, porém, os direitos já existem e podem ser exigidos judicialmente pelo titular dos dados, caso a empresa não cumpra com o determinado na lei de livre e espontânea vontade ou caso ocorram incidentes.

Existem muitos usuários que não se importam com o compartilhamento de suas informações pessoais, da coleta de dados pelos fornecedores de produtos e serviços e do enriquecimento de dados sobre si, pois ao passo que este usuário abdica de parte de sua privacidade, este opta por uma vida cada vez mais conectada, produtos e serviços cada vez mais personalizados, enxergando aí um benefício nessa parcial renúncia à privacidade. Ressalte-se aqui que não há renúncia ao direito de privacidade, mas tão somente quanto ao direito de não ter seus dados coletados a fim de garantir sua privacidade.

---

28. WEBER, Rolf H. Internet of Things – New security and privacy challenges. Elsevier, 2010. Disponível em: < https://cs.uwaterloo.ca/~brecht/courses/854-IoT-2016/readings/surveys/Internet-of-Things-New-security-and-privacy-challenges_2010_Computer-Law-Security-Review.pdf>. Acesso em 19 nov 2020.

Ocorre que esta opção do usuário depende de uma educação digital que em geral não é encontrada no usuário brasileiro, que costuma não ler aquilo que assina ou concorda, e a solução, mesmo que um pouco utópica, para uma garantia real da privacidade do usuário, seria a educação deste, através de políticas das próprias empresas e do estado, para criar uma nova cultura em que o usuário se preocupe em saber com o que está concordando, o que está assinando, podendo assim exercer seus direitos de uma forma mais realista, pois uma concordância com a coleta de dados do usuário baseada num clique "cego" no OK, ou num *checkbox*, não garante de fato que esta concordância, este consentimento, seja consciente.

3.3.2. Segurança

A questão da segurança quando falamos de internet das coisas abrange aspectos legais, mas também técnicos, comerciais e práticos, sendo um pouco mais complexa, de modo que não nos aprofundaremos tanto neste trabalho, por ser inviável.

A regulamentação da segurança na internet das coisas visa evitar qualquer tipo de ameaça à internet das coisas como um sistema, seja para roubo de informações, seja para a destruição destas ou do próprio sistema, tanto por hackers, como por malwares[29] ou até mesmo falhas de sistema e humanas.

Mas a regulamentação não é o único desafio quando se fala de segurança na internet das coisas.

Em geral, quando falamos de "coisas inteligentes", como já mencionado anteriormente, estamos falando de bens duráveis com previsão durabilidade considerável, como *smartTVs*, geladeiras inteligentes, máquinas de lavar roupas inteligentes, aspiradores de pó inteligentes, cafeteiras inteligentes, entre diversos outros produtos que se enquadram no conceito de internet das coisas; bens estes que serão utilizados muitas vezes por pelo menos 5 a 10 anos até que o consumidor decida pela

---

29. "O termo malware é proveniente do termo em inglês MALicious software. Trata-se de um software destinado a se infiltrar em um computador alheio de forma ilícita, com o intuito de causar algum dano ou roubo de informações (confidenciais ou não). Vírus de computador, worms, cavalos de Troia e spywares são considerados malware.". SOS – Serviço Online de Segurança. UOL Segurança Digital. Disponível em <https://seguranca.uol.com.br/antivirus/dicas/curiosidades/o-que-e--malware-adware-cavalo-troia-spyware.html#rmcl>. Acesso em 27 set 2017.

substituição do bem por outro mais moderno, especialmente num país como o Brasil. As técnicas para o acesso não autorizado às informações, seja para roubo, seja para destruição, ou apenas para exposição de falhas, são aprimoradas todos os dias, e para garantir a real segurança de um sistema, este deve ser atualizado com frequência, da mesma forma que devemos fazer com nossos computadores.

A insegurança de sistemas desatualizados foi demonstrada ao mundo recentemente com o *ransomware*[30] chamado de WannaCry[31], que infectou diversas máquinas no mundo todo, explorando falhas de segurança em computadores com sistema operacional Windows desatualizado, especialmente versões que já não possuem mais suporte, como o Windows XP e Windows Server 2003.

No início de 2019, o portal MIT Technology Review noticiou[32] que o Japão estava planejando hackear milhões de dispositivos conectados de seus cidadãos como parte de esforços para melhorar a cyber segurança no país, sendo que o programa seria conduzido pelo *National Institute of Information and Communications Technology* (NICT – Instituto Nacional de Tecnologia da Informação e Comunicação, em tradução livre), duraria até cinco anos.

A ideia do governo japonês era inicialmente, a partir do meio de fevereiro de 2019, usar senhas padrão e dicionários de senhas para acessar aproximadamente 200 milhões de dispositivos, começando com *webcams* e roteadores, e quando ganhassem acesso ao dispositivo, contatar o proprietário e orientá-lo para que melhore suas medidas de segurança, e tal projeto foi aprovado por lei.

---

30. "Ransomware é um tipo de malware que infecta o dispositivo informático, normalmente um computador, e restringe o acesso da vítima aos seus arquivos ou ao dispositivo, exigindo uma taxa de resgate (ransom) para retornar ao serviço regular. Ransomware é um mecanismo de extorsão digital (ciberextorsão)". O que é ransomware?. Portal My Cyber Security. 04 mai 2013. Disponível em <http://www.mycybersecurity.com.br/o-que-e-ransomware/>. Acesso em 27 set 2017.

31. Mais informações a respeito do ransomware WannaCry disponíveis em: <http://gizmodo.uol.com.br/ransomware-wanna-cry-fim-de-semana/>. Acesso em 27 set 2017.

32. Japan plans to hack into millions of its citizens' connected devices. MIT Technology Review, 28 jan 2019. Disponível em <https://www.technologyreview.com/f/612835/japan-plans-to-hack-into-millions-of-its-citizens-connected-devices/>. Acesso em 03 fev 2020.

Não há como exigir dos fornecedores que mantenham o sistema de seus produtos atualizados para sempre, da mesma forma que é difícil imaginar que o usuário estará desprotegido sempre que um produto deixar de ter suporte do fabricante.

Esta é uma situação muito complexa a ser solucionada, seja com a criação de um sistema que separa a parte de segurança de modo que esta seja sempre atualizada juntamente com os produtos novos, independentemente do restante do sistema, ou outros aprimoramentos tecnológicos que possam vir a ser criados para solucionar esse problema, que seriam soluções técnicas; com a simples adoção de boas práticas por parte da empresa, talvez na linha do que é feito hoje pela Microsoft[33], que oferece suporte aos sistemas Windows por cinco anos, mas com prorrogação de mais cinco anos, onde normalmente realiza mais atualizações de segurança, e não do sistema em si, bem como, em situações como a do WannaCry, foi liberado uma atualização de segurança para impedir novos ataques mesmo para os sistemas que já não mais possuíam suporte.

Todo esse suporte, essas atualizações periódicas, geram um custo elevado ao fornecedor, e exigir atualizações enquanto o usuário possuir o produto pode acabar inviabilizando a atividade produtiva, de modo que uma solução menos drástica, mas também menos eficaz talvez seja a melhor que podemos adotar, que seria a definição de um prazo mínimo de suporte aos produtos inteligentes/conectados que são colocados no mercado, pelo menos quanto aos aspectos de privacidade e segurança. Este autor entende que o prazo mínimo de 10 anos de suporte para garantia da privacidade e segurança dos usuários é razoável e não inviabiliza negócios e inovação.

Devemos ainda pensar em situações como transações virtuais, como o t-commerce, que é feito através de *smartTVs* e thing-commerce, via internet das coisas, como compras feitas por *smartwatches* ou outros dispositivos inteligentes, onde devem haver várias camadas de segurança, para proteger dados sensíveis do usuário, sendo que tudo isso deve ficar muito claro ao consumidor, pois ainda mais em situações como transações bancárias, a confiança que o fornecedor deve passar ao consumidor quanto a segurança das operações é primordial e de extrema importância, visto que dados bancários são dados sempre almejados por criminosos da internet.

---

33. Ver nota de rodapé 10.

Um dos meios de se garantir segurança ao usuário, na maioria dos aspectos mencionados supra, é a criptografia, que dificulta o acesso não autorizado às informações do usuário e restringe danos no caso de eventual destruição de dados, mas tais ferramentas não são 100% eficazes, e como a tecnologia avança todos os dias, é possível crer que possivelmente nunca teremos nenhuma forma 100% eficaz de garantir a segurança do usuário.

Para obtermos a maior segurança possível, o ideal é que o sistema seja resistente a ataques, pois hackers exploram falhas no sistema a fim de roubar dados, ou de impedir o funcionamento correto do sistema, afetando a segurança do usuário; haja autenticação de dados, a fim de garantir a veracidade das informações coletadas e por quem, para o usuário possa ter controle se estão sendo seguidas as políticas de privacidade e os termos de uso do sistema; também é importante esse controle do usuário com relação às informações que são coletadas, por quem, a fim de que possa decidir se vai autorizar ou não a coleta de dados, e também deve poder revogar essa autorização, saber o que foi feito da informação, como foi utilizada, se foi comercializada, enfim, de fato ter controle das informações que lhe dizem respeito; e por fim, medidas para assegurar a privacidade do usuário, seja de ameaças externas como ataques mencionados no início, seja de ameaças internas, de falhas do próprio sistema, ou vazamentos internos realizados por funcionários com permissões demais ou treinamento de menos[34].

Não podemos esquecer que, como bem explicado na matéria *"How do data breaches happen? Understanding your organisation's biggest threats"* do portal britânico IT Governance[35], onde traz os meios mais comuns de vazamento de dados, os funcionários são um

34. Nesse sentido, recentemente houve um caso de vazamento de dados pelos próprios funcionários da C&A, que vendiam para criminosos dados completos de clientes, incluindo cartões de crédito, por valores entre R$ 50,00 e R$ 150,00. Neste caso, a falha de segurança é interna e a solução seria de políticas internas de acesso, logs de trabalho dos funcionários, firewall inteligente, que impedissem os funcionários de tomar atitudes como esta. A notícia está disponível em: <https://www.tecmundo.com.br/seguranca/122281-exclusivo-lojas-c-vendem-dados-clientes-r-50-internet.htm>. Acesso em 27 set 2017.

35. How do data breaches happen? Understanding your organisation's biggest threats. IT Governance Blog. Disponível em <https://www.itgovernance.co.uk/blog/understanding-the-different-types-of-data-breaches>. Acesso em 03 fev 2020.

dos maiores riscos à segurança de dados, visto que ao funcionário criminoso, parece se tratar de um crime sem vítima. Muitas vezes são apenas erros de funcionários que podem gerar vazamentos de dados, mas também existem aqueles que são maliciosos infiltrados, e podem vazar dados motivados como qualquer outro criminoso, por vingança ou por vantagem financeira.

3.4. REGULAMENTAÇÃO NO BRASIL

Como já vimos anteriormente, atualmente no Brasil o usuário da internet não está desamparado pela legislação.

Muitos pensam que o ordenamento jurídico brasileiro é carente de legislação que proteja a privacidade do usuário e garanta a segurança de seus dados, mas o que acontece de fato é que há uma falta de compreensão da legislação vigente que ampara o usuário, a qual deve apenas ser devidamente interpretada.[36]

No Brasil, já existe proteção da privacidade do usuário, primeiro pela Constituição Federal, que estabelece como direito fundamental a inviolabilidade da intimidade e vida privada das pessoas[37], posteriormente no Código de Defesa no Consumidor (Lei 8.078/90), que garante ao consumidor o acesso às informações existentes em cadastros, fichas, registros e dados pessoais e de consumo arquivados sobre ele, bem como sobre as suas respectivas fontes, delimitando regras para os cadastros, que devem ser objetivos, claros, verdadeiros, não podendo conter informações negativas de período superior a cinco anos, podendo o consumidor exigir correção de dados que apresentarem inexatidão, impondo penalidades para a imposição de dificuldades ou impedimento do acesso do consumidor às informações sobre ele, bem como para aquele que deixa de corrigir as informações inexatas do consumidor[38], e ainda, desde 18 de setembro de 2020, na Lei Geral de Proteção de Dados (LGPD – Lei 13.709/2018), que veio para trazer muito mais segurança e autonomia sobre os seus dados

36. PINHEIRO, Patrícia Peck. Idem. p. 95.

37. Constituição Federal da República Federativa do Brasil de 1988, artigo 5º, inciso X: "são invioláveis a intimidade, a vida privada, a honra e a imagem das pessoas, assegurado o direito a indenização pelo dano material ou moral decorrente de sua violação".

38. Código de Defesa do Consumidor (Lei 8.078/90), artigos 43, 72 e 73.

ao internauta, visto que estabelece diversos direitos e garantias aos cidadãos brasileiros, que terão seus dados devidamente protegidos, através de direitos à informação, à exclusão, à anonimização, entre outros, além do dever de consentimento à captura e tratamento de dados, sendo o cidadão internauta ou não.

Apesar de a lei já ter entrado em vigor, poucas empresas já estão adequadas, mas o fato é que já temos percebido diversas mudanças com relação à coleta e tratamento de dados pessoais por parte das empresas, e a tendência é isso aumentar cada vez mais, conforme formos nos aproximando da vigência das sanções administrativas, em agosto de 2021.

Assim como quando o Código de Defesa do Consumidor entrou em vigor, muitos achavam que seria uma lei que não seria eficaz, que "não ia pegar" e dizem o mesmo da LGPD, mas assim como foi na década de 90, é preciso que o titular de dados conheça os novos direitos que possui e aprenda a exigi-los. A lei "já pegou" e agora ela faz parte de nossas vidas, devendo as empresas se adequarem o mais breve possível, a fim de reduzir os riscos atrelados à não adequação às regras de proteção de dados no Brasil.

A nível mundial, a privacidade é considerada direito humano, estando positivado na Declaração Universal dos Direitos Humanos[39] em seu artigo 12[40], bem como no artigo 17[41] do Pacto Internacional sobre Direito Civis e Políticos (*International Convenant on Civil and Political Rights* – ICCPR), recepcionado pelo ordenamento jurídico brasileiro pelo Decreto nº 592/92[42].

---

39. Disponível em <http://www.onu.org.br/img/2014/09/DUDH.pdf>

40. "Ninguém será sujeito à interferência em sua vida privada, em sua família, em seu lar ou em sua correspondência, nem a ataque à sua honra e reputação. Todo ser humano tem direito à proteção da lei contra tais interferências ou ataques".

41. "Ninguém poderá ser objetivo de ingerências arbitrárias ou ilegais em sua vida privada, em sua família, em seu domicílio ou em sua correspondência, nem de ofensas ilegais às suas honra e reputação." – Texto original em inglês: "No one shall be subjected to arbitrary or unlawful interference with his privacy, Family, home or correspondence, nor to unlawful attacks on his honour and reputation". Disponível em <http://www.ohchr.org/EN/ProfessionalInterest/Pages/CCPR.aspx>. Acesso em 27 set 2017.

42. Disponível em <http://www.planalto.gov.br/ccivil_03/decreto/1990-1994/d0592.htm>. Acesso em 27 set 2017.

E especificamente com relação à internet, o Marco Civil da Internet (Lei 12.965/2014) estabelece como princípio da disciplina do uso da internet no Brasil a proteção da privacidade e dos dados pessoais[43]. Define direitos dos usuários que garantem a sua privacidade até certo ponto, pois com o "consentimento livre, expresso e informado ou nas hipóteses da lei"[44], os dados pessoais, inclusive registros de conexão e de acesso a aplicações de internet podem ser fornecidos a terceiros, se o usuário autoriza e sabemos que a esmagadora maioria dos usuários não lê as políticas de privacidade, nem mesmo quando estas lhes são apresentadas como barreira para a utilização do produto ou serviço.

O Marco Civil da Internet, em seu artigo 7º, inciso VIII, ainda garante como direito do usuário informações claras e completas sobre coleta, uso, armazenamento, tratamento e proteção de seus dados pessoais, que somente poderão utilizados para finalidades que justifiquem sua coleta, não sejam vedadas pela legislação e *estejam especificadas nos contratos de prestação de serviços ou em termos de uso de aplicações de internet*, ou seja, o fornecedor de um serviço ou aplicativo não pode simplesmente coletar toda e qualquer informação que conseguir do usuário sem haver uma justificativa para tal, e sem especificar as finalidades nos seus termos de uso.

O Brasil está felizmente dando mais um grande passo para a garantia da proteção dos dados do usuário, com a promulgação da Lei Geral de Proteção de Dados (Lei nº 13.709/2018)[45].

Esta lei originou-se baseando-se em partes na Diretiva da União Europeia n. 96/46/CE[46], que na realidade tem sido influência na elaboração de diversas legislações do gênero na América Latina.

A Diretiva da UE traz definições importantes que foram seguidas pelo projeto de lei brasileiro, expostas em seu artigo 2º, como a

43. Marco Civil da Internet (Lei 12.965/2014), artigo 3º.

44. Marco Civil da Internet (Lei 12.965/2014), artigo 7º, VII.

45. Lei n. 13.709 de 14 de agosto de 2019. Disponível em <http://www.planalto.gov.br/ccivil_03/_ato2015-2018/2018/lei/L13709.htm>. Acesso em 03 fev 2020.

46. Disponível em <http://eur-lex.europa.eu/legal-content/PT/TXT/PDF/?uri=CELEX:31995L0046&from=PT>. Acesso em 27 set 2017.

de dados pessoais, de tratamento de dados pessoais, responsável pelo tratamento, destinatário e consentimento da pessoa em causa, vejamos:

> Artigo 2º:
> Definições
> Para efeitos da presente diretiva, entende-se por:
> a) «Dados pessoais», qualquer informação relativa a uma pessoa singular identificada ou identificável («pessoa em causa»); é considerado identificável todo aquele que possa ser identificado, directa ou indirectamente, nomeadamente por referência a um número de identificação ou a um ou mais elementos específicos da sua identidade física, fisiológica, psíquica, econômica, cultural ou social;
> b) «Tratamento de dados pessoais» («tratamento»), qualquer operação ou conjunto de operações efectuadas sobre dados pessoais, com ou sem meios automatizados, tais como a recolha, registo, organização, conservação, adaptação ou alteração, recuperação, consulta, utilização, comunicação por transmissão, difusão ou qualquer outra forma de colocação à disposição, com comparação ou interconexão, bem como o bloqueio, apagamento ou destruição;
> (...)
> d) «Responsável pelo tratamento», a pessoa singular ou colectiva, a autoridade pública, o serviço ou qualquer outro organismo que, individualmente ou em conjunto com outrem, determine as finalidades e os meios de tratamento dos dados pessoais; sempre que as finalidades e os meios do tratamento sejam determinadas por disposições legislativas ou regulamentares nacionais ou comunitárias, o responsável pelo tratamento ou os critérios específicos para a sua nomeação podem ser indicados pelo direito nacional ou comunitário;
> (...)
> g) «Destinatário», a pessoa singular ou colectiva, a autoridade pública, o serviço ou qualquer outro organismo que receba comunicações de dados, independentemente de se tratar ou não de um terceiro; todavia, as autoridades susceptíveis de receberem comunicações de dados no âmbito duma missão de inquérito específica não são consideradas destinatários;
> h) «Consentimento da pessoa em causa», qualquer manifestação de vontade, livre, específica e informada, pela qual

a pessoa em causa aceita que dados pessoais que lhe dizem respeito sejam objeto de tratamento.

No Brasil, a LGPD se baseia nos artigos supracitados da Diretriz da UE para no seu artigo 5º, definir ainda mais conceitos do que a legislação europeia define, inclusive fazendo a diferenciação de dados pessoais de dados pessoais sensíveis, o que é muito importante para a proteger o usuário. O artigo 5º, inc. II da Lei 13.709/2019, define os dados pessoais sensíveis como:

> Dado pessoal sobre origem racial ou étnica, convicção religiosa, opinião política, filiação a sindicato ou a organização de caráter religioso, filosófico ou político, dado referente à saúde ou à vida sexual, dado genético ou biométrico, quando vinculado a uma pessoa natural.

E se analisarmos este conceito, são dados relacionados a questões íntimas do indivíduo e, portanto, protegidos pela Constituição Federal em seu artigo 5º, inc. X[47].

Entendemos que a LGPD é um imenso avanço para a proteção de dados no Brasil, mas de fato ainda precisa de muito trabalho.

Algumas das propostas apresentadas ali podem, na verdade, piorar a situação atual e gerar implicações inclusive para a economia brasileira.

Como já mencionado anteriormente, aprovado em 25 de junho de 2019, o Decreto n. 9.854/2019 veio para instituir o Plano Nacional de Internet das Coisas e dispõe sobre a Câmara de Gestão e Acompanhamento do Desenvolvimento de Sistemas de Comunicação Máquina a Máquina e Internet das Coisas, chamada também de Câmara IoT.

Além da conceituação e dos aspectos já mencionados nos tópicos anteriores, a instituição do Plano Nacional de IoT é extremamente importante para direcionar o governo e dar segurança aos empresários, sendo que em seu artigo 3º ficaram estabelecidos os objetivos deste Plano Nacional, de forma muito simplificada:

> Art. 3º São objetivos do Plano Nacional de Internet das Coisas:

47. PINHEIRO, Patrícia Peck. Idem. p. 485.

> I - melhorar a qualidade de vida das pessoas e promover ganhos de eficiência nos serviços, por meio da implementação de soluções de IoT;
>
> II - promover a capacitação profissional relacionada ao desenvolvimento de aplicações de IoT e a geração de empregos na economia digital;
>
> III - incrementar a produtividade e fomentar a competitividade das empresas brasileiras desenvolvedoras de IoT, por meio da promoção de um ecossistema de inovação neste setor;
>
> IV - buscar parcerias com os setores público e privado para a implementação da IoT; e
>
> V - aumentar a integração do País no cenário internacional, por meio da participação em fóruns de padronização, da cooperação internacional em pesquisa, desenvolvimento e inovação e da internacionalização de soluções de IoT desenvolvidas no País.[48]

A existência desse plano é importante, pois irá incentivar as empresas a investirem em IoT, visto que agora existe uma base regulamentar, e consequentemente, diversas novas soluções irão surgir, pois agora os fabricantes possuem segurança jurídica para investir nessa área no Brasil, e o maior beneficiado com essas inovações será o consumidor, o internauta.

Os aspectos mais essenciais desse plano são a sua finalidade e o respeito às diretrizes de segurança da informação e de proteção de dados pessoais, dispostos no seu artigo 1º com sendo "implementar e desenvolver a Internet das Coisas no País e, com base na livre concorrência e na livre circulação de dados, observadas as diretrizes de segurança da informação e de proteção de dados pessoais".

O decreto menciona ainda os ambientes prioritários para a aplicação de IoT como sendo os ambientes de saúde, de cidades, de indústrias e rural, além de estabelecer os temas que integrarão plano de ação destinado a identificar soluções para viabilizar o Plano Nacional de Internet das Coisas, temas estes que estão alinhados com

48. Lei n. 13.709 de 14 de agosto de 2019. Disponível em <http://www.planalto.gov.br/ccivil_03/_ato2015-2018/2018/lei/L13709.htm>. Acesso em 03 fev 2020.

Estratégia Brasileira para a Transformação Digital[49] (Decreto 9.319), aprovada pela Portaria 1.556/18 do Ministério da Ciência, Tecnologia, Inovações e Comunicações.

A criação da Câmara IoT pelo Decreto 9.854/2019 também é essencial para a implementação devida do Plano Nacional de Internet das Coisas, e apesar de não possuir a participação de nenhuma entidade da sociedade, nem empresarial, nem científica, nem de cidadãos, poderá cumprir o seu propósito, disposto no artigo 7º do referido decreto, e sua composição poderá ser modificada por lei posteriormente para incluir representação da sociedade, o que fará muito sentido no desenvolvimento de suas atividades.

Conforme bem mencionou Walter Padilha, coordenador do Comitê de IoT da ABES (Associação Brasileira das Empresas de Software) em entrevista dada ao portal Canaltech[50], o desafio dessa nova regulamentação é conseguir com que os produtos de IoT consigam ser aprovados pelas agências reguladoras, para serem certificados, visto que quanto mais segurança jurídica os empresários possuem, mais eles desenvolvem, e os projetos poderão surgir aos milhares, e as agências não poderão manter burocracias que afetem o "go-to-market" das empresas. O processo precisará ser aprimorado, para que, com o aumento da demanda, seja mantida a qualidade, sem muita demora, para não se tornar um peso no ciclo da obsolescência programada, que em alguns casos tende a ser rápido.

Legislações como o Decreto 9.854/2019, que instituiu o Plano Nacional de IoT são extremamente importantes, pois possibilitam a criação de políticas públicas de incentivo, como a do Projeto de Lei 7656/2017 que foi aprovado pela CCTCI (Comissão de Ciência e Tecnologia, Comunicação e Informática) da Câmara dos Deputados em 31 de outubro de 2019, e foi remetida para o Senado Federal no início de novembro do mesmo ano, e tem por objeto a redução

---

49. Estratégia Brasileira para a Transformação Digital. Disponível em: <https://www.mctic.gov.br/mctic/export/sites/institucional/arquivos/estrategiadigital.pdf>. Acesso em 03 fev 2020.

50. Como o Plano Nacional de Internet das Coisas mudará nossas vidas? Portal Canaltech. Disponível em: <https://canaltech.com.br/internet-das-coisas/decreto-instaura-o-plano-nacional-de-internet-das-coisas-142751/>. Acesso em 03 fev 2020.

a zero o valor da Taxa de Fiscalização de Instalação, da Taxa de Fiscalização de Funcionamento, da Contribuição para o Fomento da Radiodifusão Pública e da Contribuição para o Desenvolvimento da Indústria Cinematográfica incidentes sobre as estações móveis para Internet das Coisas.

Projetos como este incentivam o mercado e a indústria a investirem em IoT, e como já mencionado no próprio voto do relator do projeto na Câmara dos Deputados, Deputado Eduardo Cury, têm por objetivo "promover o barateamento dos custos de instalação e operação das soluções de IoT, elemento crucial para fomentar o desenvolvimento dessa tecnologia no Brasil"[51].

O Projeto de Lei 7656/2017, que agora tem o número 6549/2019 no Senado, aguarda votação na Comissão de Ciência e Tecnologia do Senado (CCT), mas como essa comissão não tem funcionado durante a pandemia, é possível que o projeto seja votado diretamente no Plenário do Senado[52].

Em entrevista à Agência Senado em 17 de novembro de 2020, o senador Vanderlan Cardoso (PSD-GO), relator da matéria na CCT, trouxe uma reflexão que vale a pena trazer aqui:

> "[...] A Internet das Coisas deverá ser ainda mais impactante para a economia do que foi a introdução do Serviço Móvel Pessoal, que transformou a maneira como as pessoas se comunicam diariamente".

A expectativa é que o projeto seja sancionado ainda este ano, e se a proposta for aprovada no Senado sem modificações em relação ao texto que foi enviado da Câmara dos Deputados, o projeto deverá seguir diretamente para a sanção do presidente da República.

---

51. Voto do Relator. Projeto de Lei n. 7656/2017. Disponível em <https://www.camara.leg.br/proposicoesWeb/prop_mostrarintegra?codteor=1663086&filename=EMR+1+CCTCI+%3D%3E+PL+7656/2017>. Acesso em 03 fev 2020.

52. Senado pode votar projeto de incentivo à Internet das Coisas. Portal Senado Notícias. Disponível em: <https://www12.senado.leg.br/noticias/materias/2020/11/17/projeto-para-incentivar-internet-das-coisas-pode-ser-votado-em-breve#:~:text=O%20Senado%20pode%20votar%20nos,a%20chamada%20Internet%20das%20Coisas.>. Acesso em 19 nov. 2020.

Considerando a globalização gerada pela internet e que muitos dos fabricantes, especialmente em se falando de internet das coisas, são estrangeiros, talvez fosse ideal uma discussão a nível internacional, a fim de elaborar um tratado internacional para a regulação da proteção de dados pessoais a nível global, pois o usuário digital é um cidadão do mundo, e não apenas de um país ou de outro, e além disso, os dados coletados por um objeto inteligente da Xiaomi, por exemplo, importado da China, certamente será coletado diretamente para a sede da empresa localizada naquele país, de modo que mesmo possuindo o Brasil uma legislação que proteja o usuário brasileiro, esta só terá aplicabilidade prática para empresas que de certo modo estejam atuando diretamente no Brasil.

É certo, como inclusive consta da Lei Geral de Proteção de Dados, que é necessária a criação de um órgão fiscalizador e regulador da proteção de dados dos usuários a chamada Autoridade Nacional de Proteção de Dados. A nível nacional isso é extremamente importante, mas para uma garantia da proteção do indivíduo internauta, o ideal mesmo seria levarmos essa questão a um nível internacional, com a criação de um órgão supranacional para a fiscalização e regulação da proteção de dados dos usuários internautas globais.

A GSMA, que é uma associação que representa as operadoras de telefonia móvel e fabricantes de dispositivos móveis, empresas de software, de equipamentos de internet e outras organizações relacionadas, no mundo todo, em um guia publicado em dezembro de 2018 chamado "Making smart cities and IoT a reality in Latin America: a quick guide for decision-makers"[53], traz recomendações para governos a nível nacional e local, para implementar políticas para incentivar o crescimento da Internet das Coisas e o desenvolvimento de cidades inteligentes.

A nível nacional, é preciso definir uma estratégica de longo prazo, ainda que cada país tenha suas peculiaridades e seus modelos de governo, o papel do Estado deve ser o mesmo em todos os países: estimular o desenvolvimento de um ecossistema de IoT forte, através da adoção de medidas que encorajem a inovação e reduzam o risco de investimento e inovação, como incentivos fiscais, criação

53. Making smart cities and IoT a reality in Latin America: a quick guide for decision-makers. GSMA. Disponível em: < https://www.gsma.com/iot/wp-content/uploads/2018/12/IoTGuide-ENG.pdf>. Acesso em 19 nov 2020.

de aceleradoras e programas de suporte à criação e adoção de IoT por pequenas e médias empresas, por exemplo.

O Brasil vem fazendo isso através das legislações que nós mencionamos anteriormente, porém, ainda precisamos fazer muito mais.

Um ecossistema forte de IoT pode inclusive auxiliar na realização dos Objetivos de Desenvolvimento Sustentável da ONU (Organização das Nações Unidas), a chamada Agenda 2030, visto que muitos projetos de IoT envolvem a redução do desperdício de água e energia, o monitoramento de espécies ameaçadas de extinção, mitigação de mudanças climáticas, enfim, a Internet das Coisas é o presente e o futuro, e o incentivo é necessário para o desenvolvimento do país, especialmente no que tange ao agronegócio.

De acordo com a IBM, 90% de todas as perdas em colheitas são relacionadas ao clima, e a medição preditiva do clima através da aplicação de sistemas de agricultura precisos, como os conectados por Internet das Coisas, podem reduzir os prejuízos da colheita num percentual de aproximadamente 25%.[54]

O segundo passo, a nível nacional, é fomentar a demanda através da priorização de soluções relacionadas à Internet das Coisas, para reduzir deficiências significantes do governo, como identificar formas de melhorar a segurança pública, a mobilidade urbana ou a saúde pública, tanto otimizando processos existentes como criando soluções inovadores e financeiramente mais eficientes.

E também, é preciso regulamentar a privacidade e a segurança. No Brasil nós temos a LGPD, porém, quando falamos de Internet das Coisas, existem muitas peculiaridades, e especialmente nesse caso, os dados possuem uma natureza global, e a regulamentação da proteção de dados e privacidade continua sendo uma "colcha de retalhos" de legislações de diversos países que muitas vezes não são compatíveis.

Para que o ecossistema de IoT tenha uma maior segurança jurídica, é preciso se discutir uma regulamentação de proteção de dados específica, em que sejam abordados temas como requisitos alternativos para o tratamento de dados, no que tange, por exemplo,

54. Idem. p. 10.

ao consentimento explícito e implícito do titular dos dados e também as transferências internacionais de dados.

Não é necessária uma lei de proteção de dados nova, apenas uma redução ou modificação de requisitos que em geral são mais rígidos, quando estiver falando de IoT.

Já a nível local, o governo deve buscar desenvolver e implementar projetos de cidades inteligentes, com estruturas de governança ágil baseada em sistemas abertos e escaláveis, pautando-se sempre na transparência, inovação e publicidade.

É certo que em muitos casos, como o desenvolvimento de tecnologia é muito dinâmico, a legislação não vai acompanhar, especialmente num país como o Brasil, mas ela também não pode ser restritiva ao ponto de impedir ou atrapalhar a inovação.

O empreendedorismo inovador é o futuro e será responsável por um percentual relevante do PIB brasileiro nos próximos anos.

Ainda há muito a ser feito, mas hoje já podemos ver que há interesse do governo em promover um ecossistema forte de IoT, especialmente quando vemos uma proposta de redução dos custos de implementação de IoT, que é o objeto do PL 6549/2019, mas cabe também a nós pressionarmos nossos governos, desde os municípios até a União, para que esse desenvolvimento continue progredindo.

Capítulo 4

TECNOLOGIA E DESENVOLVIMENTO: NORMAS FOMENTADORAS DO DESENVOLVIMENTO DA CIÊNCIA, TECNOLOGIA E INOVAÇÃO

Thalles Takada

A tecnologia é a sociedade e ela não pode ser entendida ou representada sem suas ferramentas tecnológicas[1]. Esse entendimento denota toda a estrutura social no tempo atual, portanto, desenvolvimento e tecnologia constroem um liame altamente aproximativo, redundando na configuração dessa estrutura.

O desenvolvimento, como crescimento qualitativo, primordialmente relacionado às inferências econômicas, demonstrado como índices que representam a elevação do padrão de vida – bem-estar – da coletividade, qual seja aumento de renda *per capita,* distribuição de renda e evolução tecnológica[2], é unânime entre economistas, como Schumpeter e Solow, que o crescimento inventivo, em boa parte decorrentes da tecnologia, geravam rompimentos paradigmáticos na sociedade. Para eles, uma economia chegaria a um nível[3] que só seria possível romper com a invenção de novas tecnologias.

---

1. CASTELLS, Manuel. **A sociedade em rede**. Volume I; 8 edição revista e ampliada; tradução de Roneide Vanancio Majer com colaboração de Klauss Brandini Gerhardt. São Paulo: Paz e Terra, 2005. P. 43.
2. VASCONCELLOS, Marco A. S. **Economia – Micro e Macro**. São Paulo: Atlas, 2006. P. 19.
3. Esse nível é denominado por ele de *Estado Estacionário.*

Nessa senda, seria impossível dissertar acerca do desenvolvimento e tecnologia sem fazer uma análise da base do capitalismo, o consumo. O determinante desenvolvimentista não estaria restrito apenas à economia, mas ao ator tecnológico da indução e dispersão de novas ferramentas tecnológicas.

Essa dispersão é função da lógica capitalista, do consumo (des) ordenado pelo fator latente da mudança, da *criação destrutiva*. "Na vida do 'agorista' do ávido consumidor de novas experiências, a razão para correr não é o impulso de *adquirir e acumular*, mas de descartar e substituir"[4]. O prazer, fator endógeno das sensações corpóreas, realizada pelas sinapses cerebrais, realiza toda uma formação tendenciosamente macrossocial, afetando diretamente o sistema existente.

A velha doutrina utilitária, embora não desatualizada, importa em demonstrar que o indivíduo é conduzido pela busca da satisfação pessoal. A formação sistêmica de um modelo voltado ao consumo reflete exatamente essa posição, em que a lógica do sistema é inovar sempre, atingir o desejo, destruir o velho, fazer a "máquina girar".

Esse contexto representa duas posições da interação indivíduo-sociedade: i) produto do meio socialmente integrativo e ii) disposição de uma cultura mercadologicamente estabelecida condicionada por determinantes jurídicos e econômicos.[5] Tem-se assim, por um lado, o produto gerado entre o indivíduo e seu meio e, de outro lado, um liame jurídico-econômico derivado de um meio criado em um plano ideológico.

Fatores esses que revelam a dependência do indivíduo aos "produtos", particularmente, à evolução tecnologia, porém, sobretudo, revela a dependência do próprio sistema econômico a esses produtos. Ou seja, em uma afirmação direta, a inserção de novas tecnologias no mercado é fator determinante ao desenvolvimento socioeconômico[6].

---

4. BAUMAN, Zygmunt; DONSKIS, Leonidas. **Cegueira moral: a perda da sensibilidade na modernidade líquida.** Tradução: Carlos Alberto Medeiros. Rio de Janeiro: Zahar, 2014. P. 129.

5. Proposições apresentada em: TAKADA, Thalles A. **Instituições, mercado e consumo.** In: Revista de Direito Empresarial (REDE). vol. 13. ano 4. P. 301-314. São Paulo: Editora RT, jan.-fev. 2016.

6. "[...] os grandes surtos de atividade econômica que costumavam propagar os sintomas de prosperidade por odo o organismo econômico foram sempre vinculados à expansão das despesas dos produtores, as quais, por outro lado,

Haugh[7] trouxe a expressão "obsoletismo artificial" correspondendo ao modelo produtivo do sistema econômico. As mercadorias estariam elas já programadas para sua deterioração, consequentemente, para sua substituição pelo novo. A própria estrutura do sistema econômico revelou uma necessidade de se auto inovar, a todo tempo se inventar, para que o sistema não pare.

Ainda que alguns autores diferenciem uma *noncommercial culture* de uma *comercial culture,* como um dos maiores entendido da área digital relacionada ao Direito, Lawrence Lessig[8], entende que a sociedade possui como pano de fundo a cultura do consumo, inobstante as relações surgidas sem um aparente aspecto comercial.

Isso denota que o parâmetro econômico-social tende a primar pelo imediatismo e pela efemeridade determinados pelo mercado. Todavia, por evidente, não se poderia atribuir apenas problemas aos ditames tecnológicos em um mercado altamente dinâmico, sendo que os benefícios do desenvolvimento tecnológico poderiam superar os problemas resultantes de uma cultura segregada.

O rápido surgimento de modelos diferenciados de dispositivos, empresas ou de relações intersubjetivas, agregaria um potencial distribuidor de riquezas, melhor denominado como bens sociais. A capacidade da invenção e da criatividade pode também ser a solução das diversas mazelas que o ser humano consegui criar no logo da história.

Um ponto claro foi a década de 1990 em que o investimento em tecnologia da informação e a alta produtividade na indústria de

---

dependiam da construção de novas fábricas e compra de equipamento. Atualmente, alguns economistas descobriram, ou pensam que descobriram, que nos dias que correm os novos processos tecnológicos tendem a exigir menos capital fixo do que no passado, especialmente na época da construção das estradas-de-ferro. Concluem eles que as despesas com a formação de capital diminuirão de agora em diante em importância relativa". SCHUMPETER, Joseph A. **Capitalismo, Socialismo e Democracia.** Tradução de Ruy Jungmann. Rio de Janeiro: Editora Fundo de Cultura, 1961.

7. HAUGH, Wolfgang F. **Crítica da estética da mercadoria**. São Paulo: Fundação Editora da Unesp, 1997.

8. LESSIG, Lawrence. **Free culture: how big media uses technology and law to lock down culture and control creativity**. The Penguin Press: New York, 2004. P. 7.

computadores foram fatores decisivos ao estímulo do crescimento da produtividade, atingindo 24% nos EUA[9].

> Segundo os registros históricos, os inovadores e produtores de novas tecnologias são os primeiros a utilizá-las, bem como os primeiros a treinar sua mão de obra e mudar sua organização de maneira condizente. Assim, os primeiros usuários se beneficiam primeiro do crescimento da produtividade. Mas à medida que seu modelo empresarial se difunde, juntamente com a nova tecnologia, para outros setores, o crescimento da produtividade aumenta também.

Por evidente que essa formulação condiz com a doutrina *schumpteriana* demonstrando em que o fator inovação tenderia a gerar retornos crescentes, contudo, o ganho provindo da inovação, a tecnológica em questão, é reflexo direto do capital humano. A tecnologia da informação conseguiu unificar o produto do intelecto, propiciar a junção e acesso ao novo, e redistribuir os bens sociais de modo a alavancar o desenvolvimento.

Surgiria ainda, atualmente, novos modelos de empresas, que usam modelos cooperativos com o objetivo de baratear e facilitar o acesso ao consumo. Assim, a tecnologia, reflexo da inovação, cria a todo tempo formas de atingir o progresso, alterando os modelos produtivos e, na maior parte das vezes, simplificando o acesso ao mercado de consumo. Passou-se da época das pontocom, às sociedades em redes; das startups, às tecnologias de realidade aumentada, sem saber o fim.

Impossível seria descrever todas as criações a transformações ocorridas, ainda mais tratando-se da sociedade digital. A dinâmica do mercado necessita a cada momento se reinventar, e produzir novos bens de consumo e produção. Contudo, por vezes o mercado não se comporta de maneira perfeita e distorções surgem inibindo o próprio crescimento econômico.

Dessa forma o Estado passou a agir como agente interventor, por vezes de maneira direta, concorrendo no mercado de bens de consumo, e por vezes indiretamente, no intuito de fiscalizar, regulamenta

9. CASTELLS, Manuel. **A galáxia da internet: reflexões sobre a internet, os negócios e a sociedade**. Tradução de Maria Luiza X. de A. Borges. Rio de Janeiro: Zahar, 2003. P. 83.

e criar incentivos. Esse capítulo visa apresentar algumas ferramentas normativas criadas pelo Estado para fomentar o desenvolvimento inventivo, os quais em grandes partes são aplicadas nas *startups*.

4.1. SISTEMA NACIONAL DE CIÊNCIA, TECNOLOGIA E INOVAÇÃO

A fim de fomentar o desenvolvimento tecnológico, entendendo que o mercado por si não seria capaz de propiciar a todos os agentes a possibilidade de inovar o estado da arte, o legislador buscou possibilitar recursos de forma indireta ou direta àqueles que buscam esse objetivo.

O legislador constituinte derivado aprovou a Emenda Constitucional 85 publicada em 27 de fevereiro de 2015 a qual acrescentou os artigos 23, 24, 167, 200, 213, 218, 219 e 219-A à Constituição Federal em cujos dispositivos foram expressos em determinar a necessidade do Estado em promover e incentivar o desenvolvimento científico, a pesquisa, a capacitação científica e tecnológica e a inovação.

Além do importante aspecto determinista das inferências tecnológicas na esfera pública e privada elevado ao patamar constitucional, denominou-se no texto constitucional o Sistema Nacional de Ciência, Tecnologia e Inovação, o todo complexo institucional envolvendo organizações, políticas governamentais e, sobretudo, o ordenamento jurídico. Dentre as organizações vale citar o Ministério da Ciência, Tecnologia e Inovações (MCTI), o Conselho Nacional de Desenvolvimento Científico e Tecnológico (CNPq) e a Financiadora de Estudos e Projetos (FINEP), agências setoriais, unidades de pesquisa, entre outros do setor público e privado.

Além do mais, a referida emenda trouxe ao texto constitucional talvez o mais importante ponto a ser analisado, no que concerne a competência legislativa dos demais entes federativos. No artigo 219-B determinou-se que compete a todos os entes federativos de maneira concorrente legislar sobre as peculiaridades do Sistema Nacional de Ciência, Tecnologia e Inovação, ou seja, as normas deverão ser regulamentadas de forma geral pela União e os demais legislarão concorrentemente conforme suas peculiaridades.

A inovação normativa possibilitou que os entes federados criem benefícios, em sua esfera de competência, às empresas a fim de criar um ambiente de desenvolvimento tecnológico. Dessa forma, uma análise mais acurada será realizada na esfera federal de inovação e desenvolvimento tecnológico.

4.2. LEI FEDERAL DE INOVAÇÃO TECNOLÓGICA

A Lei de Inovação Tecnológica, Lei Federal 10.973, entrou em vigência em dezembro de 2004 e foi regulamentada em outubro de 2005 por meio do Decreto 5.563. Visou, assim, constituir um ambiente ao desenvolvimento, beneficiando determinados agentes como Instituições Científicas e Tecnológicas (ICT), empresas, inventor pessoa natural e fundos de investimento para a inovação.

A Lei, acima de tudo, buscou o desenvolvimento social, entendendo que o aspecto inovador é determinante para tanto. Decorrente do próprio processo de desenvolvimento tecnológico, a lei foi profundamente alterada pela Lei 13.243 de 11 de janeiro de 2016, melhorando seus dispositivos em alguns aspectos para a captação e transferência de recursos, denominando assim de Marco Legal da Ciência, Tecnologia e Inovação.

A Lei passou assim a dispor sobre medidas de incentivos ao desenvolvimento científico e à pesquisa científica e tecnológica e à inovação, em consonância aos artigos 23, 24, 167, 200, 213, 218, 219 e 219-A da Constituição Federal. Artigos esses acrescentados à Constituição Federal por meio da emenda constitucional 85 publicada em 27 de fevereiro de 2015.

O caráter social desenvolvimentista permaneceu descrito diretamente no artigo primeiro e com ênfase nos demais artigos. A nova lei pretendeu melhorar e facilitar a lei anterior, bem como conceituou diversos institutos jurídicos existentes no mercado, como Instituição Científica, Tecnológica e de Inovação (ICT), incubadora de empresas, Núcleo de Inovação Tecnológica (NIT), fundação de apoio, parque tecnológico, entre outros.

O Marco Legal instituiu importantes instrumentos a serem utilizado por startups sendo que a influência e facilidade para criação de um ambiente tecnológico a fim de promover a inovação, criar parques e polos tecnológicos e incubadoras de empresas e, sobretudo, regular regras para fomento, concepção e desenvolvimento de projetos em parceria e para seleção de empresas para ingresso nesses ambientes.

Facilitou o acesso pelas instituições públicas para compras e contratação de produtos para pesquisa e desenvolvimento, bem como simplificou regras tributárias para importação de materiais de pesquisa. Também tentou garantir uma maior flexibilidade para pesquisadores que trabalhem em conjunto entre a iniciativa privada e o setor público.

Instituiu também formas de empresas privadas ou pessoas físicas trabalharem em parceria com instituições públicas, podendo utilizar instalações equipamentos e demais estruturas necessárias para o desenvolvimento dos projetos, inclusive, o capital intelectual pertencente a estas, bem como previu a possibilidade da União e demais entes federativos a participarem de forma minoritária do capital social das empresas.

Contudo, ainda que exista a participação de forma minoritária dos entes federativos, a propriedade intelectual sobre os resultados obtidos pertencerá à empresa, na forma da legislação vigente e de seus atos constitutivos. Na mesma linha, poderá o poder público condicionar sua participação societária aportando capital a fim utilizar do licenciamento da propriedade intelectual.

A fim de flexibilizar e facilitar o processo, em vista da dinâmica que as empresas do setor necessitam, a venda dos ativos da participação dos entes federados é dispensada de realização de licitação. Ou seja, a norma em comento abriu um leque de variáveis a serem aplicadas e regulamentadas no desenvolvimento da ciência, tecnologia e inovação, sendo que em alguns de seus pontos influenciam diretamente no progresso das *Startups*.

Fez-se, dessa forma, facilitar as formas de transferência de tecnologias, os licenciamentos de patentes, bem como permitir a remuneração dos profissionais com os próprios ganhos advindos do objeto da pesquisa. Sobretudo, a lei possibilitou descentralizar a condução Estatal no incentivo às empresas de determinados setores, atribuindo às instituições públicas e privadas o aparato jurídico financeiro para a consecução do fomento nesses setores. Por evidente, a lei possui caráter genérico e de ampla abrangência; ainda que seu escopo seja louvável, a carência de especificações práticas limita seu reflexo no mercado, necessitando, dessa forma, da norma reguladora dos agentes políticos.

4.3. INCENTIVOS GOVERNAMENTAIS

Além da Lei 13.243, existe toda uma gama de legislação que visam desenvolver certos setores da economia. Tratando-se de inovação, tecnologia e incentivos relacionados às *Startups*, relacionou-se alguns programas e incentivos federais, contudo, enfatizando que os programas de incentivos são diversos, tem-se aqui um resumo conforme a pertinência temática.

4.3.1. Desenvolvimento Tecnológico da Indústria de Semicondutores (PADIS)

Regido pela Lei nº 11.484/2007 e regulamentado pelo Decreto nº 6.233/2007 e Instruções Normativas RFB nº 852/2008 e 1.976/2020, os quais dispõe componentes eletrônicos semicondutores e sobre a proteção à propriedade intelectual das topografias de circuitos integrado, que concede isenção do imposto de renda e reduz a zero as alíquotas da Contribuição para o PIS/PASEP, da COFINS e do IPI. A referida lei também dispões sobre o Programa de Apoio ao Desenvolvimento Tecnológico da Indústria de Equipamentos para a TV Digital (PATVD)

4.3.2. Programa de apoio ao desenvolvimento tecnológico da indústria de equipamentos para a TV digital (PATVD)

Criado pela Lei 11.484/2007 e Lei 13.969/2019 dispõe sobre os incentivos às indústrias de equipamentos para TV Digital, regulamentado pelo Decreto 6.234/2007 que estabelece critérios para a fruição dos incentivos decorrentes do programa, que reduz a zero as alíquotas da Contribuição para o PIS/PASEP, da COFINS e do IPI. Os procedimentos para habilitação no programa estão prescritos na Instrução Normativa RFB nº 853/2008.

4.3.3. Regime especial de tributação para a plataforma de exportação de serviços de tecnologia da informação (REPES)

Instituído pela Lei 11.196, de novembro de 2005, conhecida Lei do Bem, o REPES beneficia pessoas jurídicas exerça preponderantemente as atividades de desenvolvimento de software ou de prestação de serviços de tecnologia da informação e que, por ocasião da sua opção pelo regime, assuma compromisso de exportação igual ou superior a 50% (cinquenta por cento) de sua receita bruta anual decorrente da venda dos bens e serviços. Na venda ou importação de bens novos destinados ao desenvolvimento de software e de serviços de tecnologia da informação, no país, suspende-se a exigência de PIS e Cofins.

Por meio do Decreto nº 5.712/2006 regulamentou-se o referido regime e a Instrução Normativa SRF nº 630/1996, entre outras prerrogativas e exigência, dispõe sobre o procedimento sobre a habilitação das empresas no mesmo.

4.3.4. Regime especial de incentivo a computadores para uso educacional (Reicomp)

A Lei 12.715/2012 a qual instituiu o regime especial de incentivo a computadores para uso educacional possui o intuito de promover a inclusão digital nas escolas das redes públicas de ensino federal, estadual, distrital, municipal e nas escolas sem fins lucrativos de atendimento a pessoas com deficiência, mediante a aquisição e a utilização de soluções de informática, constituídas de equipamentos de informática, de programas de computador – software – neles instalados e de suporte e assistência técnica necessários ao seu funcionamento.

O Regime no caso beneficia empresas exerça atividade de fabricação dos equipamentos mencionados anteriormente e que sejam vencedoras do processo de licitação conforme requisitos estabelecidos pela lei, suspendendo assim os tributos IPI, PIS/PASEP e Cofins.

4.3.5. Regime de Ex-Tarifário

Instituído pela portaria 309 de 24 de junho de 2019 e regulamentada pela portaria 324 de 29 de agosto de 2019, ambas do Ministério da Economia, consiste na redução temporária da alíquota de importação, por vezes chegando a zero, de bens de capital (BK), de informática e telecomunicação (BIT), assim grafados na Tarifa Externa Comum do Mercosul (TEC), quando não houver a produção nacional equivalente.

Visa, sobretudo, incentivar a produção interna utilizando de tecnologia advinda de outros países, desenvolvendo a indústria nacional.

4.3.6. Lei do Bem (Lei 11.196 de novembro de 2005)

A já citada Lei 11.196 conhecida como Lei do Bem, além do programa REPES, também trouxe outros benefícios como a instituição do Regime Especial de Aquisição de Bens de Capital para Empresas Exportadoras (Recap). Beneficiou empresas preponderantemente exportadoras na venda ou de importação de máquinas, aparelhos, instrumentos e equipamentos com a suspensão da contribuição do PIS/Pasep, podendo-se converter à alíquota zero.

A lei a fim de incentivar a inovação tecnológica criou a possibilidade da pessoa jurídica os seguintes benefícios:

- Deduzir para efeito de apuração do lucro líquido, o valor correspondente à soma dos dispêndios realizados no período de apuração com pesquisa tecnológica e desenvolvimento de inovação tecnológica classificáveis como despesas operacionais pela legislação do Imposto sobre a Renda da Pessoa Jurídica – IRPJ;
- Reduzir 50% do Imposto sobre Produtos Industrializados – IPI incidente sobre equipamentos, máquinas, aparelhos e instrumentos, bem como os acessórios sobressalentes e ferramentas que acompanhem esses bens, destinados à pesquisa e ao desenvolvimento tecnológico;
- Depreciar integralmente, no próprio ano da aquisição, as máquinas, equipamentos, aparelhos e instrumentos, novos, destinados à utilização nas atividades de pesquisa tecnológica e desenvolvimento de inovação tecnológica, para efeito de apuração do IRPJ e da CSLL;
- Amortizar de forma acelerada, mediante dedução como custo ou despesa operacional, no período de apuração em que forem efetuados, os dispêndios relativos à aquisição de bens intangíveis, vinculados exclusivamente às atividades de pesquisa tecnológica e desenvolvimento de inovação tecnológica, classificáveis no ativo diferido do beneficiário, para efeito de apuração do IRPJ;

- Reduzir a 0 (zero) a alíquota do imposto de renda retido na fonte nas remessas efetuadas para o exterior destinadas ao registro e manutenção de marcas, patentes e cultivares.

Dentre os benefícios a lei conceituou e regulou diversas questões relacionadas à inovação tecnológica, no que se refere as questões contábeis e operacionalização dos referidos benefícios. Criou também o programa de inclusão digital, que focou especificamente na venda a varejos, criando benefícios a certos produtos vendidos aos consumidores.

A Lei do Bem é uma clara expressão das políticas de necessidade de desenvolvimento social, em que se criou incentivos a determinados setores, fundamentalmente com viés tecnológico, bem como a determinadas regiões do país, particularmente, reduzindo tributos conforme a necessidade de cada.

4.3.7. Legislação esparsa

A questão do desenvolvimento da ciência, tecnologia e inovação não está restrita somente às normas e programas de âmbito federal, como os elencados acima. O referido rol apresentado é apenas alguns exemplos de programas governamentais de incentivo ao desenvolvimento. Diversos outros programas e leis foram editados no mesmo sentido, como a Lei do MEC de inovação, dentre outras leis de incentivo fiscal com o Marco Regulatório das Organizações da Sociedade Civil – MROSC.

Desde 2012, o Projeto de Lei 321 visava criar incentivos específicos às *Startups*. De autoria do Senador José Agripino o texto versava sobre o Sistema de Tratamento Especial a Novas Empresas de Tecnologia – SisTENET, e seu regime tributário diferenciado. O referido projeto conceituava o modelo de empresa enquadrado como *Startup* e indicava a sua forma de constituição, podendo ser através de doações, financiamentos ou bolsas provenientes de entidades públicas ou privadas de fomento à inovação e ao empreendedorismo.

O incentivo criado pelo Sistema de Tratamento Especial a Novas Empresas de Tecnologia implica a isenção total e temporária do pagamento de todos os impostos federais, estaduais e municipais, pelo período de dois anos, quando a empresa estiver devidamente enquadrada nos requisitos descritos na lei. Pós finalizado o prazo de dois anos, caso a startup atenda as condições estabelecidas na

Lei 9.317, de 5 de dezembro de 1996 (Lei do SIMPLES) e pelo SIMPLES opte, tornar-se-á ainda beneficiária do direito a desconto de 50% (cinquenta por cento) sobre o valor total dos tributos de que trata o Art. 3º pelo prazo não prorrogável de 1(um) ano a contar da data da opção pelo SIMPLES.

O Texto foi aprovado pela Comissão de Assuntos Econômicos e enviado à Câmara dos Deputados desde outubro de 2013 e, infelizmente, não ocorreu qualquer expediente desde essa época até o ano de 2018, quando foi votado em decisão terminativa e enviado ao arquivo. Por evidente, que a finalidade do Projeto de Lei era criar um incentivo às *startups* aumentando a possibilidade de sobreviver no mercado, tendo em vista a baixa taxa de sobrevivência das empresas nos dois primeiros anos de existência.

Infelizmente, aparentemente, a necessidade do congresso nacional brasileiro é outra, não a facilitação dos empreendedores em desenvolver novos negócios e, consequentemente, gerar riqueza e desenvolvimento econômico, mas sim, decidir questões polêmicas, fruto de arranjos políticos entre partidos.

Em 2019 um novo Projeto de Lei sob o número 3466 foi proposto pelo Senador Randolfe Rodrigues cujo texto dispõe sobre o Fundo de Financiamento às Empresas Startups (FiStart) e que visa alterar a Lei nº 9.250, de 26 de dezembro de 1995, para permitir que seja deduzida da base de cálculo do Imposto sobre a Renda das Pessoas Físicas (IRPF) parcela dos valores investidos na integralização de capital social em sociedades empresárias Startups. Projeto esse ainda em trâmite no Senado Federal.

Em 20 de outubro de 2020 foi proposto o Projeto de Lei Complementar 249, o qual visa instituir o Marco Legal das *Startups,* delimitando seu campo de atuação e garantindo melhor a segurança jurídica a potenciais investidores. Estabeleceu dentre princípios, regras e diretrizes para a atuação da administração pública no âmbito de todas as esferas administrativas. Além da questão do fomento no que diz respeito à investimento e captação de recurso, o projeto visa disciplinar licitação e a contratação de soluções inovadoras pela administração pública.

O projeto visa alterar a Lei nº 6.404, de 15 de dezembro de 1976 (Lei das S/A) e a Lei Complementar nº 123, de 14 de dezembro de 2006 (Lei do Simples). Ainda que denominada de Marco Legal das *Startups* a Lei restringe apenas a dezoito artigos iniciais.

A Constituição Federal também determinou que os demais entes federados podem legislar dentro de seu campo de competência. Essa delegação legislativa possibilitou que os Estados, Municípios e o Distrito Federal criassem incentivos em diversos setores, a fim de desenvolver o setor produtivo e criativo do mercado.

A título de exemplo alguns estados possuem incentivos como a Lei Paulista 1.049 que prevê um sistema de Parques Tecnológicos e a Rede de Incubadoras de Empresas de Base Tecnológica, a Lei 17.314 do Estado do Paraná que dispões sobre incentivos à inovação, Lei 13.196 do Rio Grande do Sul que estabeleceu medidas de incentivo à inovação e à pesquisa científica e tecnológica, entre diversas leis estaduais que criam um ambiente propício à inovação, pesquisa e tecnologia. No âmbito municipal algumas políticas também são criadas no sentido de propiciar incentivo à inovação e desenvolvimento tecnológico, como o ISS Tecnológico em que alguns municípios criam subsídios ou descontos tributários para investimento em certos setores.

Uma consequência do próprio estado intervencionista, a Constituição Federal não restringiu apenas ao legislador federal criar incentivos ao desenvolvimento inventivo. Esse leque de possibilidade criou um ambiente propício ao desenvolvimento econômico e, por conseguinte, ao desenvolvimento social. Ainda existe uma lacuna gigantesca entre as políticas púbicas e o objetivo almejado, contudo aos heróis empreendedores que arriscam muito mais do que aportes financeiros, existem caminhos em que a própria legislação assegura uma possibilidade de facilitar a sobrevivência de seus negócios.

Capítulo 5

PROPRIEDADE INTELECTUAL

Maíra Bendlin Calzavara
Bianca Martins de Paula

Quando se fala sobre "startup" entende-se que uma de suas principais características é ser um empreendimento com potencial inovador, capaz de inserir novas ideias e tecnologias ao mercado. Isto faz com que o empreendedor tenha que zelar por sua propriedade intelectual.

Para a OMPI – Organização Mundial da Propriedade Intelectual[1] (WIPO – *Word Intellectual Property Organization*), entende-se propriedade intelectual enquanto os direitos relativos[2]:

> às obras literárias, artísticas e cientificas, às interpretações dos artistas intérpretes e às execuções dos artistas executantes, aos fonogramas e às emissões de radiodifusão, às invenções em todos os domínios da atividade humana, às descobertas científicas, aos desenhos e modelos industriais, às marcas industriais, comerciais e de serviço, às firmas comerciais e denominações comercias, à proteção contra a concorrência desleal e

1. OMPI é um órgão autônomo dentro das Nações Unidas para serviços, política, informação e cooperação em matéria de propriedade intelectual. http://www.wipo.int/about-wipo/en/index.html.
2. Convenção que institui a Organização Mundial da Propriedade Intelectual, Art. 2º, inciso viii. Acesso em https://www.wipo.int/publications/en/details.jsp?id=303&plang=PT.

> todos os outros direitos inerentes à atividade intelectual nos domínios industrial, científico, literário e artístico.

Durante a constituição de uma empresa, a propriedade intelectual talvez não seja a principal preocupação do empreendedor, até porque, muitas vezes, ele não detém, ainda, de algo para proteger. Contudo, é equivocado não considerar a propriedade intelectual como importante elemento constitutivo de uma empresa. Deixar de protegê-la pode trazer diversos contratempos ao empreendedor, principalmente financeiro.

Inicialmente, faz-se necessário entender as duas categorias da propriedade intelectual: propriedade industrial e direitos autorais. Em suma, a primeira refere-se aquilo capaz de aplicação industrial, enquanto a segunda diz respeito ao direito do autor e suas obras, independente de que forma é expressa.

5.1. PROPRIEDADE INDUSTRIAL

No Brasil a proteção da Propriedade Industrial é realizada por meio do INPI – Instituto Nacional da Propriedade Industrial o qual se define como:

> uma autarquia federal vinculada ao Ministério da Indústria, Comércio Exterior e Serviços, responsável pelo aperfeiçoamento, disseminação e gestão do sistema brasileiro de concessão e garantia de direitos de propriedade intelectual para a indústria.[3]

Uma informação muito útil para as startups é que o INPI concede desconto de 60% (sessenta por cento) nas retribuições de parte de seus serviços para MEI, ME, EPP, entre outras instituições.[4] Em razão disto, é de extrema importância preencher corretamente o cadastro da empresa junto ao órgão para que o desconto seja aplicado no momento da emissão da guia de retribuição. Além do mais, não há necessidade de constituir procurador para praticar os

3. Instituto Nacional da Propriedade Industrial. Acesso em: http://www.inpi.gov.br/sobre/estrutura.

4. Resolução INPI 250/2019, art. 2º.

atos no INPI, pois são atos administrativos, podendo o próprio titular exercê-los.

Importante destacar que o pedido de proteção junto ao INPI gera uma expectativa de direito sobre a exploração exclusiva daquele bem. O direito em si que só será de pleno gozo do titular após sua concessão. Todavia, não quer dizer que a tecnologia não possa ser explorada, conforme será adiante exposto.

Dentre os serviços oferecidos pelo INPI os mais utilizados pelas novas empresas são os de registro de marca, software, desenho industrial e concessão de patente, a seguir elucidados.

5.2. MARCAS

Pode-se entender como marca o sinal que irá distinguir o produto ou serviço de sua empresa das demais concorrentes, fazendo com que o consumidor os identifique de forma simples e rápida.

Observa-se, portanto, que as marcas podem identificar produtos ou serviços. Logo, ao iniciar o processo de pedido do registro, a princípio, deve-se verificar o que aquela marca irá identificar, se é um produto ou serviço, visto que não é possível solicitar no mesmo pedido de registro as duas modalidades. Ou seja, de modo geral, se o empreendedor deseja proteger o produto e serviço de sua empresa com o mesmo sinal (marca), ele terá que solicitar dois registros, e consequentemente, terá dois processos.

Mas afinal, o que se pode registar como marca? A resposta para esta questão é extremamente genérica, segundo o art. 122 da Lei de Propriedade Industrial de nº 9.279/96 "São suscetíveis de registro como marca os sinais distintivos visualmente perceptíveis, não compreendidos nas proibições legais", logo, é muito mais fácil dizer o que não é registrável, assim, por exclusão, identifica-se quais os sinais que são passíveis de proteção. O art. 124, da mesma lei, estabelece aquilo que é proibido ser registrado como marca, com base em quatro principais características: distintividade, disponibilidade, veracidade e liceidade.[5]

---

5. OMPI/INPI. Curso Geral da Propriedade Intelectual, Módulo 4 – Marcas, 2016.

Distintividade apresenta-se como a capacidade da marca de distinguir o produto/serviço que oferece, não sendo possível o registro de termos genéricos que tenha relação com aquilo que deseja identificar, em razão de sua própria constituição. A título de exemplo, o termo "AÇAÍ" não poderia ser utilizado, sozinho, como um sinal de identificação de uma lanchonete que vende açaí, contudo poderia ser utilizado como sinal distintivo de uma empresa de software, uma vez que um termo nada tem em relação com outro.

Outra característica é a *disponibilidade* do elemento que se deseja registrar, este não pode apresentar sinais iguais ou semelhas às marcas que estão em processo de registro ou já registradas. Portanto, é preciso apresentar novidade.

As marcas também devem prover de *veracidade,* isto é, apresentar sinais que não correspondem com a verdadeira natureza do produto ou serviço, como apresentar o termo "Mel In Natura" para identificar um pote de mel, não é registrável uma vez que um produto industrializado não pode ser "in natura". Ademais, os sinais de identificação devem ser munidos de *liceidade* que se refere a sinais que não contrariam a ordem pública ou a moral e os bons costumes. Portando, um sinal que não esteja entre as proibições do art. 124 da Lei de Propriedade Industrial e apresente estas características é passível de registro.

Após sua concessão, o registro de marca tem a vigência de 10 anos (decênio), podendo ser sucessivamente renovado.

Uma novidade sobre registros de marcas é que no ano de 2019 o Brasil aderiu ao Protocolo de Madri, que é um tratado internacional no qual o requerente pode solicitar o pedido de registro de sua marca em mais de 120 países, ao mesmo tempo, por meio de um único processo e sem a necessidade de constituir procurador no país desejado. O procedimento para solicitação do registro no âmbito do Sistema Madri é disciplinado pela Resolução do INPI nº 274/2019, de 09 de setembro de 2019. Além da resolução, o INPI publicou a 3ª edição do Manual de Marcas[6] que traz mais detalhes sobre os

6. Manual de Marcas, 3ª edição, item 11. Acesso em http://manualdemarcas.inpi.gov.br/projects/manual/wiki/Manual_de_Marcas.

aspectos gerais dos procedimentos do registro de marcas através do Protocolo.

5.3. PATENTE

Em suma, patente é o modo de proteção de uma invenção que garante direitos ao seu inventor e titular para sua exploração, de forma exclusiva, por certo período de tempo e em determinado país, formalizado por um documento concedido pelo governo. De acordo com a Lei 9.279/96: as patentes são identificadas como: patentes de invenção e patentes de modelo de utilidade.

A primeira diz respeito a proteção de um processo ou produto que apresente atividade inventiva, novidade e aplicação industrial, pelo prazo de 20 anos a contar da data do depósito do pedido de patente. Já o segundo tipo refere-se a um produto ou processo que tenha aplicabilidade industrial, novidade e melhoria funcional em seu uso ou aplicação, como, por exemplo, uma cadeira (invenção) com rodinhas (modelo de utilidade). Este tem a proteção durante 15 anos, também a contar da data de depósito.

Diante disto, é possível identificar os requisitos para que um produto ou processo seja considerado patente, e adquirir a respectiva proteção, quais sejam: novidade, aplicação industrial, atividade inventiva (para patentes de invenção) e ato inventivo (para modelo de utilidade). [7]

A patente de invenção ou de modelo de utilidade apresenta *novidade* quando, anteriormente ao seu pedido de depósito, as informações inerentes à patente não forem de acesso público, seja por descrição oral ou escrita, segundo dispõe o art. 11 da Lei 9.279/96. Ou seja, exige-se que a patente, antes de seu depósito, nunca tenha sido divulgada por qualquer meio ao público. Estas informações prévias ao depósito são denominadas estado da técnica.

Aplicação industrial, prevista no art. 15 da mesma lei, refere-se à possibilidade da patente ser industrialmente produzida.

7. BOCCHINO, Leslie de Oliveira. **Publicação da Escola da AGU: Propriedade Intelectual – conceitos e procedimentos.** Brasília: Advocacia-Geral da União, 2010. 20-24 p.

Atividade inventiva é aplicada somente a patente de invenção e diz respeito a patente apresentar uma evolução, um desenvolvimento do estado da técnica anterior a ela, aquilo que a diferencie de modo significativo daquilo que já existe, de modo que não seja óbvio para um técnico no assunto. Neste sentido, uma mera troca de material não apresenta atividade inventiva suficiente para ser considerada uma patente, ao contrário de um produto ou processo que apresente a solução para um problema técnico, por exemplo.

Ato inventivo é um quesito aplicado somente a patente de modelo de utilidade, que consiste em uma modificação que apresente melhoria funcional na aplicação ou produção da patente, de modo que a torne mais eficiente, não decorrendo de maneira comum ou vulgar do estado da técnica para um técnico no assunto. Um dos exemplos mais simples para visualizar e entender esta premissa é o ferro de passar roupas sem fio, ele apresenta uma melhoria (ser sem fio) a um produto que já existia. Veja, não houve uma simples mudança ou design diferenciado, foi aplicado uma nova funcionalidade a um objeto de conhecimento comum, tornando-o mais prático. Este critério está disposto no art. 14 da lei acima referida.

Presentes estes requisitos, seja num produto ou processo, o titular poderá requisitar o pedido de depósito junto ao INPI, para, assim, poder explorá-la com a devida proteção.

A partir de junho de 2019, o INPI, por meio da Resolução 239/2019, implementou diversas modalidades para o exame prioritário de patentes. Isto significa que as patentes que se encaixem em algumas das modalidades previstas são examinadas em prazo inferior ao procedimento comum. Patentes cujos titulares são empresas MEI, ME e EPP ou cujo objeto da patente seja uma tecnologia verde, por exemplo, podem tramitar de forma prioritária no INPI. Outras modalidades, respectivos requisitos e procedimentos para solicitar o exame prioritário são disciplinados pela resolução anteriormente citada e no próprio portal do INPI.[8]

Em 2020 a Resolução 239/2019 fora alterada para permitir uma nova modalidade de exame prioritário, que

8. Instituto Nacional da Propriedade Industrial. Tramite prioritário. Acesso em: http://www.inpi.gov.br/menu-servicos/patente/tramite-prioritario.

envolva os processos de patentes com tecnologia relacionada ao Covid-19. Estão incluídos os produtos e processos farmacêuticos, além de equipamentos e materiais da área da saúde, que visem ao diagnóstico, profilaxia e tratamento do Covid-19. O requerimento dessa nova modalidade deve ser apresentado até 30 de junho de 2021.

Percebe-se que há uma tendência, embora lenta, de viabilizar o processo de proteção da tecnologia para pequenas empresas, o que proporciona maior demanda deste setor em inovar, cumprindo com uma das finalidades do INPI.

Assim como as marcas, a Lei de Propriedade Industrial identifica o que não é suscetível de ser protegido como patente, dentre estas exclusões, destacam-se: i) materiais já existentes na natureza; ii) processos ou produtos que atentem contra a moral, os bons costumes e a segurança nacional; iii) o genoma humano; iv) ideias abstratas, além das demais elencadas nos arts. 10 e 18 da referida lei.

5.4. DESENHO INDUSTRIAL

Esta forma de propriedade industrial, em síntese, compreende na proteção da configuração externa de um produto em 3D, ou seja, ele resguarda o elemento de design de determinado objeto que o diferencia dos demais. O desenho industrial também é regulado pela Lei de Propriedade Industrial, a qual estabelece os requisitos para sua concessão, quais sejam: novidade, originalidade e servir para tipo de fabricação industrial.[9]

Novidade diz respeito a configuração do produto não ser de conhecimento comum do público antes da data de seu depósito. *Originalidade* refere-se aos aspectos que destacam o design daquele produto dos demais. E *servir de tipo de fabricação industrial* significa que a configuração daquele produto possa ser reproduzida em escala industrial.

Além do que determina o art. 100 da Lei de Propriedade Industrial, não se pode registrar como desenho industrial funcionalidades,

9. Lei 8.279/96 – Lei da Propriedade Industrial, art. 95.

vantagens práticas, materiais ou formas de fabricação, cores ou a associação destas a um objeto[10].

A vigência do registro de desenho industrial é de 10 (dez) anos, a contar da data de depósito, prorrogáveis por três períodos de cinco anos cada (quinquênio), segundo dispõe o art. 108 da LPI.

5.5. PROGRAMA DE COMPUTADOR

Este bem intelectual consiste em informações, dados, que podem ser lidas por um computador, constituído por seu código fonte. Embora o programa de computador esteja aqui posto como um dos tipos de propriedade industrial, ele também é protegido pelo direito autoral, e em razão disso possui regulamentação própria – Lei 9.609/98 – mais conhecida como Lei do Software.

Enquanto direito autoral ele refere-se às imagens, sons, textos que possam conter no programa de computador, de outro modo, possui aplicação industrial e por esta razão o INPI é o órgão competente para o seu registro. Contudo, a prática que se tem é de que, como se refere a direito autoral, não há necessidade de formalização de seu registro junto ao INPI, desde que tenha provas suficientes de sua autoria e titularidade.

A vigência de sua proteção é de 50 anos a partir de 1º de janeiro do ano subsequente de sua publicação, ou em sua ausência a data de criação.

5.6. DIREITOS AUTORAIS

Segundo a Lei dos Direitos Autorais nº 9.610/98, art. 1º, entende-se como Direitos Autorais *os* "direitos do autor e os que lhe são conexos", o primeiro refere-se às prerrogativas conferidas ao criador de uma obra intelectual original, seja pessoa física ou jurídica, para que possa gozar dos direitos patrimoniais e morais provenientes da obra. Já direitos conexos podem ser conferidos à pessoa distinta do autor, como artistas interpretes, produtores fonográficos, executores e empresas de radiodifusão.

---

10. Manual de Desenhos Industriais, 1ª edição. Acesso em: http://manualdedi.inpi.gov.br/projects/manual-de-desenho-industrial/wiki

Muitas empresas dispõem de personagens para protagonizar campanhas publicitárias, assim como *jingles*, por exemplo, ambos protegidos pelo direito do autor. A legislação brasileira não exige formalidade para a proteção da obra, em regra, o autor detém o direito de sua obra a partir do momento de sua criação. Porém, recomenda-se a fixação da obra, ou seja, o registro desta por qualquer meio (fotos, filmagens, publicação, entre outros) a título de comprovar sua autoria.

Ainda, é possível realizar o registro dos direitos autorais junto à Biblioteca Nacional, que é o órgão responsável pela execução da política governamental de captação, guarda, preservação e difusão da produção intelectual do País[11]. A Lei 10.994/04 dispõe sobre o depósito legal das publicações e a Lei 12.192/10 regulamenta o depósito legal das obras musicais.

No que concerne a vigência da proteção destes direitos, o autor detém os direitos patrimoniais de sua obra por 70 anos, a contar de 1º de janeiro do ano subsequente ao seu falecimento, obedecendo a lei de sucessões brasileira. Quanto aos direitos conexos conta-se o mesmo prazo, a partir de 1º de janeiro do ano subsequente a sua fixação, conforme dispõe a Lei de Direitos Autorais.

5.7. OUTROS INSTRUMENTOS DE PROTEÇÃO

Existem outras formas de proteção de um conhecimento que não são considerados bens de propriedade intelectual ou obras intelectuais, porém também passíveis de outras formas de proteção.

Uma destas modalidades é o *know-how* é o conjunto de conhecimento sobre determinada prática, processo, adquirido por uma empresa ou profissional. É, literalmente, o *saber como* de determinado conhecimento prático baseado na experiência de seu detentor. Podemos dizer que determinada empresa possui o *know-how* quando esta é especialista sobre determinado serviço ou produto, por exemplo, fazendo que se destaque de seus concorrentes.

Outra forma de proteção que se deve ter atenção é quanto ao domínio de *site*, visto que este será a ligação virtual do público

11. https://www.bn.gov.br/sobre-bn/apresentacao.

com sua empresa, desta forma, é fundamental previamente verificar a disponibilidade do domínio, ou ao que ele está relacionado, para o "nome" que se deseja utilizar.

Há ainda a prática muito comum das empresas em valer-se de *segredo industrial*, que visa proteger informações, não protegidas pela lei de propriedade industrial, referentes às atividades da empresa a fim de protegê-las de seus concorrentes.[12]

Optou-se neste capítulo por delimitar o tema àqueles aspectos mais relevantes ao empreendedor iniciante e não abordar aqueles que são pouco (ou quase nunca) utilizados, no entanto, enquanto mera informação, há outros itens de propriedade intelectual passíveis de registro, como topografia de circuito integrado, indicação geográfica e cultivar.

Com base nas definições apresentadas, pretende-se auxiliar o empreendedor a identificar o bem intelectual que possui, ou que possa ter, quais os cuidados que se deve ter ao iniciar o processo de proteção daquele bem e quais medidas para protege-lo após sua concessão.

5.8. CUIDADOS INICIAIS

Antes mesmo da constituição formal da startup, é fundamental verificar o que já existe de propriedade intelectual pertencente individualmente às pessoas que pretendem reunir-se para constituir uma startup, seja para encaminhar ao registro tal conteúdo (caso ainda não tenha sido feito), seja ao menos para descrever detalhadamente qual é seu conteúdo.

A finalidade desta etapa inicial é garantir direito dos sócios prévios à constituição da sociedade, que não podem se confundir com o patrimônio desta, e também para assegurar eventuais direitos de terceiro, quando for o caso de criações conjuntas em que a autoria pertença não apenas a membros da startup.

Realizado o depósito do pedido de registro da propriedade intelectual previamente existente, e considerando-se que tal é elemento

12. JUNGMANN, Diana de Mello. **A caminho da inovação: proteção e negócios com bens de propriedade intelectual: guia para o empresário**. Brasília: IEL, 2010. P. 125.

base para o desenvolvimento do produto ou serviço a ser desenvolvido pela startup, faz-se necessário proceder ao licenciamento ou cessão desses direitos, ou ainda, transferência da tecnologia. Ainda que o pedido de registro não conceda pleno gozo dos direitos de propriedade intelectual, conforme já exposto, isso somente será obtido com o deferimento do pedido pelo ao INPI, é certo que se permite sejam tais direitos transferidos e negociados.

Essa transferência ou comercialização dos direitos de propriedade intelectual, constituem-se atos que necessitam cumprir solenidades legais, neste sentido, orienta-se que sejam dispostos por meio de contratos expressos, nos termos dos artigos 134, 135 e 139 da Lei de Propriedade Industrial, que será melhor detalhado na sequência.

Observe-se que essa propriedade intelectual é patrimônio intangível do sócio, que ao ser valorado para fins dos contratos ora citados, pode ser utilizado tal valor para compor os bens que serão entregues enquanto suas quotas na sociedade, necessárias a constituir o capital social da startup.

Neste caso, a propriedade intelectual ao ser integralizada, deixará de pertencer ao sócio e passará a ser da sociedade, dado que tal bem tornou-se propriedade da startup. No entanto, esta não é a única forma que o sócio pode dispor de sua propriedade intelectual a favor da startup, é possível utilizar-se de tipos contratuais, que não evolvem aspetos de natureza societária.

Outro ponto importante a ser observado logo no início pela startup, é a proteção da marca. No momento da concepção deste nome, deve-se realizar buscas para ver se já há algum registro ou uso prévio deste nome/marca, ou semelhantes, por outras pessoas ou empresas.

Em termos técnicos, deve-se proceder à busca de anterioridade da marca, que pode ser realizada pelos próprios sócios diretamente no site do INPI[13], contratar o serviço de serviço de busca a ser feita pelo INPI (mediante pagamento de taxas), ou contratar profissionais da área, que complementarão a busca com análise das possibilidades e riscos para obtenção do registro pretendido.

13. http://www.inpi.gov.br/pedidos-em-etapas/faca-busca.

A título de curiosidade, no site do INPI também é possível fazer busca de anterioridade de patente, desenho industrial, programa de computador, dos contratos de transferência de tecnologia e de indicações geográficas.

Voltando a questão das marcas, ainda que muitas startups não tenham a exportação de seus produtos e serviços como objetivo inicial, caso já exista foco em algum mercado estrangeiro, vale realizar a busca por anterioridade nos órgãos de registro de propriedade intelectual, que realizam papel semelhante ao INPI, em tal país. Os sites desses órgãos costumam disponibilizar buscas em sua base de dados, bem parecidas com a do INPI.

Por fim, deve-se tomar medidas de proteção da propriedade intelectual e das ideias que irão embasar o negócio da startup. Vale dizer, nem sempre o possível sócio torna-se sócio, ou até terceiros podem acesso a informações do que se pretende desenvolver, sendo que se corre risco de tais pessoas, que estão dissociadas da startup, utilizarem tais informações indevidamente.

Neste sentido, tratativas e negociações prévias à constituição da empresa, reuniões para preparação de planos de negócio, ou etapas do planejamento de forma geral, podem ser antecedidas pela assinatura de acordos de confidencialidade.

Esse documento é também conhecido por sua denominação em inglês NDA (*Non Disclosure Agreement*), e deve-se constar expressamente a proteção a qualquer tipo de informação, dados e documentos, ideias, invenções, "know-how", desenhos, especificações e procedimentos técnicos, produtos e processos, sistemas, modelos, código-fonte, fluxogramas, pesquisas, conteúdo de planejamento ou oportunidades de negócio, dentre outros itens que tenham sido produzidos nesta fase inicial.

Em que pese a mera assinatura de um acordo de confidencialidade não tenha o condão de impedir a revelação indevida desses itens, ao menos constitui-se meio de prova documental para demonstrar eventual descumprimento da obrigação pactuada, ou ao menos alertar as partes da responsabilidade que assumem ao acessar referidas informações.

Ressalte-se que o acordo de confidencialidade pode ser firmado em outras oportunidades, sempre que houver necessidade de proteger e alertar sobre os cuidados com a informação revelada, seja para clientes, colaboradores ou fornecedores.

5.9. PLANEJAMENTO E GESTÃO

A importância que a propriedade intelectual assume nas startups faz com que mereça ser inserida no planejamento estratégico da empresa, acompanhada de gestão constante das atividades que lhe são relacionadas.

Sugere-se que os sócios estabeleçam as premissas norteadoras, tais como, de que forma a empresa vê a inovação e o resultado dela, questionando-se e definindo como deve ser trabalhada a propriedade intelectual, se está aberta a parcerias, como se dá o uso interno, a cessão, recebimento ou pagamento de royalties, etc. Não que se pretenda engessar o constante processo inventivo das startups, mas é fundamental definir linhas mestras a guiar a criação e focar naquilo que será oferecido ao mercado.

Neste passo, há que se considerar os atores envolvidos, como empresas e instituições parceiras, fornecedores e empregados, todos eles devem estar inseridos nessa "política de inovação" da startup, devidamente atendida a legislação incidente sobre cada forma de contratá-los.

Há que se preservar o incentivo à liberdade criativa, permitir que contribuam com ideias, vez que o escopo das contratações deve ser parcialmente definido, indicar os serviços e produtos a serem entregues, porém, parte destes podem ser definidos no decorrer do contrato, é importante haver espaço para inovar.

No caso das parcerias e contratação de fornecedores, aplica-se de forma geral o Código Civil – Lei 10.406/02 – quando as partes envolvidas são de natureza privada, e a regra prevista no art. 92 da Lei de Propriedade Industrial, em que a propriedade intelectual pertence à empresa que contratou seu desenvolvimento.

Caso a startup relacione-se com entes públicos, são aplicáveis outras normas, como por exemplo a Lei 8.666/93 (Lei de Licitações), e há regras específicas para participação em editais públicos para recebimento de crédito, subvenção econômica e outros recursos, que normalmente preveem a quem pertencerá a propriedade intelectual gerada a partir desta contratação e eventuais regras para sua comercialização.

Tratando-se de empregados celetistas contratados para realizar pesquisa ou atividade inventiva, a Lei de Propriedade Industrial, em seu art. 88, estipula que as invenções ou modelo de utilidade por ele criadas, pertencerão exclusivamente ao empregador, podendo ser-lhe concedida a participação nos ganhos. De outro lado, se o empregado não é contratado para tais atividades, o que ele criar será de sua propriedade, se não tiver utilizado materiais e instalações de seu empregador. O ideal é prever no contrato do empregado as regras para eventual participação conjunta da propriedade intelectual e cessão dos direitos de uso à startup.

Observe-se que a propriedade não pode ser confundida com a titularidade, que possui regramento próprio nos arts. 6º e 7º da referida lei, mas aqui também é válida a orientação para que a startup preveja em contrato que apenas ela poderá requerer o registro perante o INPI, firmando termos de cessão do titular da propriedade intelectual, a seu favor.

5.10. CONTRATOS

As espécies contratuais mais utilizadas pelas startups são o contrato de cessão, de licenciamento, de transferência de tecnologia, termo de usuário final, termo de uso e política de privacidade.

O contrato de cessão tem por finalidade formalizar a transferência de titularidade da marca (registrada ou com pedido depositado), nos termos dos arts. 134 a 138, das patentes (concedidas ou com pedido depositado), arts. 58 e 29, ou desenhos industriais (registrado ou com pedido depositado), art. 121, todos dispositivos previstos na Lei de Propriedade Industrial. A cessão pode ser entendida como a "venda" da propriedade intelectual, envolve a cessão de direito de posse, uso, gozo e propriedade, possibilitando que o cessionário (quem "comprou" a propriedade intelectual") venha a requerer junto INPI, a alteração de tal propriedade para o seu nome.

O contrato de licenciamento e sublicenciamento tem por objetivo formalizar a autorização para uso, por um período de tempo, das marcas (registrada ou com pedido depositado), com regras previstas nos arts. 139 a 141, para exploração de patentes (concedidas ou com pedido depositado), conforme arts. 61 a 63, ou exploração de desenhos industriais (registrado ou com pedido depositado), todos artigos são da Lei 9.279/96. A licença equipara-se ao "aluguel" da propriedade intelectual, vez que a propriedade continua com o licenciante, inexistindo transferência desta junto ao INPI. O pagamento para a exploração desta propriedade intelectual recebe o nome de royalties.

O contrato de transferência de tecnologia está previsto de forma sucinta no art. 211 da Lei 9.296/96 e formaliza a aquisição de conhecimentos, técnicas e informações tecnológicas que não estão amparados por direitos de propriedade industrial, ou que não cumpriram os requisitos necessários à obtenção de registro junto ao INPI, ou que a empresa optou para que não fossem encaminhados ao registro. É muito comum para prestação de serviços a partir de softwares não registrados, dado que já há sua proteção enquanto direito autoral, mesmo sem terem sido registrados no INPI, conforme anteriormente exposto. Aqui também está incluído o contrato de prestação de serviços de assistência técnica, que inclui serviços de pesquisas ou estudos, fornecimento de métodos de planejamento e programação, dentre outros.

Conforme ensina Tarcisio Teixeira, é preciso alinhar o contrato de transferência de tecnologia com eventuais diplomas legais relacionados ao seu objeto:

> Já com referência ao regime jurídico, são aplicáveis as regras da teoria geral dos contratos, vinculada à legislação específica, dependendo do que estiver envolvido no contrato. Assim, por exemplo, se houver licença de software, aplica-se a legislação correspondente no que tange ao programa de computador[14].

Em todos esses contratos é importante definir os produtos e/ou serviços relacionados com os direitos de propriedade industrial, indicar os números dos registros/concessão ou pedidos de registro, os valores envolvidos, a forma de pagamento, o prazo de vigência (que não pode ser maior que a vigência da marca ou patente concedida), a responsabilidade de cada parte, confidencialidade, exclusividade (se for o

---

14. TEIXEIRA, Tarcísio. Direito empresarial sistematizado: doutrina, jurisprudência e prática. 6ª ed. São Paulo Saraiva, 2017, p. 158.

caso), formas de resolução de eventuais conflitos e indicar e-mails para comunicação oficial entre as partes. Importa informar que a averbação destes contratos perante o INPI não é obrigatória, mas somente com tal averbação é possível que o contrato produza efeitos perante terceiros.

O termo ou contrato de licença de usuário final, em inglês EULA (*end-user licence agreement*) é utilizado para estabelecer as regras para uso de softwares, seguindo os preceitos da Lei 9.609/98. Determina a forma correta de instalação dos programas de computador, o uso exclusivo pelo próprio usuário final (não permitindo a revenda), as condutas vedadas (como engenharia reversa, modificações, desmontagem, ou qualquer outra conduta que possibilite o acesso ao código fonte) e as configurações mínimas de hardware necessárias ao apropriado funcionamento do software.

O termo de uso e política de privacidade são os documentos utilizados para comercialização de produtos e serviços via internet e aplicativos. O termo de uso descreve as funcionalidades, definições, forma de acesso, proibições, forma de pagamento, acesso à assistência técnica, em suma, as regras do sistema. Já a política de privacidade tem por escopo o cuidado com os dados e informações inseridas pelo usuário, o prazo que ficarão guardados, quem terá acesso, regras de não divulgação e responsabilidades relacionadas. Esses termos podem estar conciliados em um único documento ou em dois distintos, servem tanto para orientar o cliente, quanto enquanto meio de prova para eventuais ações que decorram de fraude realizada por usuários.

5.11. INFRAÇÃO DOS DIREITOS

A Lei 9.279/96 traz preceitos específicos sobre a violação de direitos da propriedade intelectual, considerando-se tanto a esfera cível quanto criminal.

Os arts. 183 a 185 indicam tipos penais específicos para condutas que infrinjam o direito sobre as patentes, seja sobre todas as reivindicações nela previstas ou apenas alguma delas, e os arts. 187 e 188 apontam tipos penais relacionados aos desenhos industriais, ambos com pena de 1 (um) a 3 (três) meses ou multa, e que abortam todas as formas de utilização indevida desses direitos, tais como fabricação, exportação, importação, venda, fornecimento e até mesmo a guarda em estoque.

Os tipos penais relacionados às marcas tratam tanto da reprodução indevida e alteração, sua venda, ocultação ou deixar em estoque, bem como, reprodução ou uso de itens que não podem ser utilizados como marca (ex. brasões), também com pena de 1 (um) a 3 (três) meses.

Outro tipo penal é a concorrência desleal, prevista no art. 195 da Lei de Propriedade Industrial, com rol extenso de ações vedadas. Dentre as que se destacam, tem-se: o emprego de meio fraudulento para desvio de clientela; entrega de dinheiro ou vantagem a empregado de concorrente para lhe proporcionar vantagem; exploração ou divulgação de dados confidenciais, utilizáveis na indústria, comércio ou prestação de serviços, que não eram evidentes para um técnico no assunto, obtido durante relação empregatícia, mesmo após o término do contrato, todas as penas deste artigo também são de 1(um) a 3 (três) anos.

Nos termos do art. 207, independentemente da ação criminal decorrente da ocorrência dos tipos acima indicados, os sócios das startups podem apresentar ação cível para pleitear indenização pelos danos sofridos. Aliás, nem só em decorrência da ofensa a tais tipos penais é possível o pedido de ressarcimento cível, dado que o art. 209 amplia para qualquer prejuízo à reputação ou aos negócios, que confusão entre estabelecimentos, produtos ou serviços.

A lei ainda disciplina os critérios para aferição dos lucros cessantes no art. 210, que podem ser verificados a partir dos benefícios que a empresa prejudicada deixou de aferir, ou os benefícios que o autor da violação obteve, ou ainda, a remuneração que seria devida acaso os royalties devidos fossem pagos.

A Lei do Software também previu um tipo penal específico para a violação relacionada aos programas de computador, sendo que a pena é maior, detenção de 6 (seis) meses a 2 (dois) anos e multa, e se houver a reprodução de tal programa, a pena será de 1 (um) a 4 (quatro) anos e multa

Em recente jurisprudência do Tribunal de Justiça de São Paulo, relativa à infração advinda de relação empregatícia, observe-se que a mera exposição de arquivos e informações, independentemente da prova de lucro, foram suficientes para condenação do funcionário:

> Ação de indenização – Funcionário da ré que copiou arquivos de sua antiga empregadora no sistema de sua nova empregado-

> ra – Arquivos que possuíam informações a respeito do processo produtivo da autora – Conduta correspondente a concorrência desleal. Indenização devida. A exposição de arquivos contendo informações a respeito do processo produtivo, catálogo de equipamentos, informativos sobre recursos humanos, instruções sobre o processo produtivo, layout de fábrica e outros, ainda que não sejam classificadas como segredo industrial ou com as quais a ré não tenha obtido lucro direto, decerto, a coloca em posição vantajosa, ao conhecer alguns detalhes da empresa concorrente e expôs estas informações a todos os seus funcionários, evidenciado o perigo potencial do fato. Recurso da autora provido em parte e não provido o da ré[15].

Observe-se os tribunais tem compreendido a relevância dos direitos de propriedade intelectual para as empresas, independentemente de estarem registrados ou não no INPI, dado que fazem parte de importante patrimônio intelectual e que podem causar sérios prejuízos, ou até mesmo inviabilizar negócios, acaso indevidamente utilizados ou revelados.

Assim, para que se possa defender tais direitos, é imprescindível acautelar-se com as medidas outrora expostas, e ainda, municiar-se com documentos e provas relacionadas ao uso e acesso da propriedade intelectual.

Nesta senda, essencial demonstrar que o funcionário ou fornecedor, que teve acesso a esses direitos, estava ciente de que esta era confidencial e que não poderia ter sido revelado, o que se faz por meio da assinatura do acordo de confidencialidade. Ainda, os contratos expressos possuem o condão de demonstrar ao juiz a importância da tecnologia utilizada, sua propriedade e os cuidados que espera com seu uso, e estando tais obrigações descritas, torna-se mais segura a prova necessária à reparação do dano.

Por fim, tem-se também as vias extrajudiciais de resolução de conflitos, como mediação e arbitragem. São instrumentos valiosos para tentar realizar acordo entre a startup e quem causou a violação a seu direito de propriedade intelectual, dado que se apresentam menos onerosos e conduzem a uma solução mais rápida do conflito.

---

15. TJ-SP - APL: 00058521120098260286 SP 0005852-11.2009.8.26.0286, Relator: Luis Mario Galbetti, Data de Julgamento: 16/12/2015, 7ª Câmara de Direito Privado, Data de Publicação: 07/03/2016.

Capítulo 6

M&A - ASPECTOS GERAIS SOBRE FUSÕES E AQUISIÇÕES NO MERCADO DE STARTUPS

Maurício Ribeiro Maciel

Talvez o tema que mais chame a atenção das pessoas no que se refere às startups seja M&A. Os elevados valores de transações noticiadas na mídia seduzem e encorajam a busca por novos casos de sucesso. A realidade, entretanto, é que estas transações representam apenas uma pequena parcela do total, que também é composto por muitos fracassos e muitas operações de menor valor. Embora o processo geralmente seja muito semelhante entre uma transação e outra, o resultado depende de diversos fatores em variadas áreas de conhecimento.

O termo M&A, mais usualmente utilizado, é a abreviação do termo na língua inglesa *mergers and acquisitions*, que significa fusões e aquisições. Em seu sentido mais abrangente, corresponde a qualquer transação pela qual se transfere propriedade de uma empresa (ainda que não da totalidade) a alguém (ou a outra empresa). A estrutura jurídica específica pode variar: compra e venda de uma empresa (primária ou secundária, ou seja, mediante aporte na própria empresa ou pagamento aos titulares da participação societária), compra e venda de ativos de uma empresa, compra e venda de um estabelecimento empresarial (um conjunto de ativos que permita a manutenção da atividade empresária), fusão (combinação de duas empresas em uma nova), incorporação (a absorção de uma empresa por outra), incorporação de ações (compra da participação da empresa-alvo mediante entrega de participação da compradora aos vendedores).

6.1. PERSPECTIVAS

As questões relacionadas a M&A podem ser tratadas a partir de diferentes perspectivas, especialmente a do comprador e a do vendedor. Em qualquer processo de fusão ou aquisição, seja como ator principal (comprador ou vendedor), seja como assessor de qualquer das partes, é importante compreender ambas as perspectivas para que a operação seja bem-sucedida. Para os empreendedores, qualquer que seja o momento de seu empreendimento, a compreensão dos principais elementos analisados nos processos de fusões e aquisições oferece um excelente parâmetro para auxiliar no reconhecimento de oportunidades e estratégias de crescimento e aumento de valor.

Ademais, muitas vezes, uma empresa (mesmo uma startup) que seja potencial alvo (comumente denominada *target* ou empresa-alvo) para aquisição por uma empresa maior adquire ou funde-se com outra pequena empresa a fim de crescer e gerar maior valor aos seus sócios ou acionistas, podendo tanto gerar um aumento na capacidade de competição com os concorrentes maiores, como representar uma estratégia para evitar a venda quando indesejada, ou até para potencialmente elevar o preço de aquisição quando da sua venda.

6.2. MOTIVOS

O motivo principal de qualquer operação de M&A é a criação de valor. Seja para o comprador, que vislumbra na transação uma oportunidade de elevar seus ganhos, seja para o vendedor, que identifica o preço como uma contraprestação vantajosa à entrega da participação societária. Em termos simples, a criação de valor corresponde à geração (potencial ou efetiva) de dinheiro à empresa e/ou aos seus proprietários (sócios ou acionistas). Na perspectiva do vendedor, a operação lhe gera valor mediante o recebimento do preço. Ele obtém liquidez sobre o valor que consegue demonstrar ao vendedor ao mesmo tempo em que transfere (total ou parcialmente) os riscos inerentes ao seu negócio. Em se tratando de startups, vale lembrar que é comum haver várias rodadas de captação de investimentos e de oferta de opções de compra aos colaboradores, que ingressam no negócio com foco no lucro de venda futura da sua participação. Ainda, pode ser uma oportunidade de liquidar ativos ou unidades operacionais que estejam gerando prejuízos. Na perspectiva do comprador, a operação gera aumento do valor econômico percebido pelos proprietários das empresas na medida em que a empresa adquirida, combinada com a sua, tem o potencial de elevar suas receitas e/ou seus lucros. A identificação e busca por essa criação de valor pode ser resultado de diferentes estratégias.

O comprador de uma empresa (neste contexto, em sentido amplo, abrangendo aqueles que visam uma incorporação ou fusão) opta pela aquisição como uma estratégia de crescimento inorgânico, acreditando que a sinergia gerada pela operação seja mais vantajosa do que o crescimento orgânico. Ou seja, ao adquirir uma empresa, ele obterá vantagens superiores ao desenvolvimento normal de suas atividades. Uma fabricante de smartphones, por exemplo, poderia, (i) por meio da sua própria equipe de desenvolvedores, desenvolver uma nova tecnologia que agregasse valor ao seu produto; ou (ii) adquirir a tecnologia já desenvolvida por terceiros. A decisão quanto à melhor dentre estas opções depende de uma análise estratégica dos riscos e oportunidades de cada cenário.

As oportunidades de uma operação de M&A traduzem-se em sinergias potenciais. A sinergia é identificada quando a combinação das empresas acarreta vantagens superiores à simples soma entre as vantagens individuais de cada empresa. Essa combinação costuma ser classificada em quatro tipos básicos:

- Horizontal: as partes são concorrentes potenciais ou efetivos;
- Vertical: cada parte atua em uma fase diferente da cadeia de produção (a fabricante adquire um fornecedor, por exemplo);
- Concêntrica: os produtos ou serviços das partes são complementares;
- Conglomerado: as partes atuam em segmentos diferentes.

As sinergias e estratégias mais comumente observadas são as seguintes:

- Ganhos de escala: corresponde à redução na relação custo/faturamento mediante o aumento de escala. Essa redução de custo pode resultar de um maior poder de barganha decorrente do aumento no volume de produtos fabricados ou serviços prestados, bem como da otimização da estrutura, eliminação de custos e estruturas redundantes.

- Ganhos de escopo: corresponde a um aumento na oferta de produtos (quando concêntrica) ou controle sobre outra parte da cadeia (matéria-prima e/ou distribuição, quando vertical), reduzindo os custos de intermediários.

- Aumento de poder de mercado: pode corresponder a uma maior diferenciação em comparação com seus concorrentes, a uma redução de barreiras de mercado ou ao acesso a uma maior clientela ou mercado consumidor, em qualquer caso permitindo uma maior capacidade de interferir nos preços praticados sem perda de demanda.

- Internacionalização: corresponde ao ingresso em um mercado estrangeiro que, de outra forma, poderia ser dificultado em razão das diferenças culturais e da falta de conhecimento específico do mercado regional.

- Ganho de tempo e/ou de vantagens comerciais: corresponde ao acesso a melhores tecnologias, patentes, fornecedores, distribuidores, executivos, marca, outros ativos estratégicos e/ou maior capacidade produtiva de forma mais rápida e/ou barata. Especialmente quando se trata de inovação e desenvolvimento, sua aquisição e/ou a incorporação de uma equipe de desenvolvimento tende a ser um meio mais rápido e seguro do que seu desenvolvimento orgânico. As tecnologias já testadas, ou ao menos já desenvolvidas, representam um risco menor. Executivos experientes e equipes inovadoras e/ou produtivas são difíceis de serem desenvolvidos internamente e demandam tempo. O ganho de tempo potencialmente traduz-se em ganhos financeiros, vez que antecipa e eleva o faturamento.

- Diversificação: corresponde a uma estratégia para mitigação de riscos. Ao combinar empresas de diferentes segmentos, o conglomerado tende a reduzir os prejuízos decorrentes de eventuais crises específicas de um dos segmentos mediante a compensação com os ganhos do segmento eventualmente não afetado.

As transações noticiadas pela mídia nos últimos anos apresentam interessantes exemplos:

- Em 11 de junho de 2013, a Google anunciou oficialmente a aquisição da Waze.[1] Segundo o anúncio, dentre os motivos da aquisição está a perspectiva de sinergia entre as ferramentas de atualização de tráfego do Waze e as capacidades de busca do Google (ganhos de escopo). A Forbes, em sua publicação eletrônica,[2] sugere quatro estratégias que possivelmente tenham motivado a transação: (i) a cultura do engajamento dos usuários, que contribuem para a atualização instantânea das condições de tráfego, poderia espalhar-se a outros serviços da Google; (ii) a aquisição evitaria o acesso de competidores (tais como Facebook e Apple) à tecnologia e aos usuários da Waze (ganho de poder de mercado); (iii) o Waze possui ferramentas úteis ausentes no aplicativo Google Maps; e (iv) o Waze pode ser um produto alternativo ao (e potencialmente substitutivo do) Google Maps. A transação superou o valor de US$ 1 bilhão.[3]
- Em 19 de fevereiro de 2014, o Facebook anunciou a aquisição do WhatsApp.[4] A transação foi realizada

---

1. Anúncio oficial. MCCLENDON, Brian. **Google Maps and Waze, outsmarting traffic together,** 2013. Disponível em <https://googleblog.blogspot.com.br/2013/06/google-maps-and-waze-outsmarting.html>. Acesso em 25 out 2017.
2. COHAN, Peter. **Four Reasons Google Bought Waze**, 2013. Disponível em <https://www.forbes.com/sites/petercohan/2013/06/11/four-reasons-for-google-to-buy-waze/#86319b1726fe>. Acesso em 25 out 2017.
3. De acordo com declaração de Noam Bardin, Diretor Presidente (CEO) da Waze quando da transação. BARDIN, Noam. **A Unicorn? In Israel?**, 2014. Disponível em <https://www.linkedin.com/pulse/20140403204459-174756-a-unicorn-in-israel>. Acesso em 25 out 2017.
4. Anúncio oficial. **Facebook to Acquire WhatsApp**, 2014. Disponível em <https://newsroom.fb.com/news/2014/02/facebook-to-acquire-whatsapp/>. Acesso em 29 out 17.

mediante pagamento em dinheiro e em ações do Facebook, que totalizaram um valor aproximado de US$ 21,8 bilhões.[5] No anúncio oficial, são destacadas as seguintes características da *target*: (i) o número de usuários (mais de 450 milhões de pessoas utilizando o serviço mensalmente); (ii) o sólido engajamento dos usuários (70% dos usuários ativos já utilizavam o serviço diariamente); (iii) a relevância no mercado de mensagens instantâneas (o volume de mensagens já estava próximo do volume global de SMS ('Systems Management Server') – o sistema tradicional de mensagens via telefone); e (iv) o crescimento sólido e contínuo (contabilizava o registro de mais de um milhão de novos usuários por dia). Embora sejam serviços distintos, sem complementaridade sob uma primeira análise, o Facebook identificou sinergias possíveis pelo acesso a um mercado consumidor maior, mais engajado e em crescimento, com potenciais ganhos derivados.

Em qualquer caso, ao se tratar de startups, é válido notar que um dos principais fatores de sucesso na maior parte dos modelos de negócio baseados em plataformas tecnológicas é a escala. Todavia, juntamente com o acesso a um mercado consumidor maior, as empresas deste segmento recebem acesso também a um banco de dados maior, com informações que lhes permitem elevar vendas cruzadas, além de ganhos de escala derivados do compartilhamento de tecnologias e melhorias em outras ferramentas oferecidas pela compradora.

Por fim, também se nota que a grande maioria das operações de M&A de startups, tendo em vista basearem-se em um valor ainda não criado, tem fundamento na qualidade da capacidade de criação e execução identificada na equipe da *target*.[6]

---

5. OLSON, Parmy. **Facebook Closes $19 Billion WhatsApp Deal, 2014**. Disponível em <https://www.forbes.com/sites/parmyolson/2014/10/06/facebook-closes-19-billion-whatsapp-deal/#84836425c66c>. Acesso em 20 out 2017.

6. ROSE, David S. **The startup checklist: 25 steps to a scalable, high-growth business**. Hoboken: Wiley, 2016, p. 246.

6.3. ASSESSORES

Mesmo com todas as potenciais vantagens de uma operação de M&A, muitas acabam sendo malsucedidas. Estatísticas costumam apresentar uma taxa de insucesso – ou seja, percentual das operações que não resultam em um aumento de valor – entre 60% e 70%.[7] Além de não alcançar o resultado almejado, as transações podem acabar gerando diminuição de valor. Para o vendedor, são comuns os casos em que os ajustes de preço posteriores e as contingências frustram suas expectativas e acarretam disputas judiciais entre ele e o comprador. As principais causas de insucesso verificadas guardam relação com a falta de assessoria adequada e completa, especialmente relacionadas ao planejamento prévio, à estimativa das sinergias, à análise dos riscos e à avaliação da empresa-alvo, à redação das cláusulas contratuais e à integração pós-transação.

Por esta razão, é de extrema importância a reunião de uma equipe de trabalho com a contratação de assessores experientes, que auxiliem na análise das estratégias da operação e as submetam a testes teóricos de validação e sustentabilidade[8] (inclusive levando em consideração eventuais diferenças culturais, independentemente de ser uma operação internacional ou mesmo doméstica); que avaliem a empresa-alvo e analisem os aspectos financeiros da operação; que auxiliem no planejamento e na execução de integração das empresas (que, embora sejam voltados ao momento a partir do fechamento da operação, devem ser planejados desde o início); e que avaliem os riscos jurídicos e auxiliem na estruturação da operação, na negociação e elaboração dos instrumentos contratuais.

Quando menos, a equipe deve contar com assessoria financeira e assessoria jurídica externas. Embora existam casos em que comprador, vendedor e empresa-alvo contratam os mesmos assessores a fim de reduzir os custos da operação, este compartilhamento não é recomendado, tendo em vista que podem surgir situações que gerem conflitos de interesse e impeçam uma atuação mais ampla e adequada dos assessores. Todo o processo de negociação é importante para evitar

---

7. BOTREL, Sérgio. **Fusões & aquisições**. São Paulo: Saraiva, 2012, p. 40.
8. Vide PORTER, Michael E. **Vantagem competitiva: criando e sustentando um desempenho superior**. Rio de Janeiro: Elsevier, 1989.

a perda de oportunidades para ambas as partes (no jargão popular, "não deixar dinheiro na mesa") e até para evitar o surgimento de conflitos entre as partes após a operação.

Pelos mesmos motivos, os assessores externos devem conhecer a empresa e a atividade que esta desenvolve, bem como deter completo conhecimento dos interesses e das estratégias das partes. Embora o processo seja sempre semelhante, os detalhes e as particularidades são determinantes.

Para melhor alcançar este objetivo, complementando os assessores externos, a equipe ideal deve contar com pessoas também da própria empresa. Todos devem estar alinhados ao mesmo interesse, o que muitas vezes é impactado pela forma de remuneração dos assessores internos e externos, bem como pelo seu bom senso e pragmatismo. Na prática, são encontrados diversos exemplos de operações frustradas em decorrência de dificuldades causadas pelos assessores. Assessores internos podem recear a perda do emprego ou outras consequências advindas da integração; assessores externos podem gerar expectativas equivocadas para estimular sua contratação, podem insistir no fechamento de uma operação prejudicial para receber honorários de êxito, ou podem apresentar obstáculos em vez de soluções frente aos riscos verificados.

6.4. APROXIMAÇÃO ENTRE AS PARTES

Embora não seja regra, a aproximação entre as partes geralmente se dá por intermédio de terceiros. Em muitos casos, esta intermediação é importante para a manutenção do sigilo quanto à identidade das partes, evitando-se efeitos reflexos indesejados, tais como receio por parte dos empregados, atenção por parte dos concorrentes, etc. Os compradores, quando desejam buscar oportunidade de crescimento por meio de fusões e aquisições, geralmente planejam preliminarmente uma estratégia com a identificação do perfil de empresas que lhes seriam atrativas e recorrem a assessores externos com boa rede de relacionamentos e fácil acesso para que se aproximem das *targets*. Vendedores, por sua vez, quando tomam a iniciativa, buscam assessores externos para auxiliar na preparação de uma apresentação simples da empresa ('*teaser*') e para identificar potenciais compradores. Em qualquer caso, certamente, é possível também que a aproximação seja mais incidental ou mais direta. A preocupação quanto ao sigilo da identidade comporta exceções, mas a confidencialidade das informações sensíveis deve ser mantida.

Feitas as primeiras aproximações, as tratativas iniciais podem ser exclusivas ou não. Quando iniciadas pelo vendedor, é possível realizar leilão a fim de captar o maior preço. Neste caso, o vendedor apresenta um memorando com as informações principais do negócio (ainda mantendo a confidencialidade sobre as informações sensíveis da *target*) e submete à apreciação de potenciais compradores para ofertas iniciais não vinculantes. As ofertas neste estágio ainda são conceituais, sujeitas a ajustes posteriores conforme são divulgadas mais informações e são realizadas análises mais aprofundadas. O vencedor do leilão, geralmente, ganha exclusividade nas tratativas e a negociação tem início.

6.5. AVALIAÇÃO DA EMPRESA-ALVO

A avaliação da empresa-alvo não é tarefa simples. Há diversos critérios de avaliação e não existe uma regra que determine a melhor metodologia a ser aplicada. Os métodos mais utilizados neste tipo de operação são a avaliação por múltiplos e a avaliação pelo fluxo de caixa descontado, podendo variar conforme o segmento de atividade da empresa e o estágio em que se encontra. Todavia, quando se trata da avaliação de uma startup, o desafio é ainda maior.

Raramente em uma operação de M&A avalia-se uma empresa pelo seu valor patrimonial, que seria obtido em eventual paralisação das atividades e liquidação dos ativos, mas sim com base na expectativa de geração de caixa futuro, ou seja, de quanto capital será gerado pela empresa avaliada. Por esta razão, as metodologias de avaliação contemplam, além de conceitos matemáticos e financeiros, muitas estimativas de acordo com os planos de negócios da empresa e a sua perspectiva de crescimento.

Na avaliação por múltiplos, o valor da *target* é calculado com base na sua comparação com empresas semelhantes. Em termos simples, o preço de mercado é definido a partir da análise da relação entre o preço praticado nas mais recentes operações de M&A do mesmo setor e os seus principais indicadores financeiros (sendo mais comum o LAJIDA – Lucros Antes de Juros, Impostos, Depreciação e

Amortização; mais conhecido pelo termo em língua inglesa: *EBITDA – Earnings Before Interest, Taxes, Depreciation and Amortization*). As maiores dificuldades no que se refere às startups decorrem da falta de histórico com empresas semelhantes, uma vez que seu grau de inovação pode prejudicar a comparação com qualquer outra empresa; e da irrelevância dos indicadores financeiros (em muitos casos, bastante reduzidos) frente à expectativa de crescimento.

Na avaliação pelo método do fluxo de caixa descontado, o valor é definido com base no valor presente do fluxo de caixa projetado para o futuro a partir do histórico verificado, do plano de negócios da empresa e das previsões micro e macroeconômicas, submetido a descontos que reflitam os riscos de não realização das estimativas consideradas. Neste método, a avaliação de uma startup é dificultada pela falta de históricos sólidos que forneçam diretrizes para a projeção de fluxo de caixa futuro, bem como do elevado nível de risco inerente ao negócio, diretamente proporcional ao grau de inovação e inversamente proporcional ao estágio de maturidade. Quanto mais inovadora e mais inicial seu estágio de desenvolvimento, maior a dificuldade em se estimar o crescimento futuro e maior o risco de que a estimativa não se concretize. Observe-se que as startups têm uma taxa de mortalidade superior às demais empresas.[9] Quanto maior o risco, maior, em tese, a taxa de desconto a ser aplicada sobre o valor da *target*.

Para adaptar esta metodologia do fluxo de caixa às peculiaridades das startups, Tom Copeland, Tim Koller e Jack Murrin[10] sugerem que sejam agregadas três técnicas complementares. A primeira é fazer a projeção do fluxo de caixa a partir de um cenário hipotético futuro, no qual a empresa já tenha superado a instabilidade e tenha atingido um crescimento moderado e sustentável, ainda que seja um cenário de 10 ou 15 anos no futuro. A segunda técnica é

---

9. A taxa de mortalidade de microempresas após 2 (dois) anos de sua constituição variou entre 45% e 51% nos anos de 2008 a 2012, contra uma taxa de mortalidade entre 1% e 5% para empresas de pequeno, médio e grande portes no mesmo período segundo estudo realizado pelo Sebrae. BEDÊ, Marco Aurélio. *Sobrevivência das empresas no Brasil.* Brasília: Sebrae, 2016.

10. COPELAND, Tom; KOLLER, Tim e MURRIN, Jack. **Avaliação de empresas - valuation: calculando e gerenciando o valor das empresas** - 3ª ed. São Paulo: Makron Books, 2002.

a da ponderação probabilística. Dado e assumido o elevado nível de incerteza da projeção, sugere-se a análise de diferentes cenários, positivos e negativos, e o cálculo da média ponderada dos valores resultantes do fluxo de caixa descontado de cada um conforme probabilidade de sua ocorrência. Por fim, a terceira técnica é a análise dos cenários futuros a partir de fundamentos microeconômicos e analíticos clássicos aplicados aos fatores relacionados ao desempenho presente. Essas técnicas não eliminam as incertezas, mas as consideram, oferecendo uma análise mais aprofundada quanto à estimativa de valor da *target*.

Importante notar que as dificuldades verificadas na avaliação de startups, especialmente nos casos de empresas-alvo com menor tempo de atividade e menor ou ainda nenhum faturamento ou lucro, têm levado a alguns métodos de avaliação alternativos, que, em sua maioria, desconsideram os fundamentos das metodologias tradicionais. Dentre tais metodologias alternativas, podem ser citados o método *scorecard*, pelo qual se atribui um valor percentual para cada característica da *target* e o aplica sobre valores de referência de outras operações no mesmo segmento e região; o método de *Venture Capital*, baseado em um cálculo que parte da expectativa de retorno do investimento do comprador; o método *Dave Berkus'* que atribui um valor monetário para cada um dentre cinco fatores da *target* (qualidade da equipe de gestão, ideia, desenvolvimento do protótipo, qualidade do conselho de administração, estágio de vendas); e o método da soma dos fatores de risco, que também parte de um valor de referência baseado em outras transações semelhantes e aplica ajustes de acordo com uma avaliação quanto a uma lista de fatores de risco.[11]

Damodaran[12] critica o abandono completo dos fundamentos dos métodos tradicionais de avaliação e sugere que, diante da

---

11. COPELAND, Tom; KOLLER, Tim e MURRIN, Jack. **Avaliação de empresas - valuation: calculando e gerenciando o valor das empresas - 3ª ed. São Paulo: Makron Books, 2002**, p. 235-240. MOLLO, Ricardo. **Como fazer o Valuation de uma empresa startup?**, 2016. Disponível em <http://blogs.pme.estadao.com.br/blog-do-empreendedor/como-fazer-o-valuation-de-uma-empresa-startup/>. Acesso em 30 out 2017.

12. DAMODARAN, Aswath. **Valuing young growth companies**, 2011. Disponível em <http://www.aaii.com/journal/article/valuing-young-growth-companies>. Acesso em 30 out 2017.

impossibilidade de eliminação completa das incertezas, sejam realizadas estimativas que considerem o valor intrínseco das características da empresa, abrangendo dentre outros elementos: previsões de receitas; necessidades de reinvestimentos; a realidade de que poucas empresas conseguem sustentar um crescimento muito elevado por longo período de tempo; os fatores que possam afetar as margens de lucro, tais como o aumento da concorrência e dos custos fixos; ajustes para os riscos de mortalidade e para as opções de compra concedidas. Uma das características mais interessantes da metodologia defendida por ele é a análise e o cálculo de taxas de desconto que refletem as probabilidades de destinos recorrentes nas *startups*.

Tendo em vista a elevada taxa de mortalidade de startups em um curto ou médio prazo, Damoradan[13] sugere que sejam realizadas duas avaliações, sendo uma considerando um cenário de atividade e outra um cenário de inatividade. Do cenário de atividade, extrai-se seu valor intrínseco e a ele se aplica uma taxa correspondente à probabilidade de sobrevivência da empresa. Do cenário de inatividade, extrai-se o valor de liquidação de seus ativos e a ele se aplica uma taxa correspondente à probabilidade de mortalidade. Esta probabilidade pode ser calculada de acordo com a média do segmento, ou a partir da análise das características das empresas que falharam e das empresas que sobreviveram por determinado tempo, ou, ainda, a partir de simulações que considerem as condições sob as quais a empresa fracassaria.

De modo semelhante, ele recomenda a análise quanto à dependência da *target* a algum fator específico, tal como a pessoas-chave. A avaliação mais adequada deve considerar os dois cenários: com e sem as pessoas-chave. Ele sugere, então, a aplicação de uma taxa de desconto correspondente à razão entre a perda de valor quando da saída das pessoas-chave e o valor da empresa com as pessoas chave. Esta taxa de desconto pode ser mitigada com instrumentos contratuais que garantam a permanência de tais pessoas por maior tempo. Estes mecanismos contratuais são comentados mais adiante.

---

13. DAMODARAN, Aswath. **Valuing young, start-up and growth companies: estimation issues and valuation challenges**, 2009. Disponível em <http://people.stern.nyu.edu/adamodar/pdfiles/papers/younggrowth.pdf>. Acesso em 30 out 2017.

Os aspectos acima são apenas parte dos elementos que compõem as metodologias de avaliação de empresas,[14] visando uma compreensão geral do processo de avaliação e de fatores que interferem no preço de uma operação de M&A.

Conforme já comentado, não há uma metodologia perfeita que deva ser utilizada em cada situação. Cada metodologia comporta suas dificuldades e falhas. Todos os critérios comumente utilizados visam capturar um valor futuro a ser realizado. É essencial aceitar as incertezas, já que não é possível projetar o futuro sem qualquer risco. A metodologia a ser utilizada dependerá muito do estágio em que se encontra a *target* e das informações disponíveis, bem como do preço que o comprador se dispõe a pagar. Naturalmente, nas aquisições menores, em razão do valor reduzido, as partes tendem a economizar nos custos da transação e, portanto, buscar metodologias mais simples. Mesmo nestes casos, talvez mais importante que a metodologia utilizada seja o conceito aplicado com a consideração dos fatores de riscos já expostos e a busca pelo valor intrínseco da empresa-alvo. Como afirma Ricardo Mollo,[15] a avaliação é uma ferramenta de análise de decisão que tende a ser, em grande parte, também qualitativa e não apenas quantitativa, sendo relevante a consistência dos argumentos que fundamentam as premissas utilizadas.

6.6. ASSESSORIA JURÍDICA

Uma assessoria jurídica de qualidade é essencial, pois tão importante quanto a confirmação das sinergias é a identificação e mitigação dos riscos envolvidos na transação. Todo empreendedor deve estar atento ao fato de que os riscos, quando não contornáveis ou não mitigáveis, conduzem, no mínimo, a uma perda de valor (refletem-se em taxas de desconto sobre o valor da empresa, conforme já referido), ou até à inviabilização do negócio. Já uma assessoria

14. Para uma compreensão mais aprofundada, recomenda-se a leitura de: DAMODARAN, Aswath. **The dark side of valuation: valuing young, distressed and complex businesses**. Upper Saddle River: FT Press, 2009.

15. MOLLO, Ricardo. **Como fazer o Valuation de uma empresa startup**? 2016. Disponível em <http://blogs.pme.estadao.com.br/blog-do-empreendedor/como-fazer-o-valuation-de-uma-empresa-startup/>. Acesso em 30 out 2017.

adequada permite a construção de mecanismos que ofereçam maior segurança na criação do valor planejado e na relação entre as partes.

A assessoria inclui a preparação para a operação, seja para o vendedor, seja para o comprador, tendo ambos interesse no aumento de eficiência tributária e mitigação de riscos, inclusive para maior geração de valor para ambas as partes, preparação para melhor governança corporativa após a operação; bem como durante a negociação, para a identificação de soluções que garantam os interesses das partes, evitando surpresas desagradáveis por desconhecimento da existência de aspecto de fundamental importância na estratégia das partes.

Embora se verifique casos em que os advogados são chamados a participar do processo apenas no momento de elaboração dos instrumentos contratuais, o ideal é que a assessoria jurídica tenha início antes da avaliação da *target,* antes da primeira troca de informações e, em alguns casos, antes mesmo da aproximação entre as partes. Quanto mais cedo os advogados estiverem envolvidos, mais cedo poderão ser identificados eventuais obstáculos à operação, evitando desperdícios de custos e de tempo, e maior tenderá a ser o alinhamento e a compreensão com relação às estratégias da operação, encadeando potencialmente uma assessoria de maior qualidade, que se reflita em contratos mais eficazes e relações mais estáveis. Além disso, o entendimento da estratégia é fundamental para que os assessores indiquem a melhor estrutura jurídica e as melhores soluções contratuais. Desde o seu planejamento anterior às tratativas, até a operacionalização da integração após o fechamento.

Embora o processo das operações seja muito semelhante, o conteúdo não o é. São exigidas habilidades diversas e atenção aos detalhes, em especial aqueles relativos às premissas das partes. Para isso, é essencial entender e validar a percepção de valor da *target* e os riscos que o permeiam. Antes mesmo da aproximação das partes, a assessoria pode contribuir na análise da sustentabilidade jurídica dos fatores da *target* que geram valor e fundamentam a estratégia da operação. Em primeiro lugar, cabe aos advogados verificar a conformidade com a legislação aplicável e a possibilidade de proteção jurídica e garantia de estabilidade das vantagens competitivas visadas. Vários são os exemplos possíveis. Citem-se as restrições quanto à participação de capital estrangeiro em determinadas atividades, a exigência de licenças para o desenvolvimento de outras atividades, os limites da proteção de patentes, desenhos industriais, programas de computador e tecnologias, os limites do exercício de monopólio e abuso de poder de mercado, a vinculação de pessoas-chave, entre tantas outras hipóteses.

Se o valor é identificado em algum aspecto que não tem proteção jurídica (clientela, por exemplo), o advogado pode trabalhar em soluções que ofereçam algum nível de segurança (tal como revisar os contratos com os principais clientes e fornecedores, renegociar prazos e multas rescisórias, etc.) e apresentar as fragilidades para que a parte tenha condições de identificar prejuízos às suas estratégias ou, no decorrer das tratativas da operação, ao preço. As soluções jurídicas apresentadas devem ser de fato eficazes. Para tanto, é importante a experiência e o pragmatismo dos assessores. Se, por exemplo, a manutenção da equipe for parte importante da estratégia da aquisição, deve-se avaliar, na prática, qual a solução que melhor contribuirá para o engajamento da equipe, não apenas obrigando-a juridicamente a permanecer vinculada à *target*. Eventualmente, a manutenção forçada da equipe por obrigação contratual pode não alcançar os objetivos almejados, além de criar problemas (litígios trabalhistas ou societários, por exemplo). Nesses casos, pode ser mais interessante, por exemplo, a identificação de mecanismos de incentivo de longo prazo cumulados com uma obrigação de não concorrência. A melhor análise é realizada caso a caso, de acordo com o perfil de cada profissional.

No geral e em todo o processo que se seguir, a assessoria consistirá em uma análise de riscos e estruturação de soluções. Para o comprador, para o vendedor e para a *target*, o importante é compreender que, ainda que exista o desejo de concluir a operação o mais cedo possível, a assessoria jurídica é trabalhosa. Esta urgência idealmente deve ser equilibrada para que não seja irresponsável e para que se evitem precipitações que destruam em vez de criar valor. Para os assessores, é importante que o trabalho seja de qualidade, mas que haja o senso de urgência e, conforme já citado, bom-senso e pragmatismo. Os assessores devem compreender que se trata de uma operação de concentração, em que ambas as partes têm um objetivo comum.

Os assessores devem, ainda, compreender que os riscos muitas vezes são parte de qualquer atividade empreendedora. O escopo do trabalho jurídico envolve a identificação dos riscos relacionados à empresa-alvo e à operação, que poderão ser refletidos na precificação quando não inviabilizarem o negócio, e a identificação das soluções mais adequadas frente a cada situação encontrada. O rigor máximo dos assessores muitas vezes prejudica a operação, que pode acabar não sendo consumada em razão de questões que seriam administráveis. Em vez disso, o rigor deve dar espaço a uma análise fundamentada conforme sua relação com a estratégia do negócio e conforme a possibilidade de mitigação. Afinal, embora seja essencial a verificação de riscos que possam inviabilizar o negócio (lei; exigência de aprovação; vencimento antecipado; etc.), quanto aos demais, cabe avaliar se prejudicam o interesse ou a fundamentação da parte na operação (fatores chamados *deal breaker*) ou se são aceitáveis e podem ser assumidos.

6.7. TROCAS DE INFORMAÇÕES E ASPECTOS CONCORRENCIAIS

A partir do primeiro contato e durante todo o processo de M&A, há extensa divulgação de informações do vendedor e da *target* ao potencial comprador. Para que a transação se concretize, é necessária a redução da assimetria de informações entre as partes para que haja um equilíbrio contratual e que o comprador tenha condições de avaliar adequadamente os riscos e as oportunidades da integração. Essa divulgação, entretanto, deve respeitar alguns limites, tanto por motivos estratégicos como por exigências legais e regulatórias.

Especialmente quando se trata de transações horizontais ou verticais, o conhecimento de informações comerciais, financeiras e estratégicas sensíveis pode ocasionar efeitos prejudiciais à livre concorrência e, por consequência, à economia do mercado de atuação das partes (denominado "mercado relevante"). Dentre seus efeitos prejudiciais, destaca-se o desequilíbrio de mercado causado pelo conhecimento destas informações mediante o exercício, intencional ou não, de influência nos preços praticados, seja onerando os consumidores, seja criando condições de difícil competição e difícil ingresso de novos concorrentes.

Além dos aspectos estratégicos de vantagens competitivas que o potencial comprador teria frente à *target* e frente a seus concorrentes caso a operação não se consume, a legislação brasileira de proteção à livre concorrência[16] regula, por meio do Conselho Administrativo de Defesa Econômica (CADE), os atos de concentração, que não se limitam a, mas abrangem as operações de M&A. Além da exigência de aprovação prévia em determinados casos de relevância,[17] há uma preocupação com relação às informações trocadas antes do fechamento da operação. A prática de ato que prejudique as condições de concorrência e/ou antecipe efeitos da integração, denominada *gun jumping* configura infração punível com nulidade e multa em valor entre R$ 60.000,00 e R$ 60.000.000,00.[18]

A definição da infração é propositalmente abrangente, tendo em vista a intenção de contemplar todas as transações que potencialmente causem prejuízo à livre concorrência. Esta verificação depende de análise econômica dos efeitos potenciais dos atos praticados. Para evitar os riscos de penalidade, o próprio CADE publicou um guia[19]

16. Lei 12.529/2011.

17. Lei 12.529, de 30 de novembro de 2011. "Art. 88. Serão submetidos ao Cade pelas partes envolvidas na operação os atos de concentração econômica em que, cumulativamente: I - pelo menos um dos grupos envolvidos na operação tenha registrado, no último balanço, faturamento bruto anual ou volume de negócios total no País, no ano anterior à operação, equivalente ou superior a R$ 400.000.000,00 (quatrocentos milhões de reais); e II - pelo menos um outro grupo envolvido na operação tenha registrado, no último balanço, faturamento bruto anual ou volume de negócios total no País, no ano anterior à operação, equivalente ou superior a R$ 30.000.000,00 (trinta milhões de reais). § 1o Os valores mencionados nos incisos I e II do caput deste artigo poderão ser adequados, simultânea ou independentemente, por indicação do Plenário do Cade, por portaria interministerial dos Ministros de Estado da Fazenda e da Justiça". [...]. Portaria Interministerial nº 994, de 30 de maio de 2012. "Art. 1o Para os efeitos da submissão obrigatória de atos de concentração a análise do Conselho Administrativo de Defesa Econômica - CADE, conforme previsto no art. 88 da Lei 12.529 de 30 de novembro de 2011, os valores mínimos de faturamento bruto anual ou volume de negócios no país passam a ser de: I - R$ 750.000.000,00 (setecentos e cinqüenta milhões de reais) para a hipótese prevista no inciso I do art. 88, da Lei 12.529, de 2011; e II - R$ 75.000.000,00 (setenta e cinco milhões de reais) para a hipótese prevista no inciso II do art. 88, da Lei 12.529 de 2011".

18. Lei 12.529, de 30 de novembro de 2011. Art. 88, §§ 3º e 4º.

19. CARVALHO, Vinicius Marques de (Coord.), RODRIGUES, Eduardo Frade (Coord.). **Guia para análise da consumação prévia de atos de concentração**

com orientações quanto a práticas que possam caracterizar infração e sugestões de práticas para que as análises de empresas-alvo sejam eficazes sem prejuízos à concorrência. O guia demonstra a preocupação com dois tipos de práticas: a troca de informações sensíveis e as influências de uma parte sobre a gestão da outra.

Dentre as informações consideradas sensíveis, o CADE apresenta os seguintes exemplos:

a) custos das empresas envolvidas;
b) nível de capacidade e planos de expansão;
c) estratégias de marketing;
d) precificação de produtos (preços e descontos);
e) principais clientes e descontos assegurados;
f) salários de funcionários;
g) principais fornecedores e termos de contratos com eles celebrados;
h) informações não públicas sobre marcas e patentes e Pesquisa e Desenvolvimento (P&D);
i) planos de aquisições futuras;
j) estratégias competitivas, etc.

A primeira sugestão que se pode extrair do guia é a apresentação de informações agregadas – ou seja, que apresentem valores globais sem especificações – e relativas a período de mais de 3 (três) meses de antecedência. Outra sugestão, especialmente para casos de maior risco e que exijam uma análise mais aprofundada, é a criação de uma equipe para cada uma das empresas envolvidas responsável pela coleta, pela classificação e pelo tratamento das informações.

Na maioria dos casos envolvendo startups, possivelmente o risco de prejuízo à concorrência seja bastante remoto, especialmente quando o faturamento e a participação de mercado ainda são bastante reduzidos. De qualquer forma, é interessante, sempre que possível, adotar cautela durante o processo até o fechamento da operação.

---

econômica. Brasília: Conselho Administrativo de Defesa Econômica - CADE, 2015.

6.8. PRIMEIROS CONTATOS - TERMO DE CONFIDENCIALIDADE

Após o primeiro contato e antes da primeira troca de informações, é importante garantir as medidas adequadas à manutenção da confidencialidade. O vendedor e a *target* começam a apresentar ao potencial comprador alguns detalhes para a avaliação do interesse na transação. São divulgadas informações quanto à estrutura societária, estrutura de capital, atividade e algumas informações financeiras. Nesta fase, tendo em vista que é o primeiro contato do comprador com a *target*, além dos cuidados já mencionados no item anterior, é interessante que as partes firmem um acordo de confidencialidade, também conhecido pelas iniciais do termo em inglês *non disclosure agreement* (NDA).

Pelo acordo ou termo de confidencialidade, as partes reconhecem que estão em tratativas e que terão acesso a informações sigilosas, comprometendo-se a conservar este sigilo. Uma das funções importantes deste instrumento é justamente a declaração de acesso às informações, facilitando a conexão entre eventuais práticas posteriores da parte com a divulgação decorrente da operação. Pode-se estabelecer multa para seu descumprimento ou não. A previsão de multa é interessante tendo em vista que, na maioria dos casos, os danos indenizáveis são de difícil aferição. Assim sendo, é possível estabelecer uma multa não compensatória cumulativa com indenização por perdas e danos, de modo que, verificado o descumprimento da obrigação, a parte infratora é penalizada com a multa e, se possível aferir os danos sofridos, também será condenada ao pagamento de indenização.

Além da confidencialidade das informações sensíveis, também é comum acordar a confidencialidade da operação, evitando-se que a divulgação gere efeitos indesejados no mercado frente a fornecedores, clientes, empregados e até especuladores.

Em muitos casos, inclui-se neste acordo um prazo de exclusividade, pelo qual as partes se comprometem a não iniciar tratativas com terceiros que visem operação semelhante, evitando-se que uma parte tenha suas expectativas frustradas pelo surgimento de outros interessados. Em outros casos, esta obrigação de exclusividade é firmada em um momento posterior, quando houver um interesse mais concreto em dar continuidade à negociação.

De qualquer modo, o termo ou acordo de confidencialidade não gera a obrigação às partes de concluir a transação (salvo se acordado expressamente, o que dificilmente acontece, tendo em vista o pouco conhecimento da empresa-alvo).

6.9. INTERESSE EM INICIAR AS NEGOCIAÇÕES - MEMORANDO DE ENTENDIMENTOS

Divulgadas informações preliminares e existindo indícios de que a estratégia de ambas as partes na operação tem o potencial de ser concretizada, é importante firmar um memorando de entendimentos (*memorandum of understandings– MoU*). Juridicamente, trata-se de um pré-contrato ou contrato preliminar.[20] Este instrumento somente vinculará as partes, obrigando-as a firmar os contratos definitivos, se contiver todos os elementos essenciais de um contrato (partes, objeto, preço). Para evitar esta vinculação, já que ainda não houve a análise de todas as informações, é comum e recomendável a previsão expressa de não vinculação. Em alguns casos, entretanto, é interesse das partes que a vinculação seja efetiva desde logo.

Mesmo não sendo vinculante quanto à conclusão da transação, trata-se de um instrumento de bastante importância, pois vincula as partes quanto a algumas obrigações acessórias (por exemplo, exclusividade e não aliciamento – as partes se comprometem a não oferecer propostas de emprego ou trabalho aos empregados e colaboradores da outra parte) e alinha as expectativas de cada parte. Nesta fase, os termos mais importantes a serem definidos são as premissas que cada parte considera essencial ao fechamento da transação, pois evita o desperdício de custos e tempo em situações que poderiam ter sido previstas com antecedência. Em muitos casos, as partes já estabelecem parâmetros para a definição do preço. Sendo previstos custos consideráveis para a operação, pode-se estabelecer uma multa pela desistência do negócio (*break fees*). Ainda que não seja vinculante e não seja estabelecida multa, o memorando de entendimentos estabelece uma diretriz importante para a interpretação quanto ao respeito à obrigação legal de boa-fé entre as partes.

---

20. Lei 10.406, de 10 de janeiro de 2002. *Código Civil.* Art. 462 e seguintes.

Além disso, é comum o estabelecimento de uma agenda para a condução das fases seguintes, definindo o prazo e o escopo para a realização de auditoria (*due diligence*) e limitando o período da exclusividade, para que a demora de uma parte não prejudique a outra. Em se tratando de startups, os prazos tendem a ser mais curtos, tendo em vista que, tendo pouco tempo de atividade, a auditoria tende a ser mais rápida.

6.10. CONHECIMENTO DA *TARGET* E DOS VENDEDORES PELO COMPRADOR – *DUE DILIGENCE*

Após a assinatura do memorando de entendimentos, estabelecidas as premissas essenciais e tendo sido formalizada uma intenção mais firme de concluir a operação, o potencial comprador inicia uma auditoria (ou *due diligence*) para reduzir a assimetria de informações, oferecendo-lhe condições de tomar uma decisão fundamentada. Nesta fase, o vendedor e a *target* apresentam uma quantidade extensa de informações relevantes de natureza financeira, contábil, operacional e jurídica, abrangendo todas as áreas de conhecimento aplicáveis, a fim de permitir a avaliação mais completa possível das estratégias, das providências necessárias à integração pós-fechamento e dos riscos da operação.

Para início da auditoria, os assessores do potencial comprador solicitam uma série de documentos e informações, sem prejuízo da solicitação de esclarecimentos e documentos adicionais após uma análise preliminar. Trata-se de uma etapa que costuma demandar bastante tempo e trabalho. No caso de startups, entretanto, a *due diligence* tende a ser mais rápida devido ao menor histórico e à menor quantidade de informações e documentos disponíveis. Todavia, estes casos geralmente sofrem bastante influência de aspectos regulatórios, especialmente quando se trata de inovações que ainda não recebem um tratamento claro por parte dos órgãos reguladores hipoteticamente interessados. Também é comum a relevância dos aspectos do direito digital e robótico, da lei do marco civil da internet,[21] de aspectos consumeristas e contratuais de termos de uso,

---

21. Lei nº 12.965, de 23 de abril de 2014.

aspectos de tecnologia da informação, privacidade, segurança de dados e propriedade intelectual.

Além disso, tal como em qualquer outro tipo de empresa, é importante a análise de certidões, de relatórios das ações judiciais e administrativas em andamento, dos contratos mais relevantes de acordo com a atividade da empresa e dos documentos societários que demonstrem a existência ou inexistência de direitos de terceiros. Também é essencial a identificação de eventuais diligências necessárias ou efeitos em caso de conclusão da operação, tais como a necessidade de submissão da operação ao CADE, a exigência de aprovação ou renúncia de direitos por parte de terceiros, eventuais vencimentos antecipados de obrigações, direitos de preferência de terceiros, direitos ou obrigações de venda conjunta, restrições à alienação e oneração das participações societárias, debêntures e outros instrumentos conversíveis, etc.

Do ponto de vista estratégico, é importante a identificação dos fatores de maior relevância para o negócio e para o faturamento da empresa-alvo, em especial eventual dependência de terceiros, tais como pessoas-chave, clientes relevantes, fornecedores. São informações que permitem um estudo mais aprofundado das hipóteses de sinergia e dos potenciais efeitos da operação. Eventualmente, a operação pode alterar algumas condições comerciais e/ou tributárias. Por exemplo, se o histórico de faturamento teve como principal fator o atendimento a um cliente principal específico, deve-se avaliar se a operação de alguma forma poderá prejudicar a relação com este cliente e de que forma o faturamento futuro seria impactado pela eventual perda deste cliente. Ou, se a margem de lucro da empresa-alvo sofrer influência de benefícios fiscais, deve-se avaliar se estes benefícios poderão continuar sendo aproveitados após a operação e quais os impactos caso não o seja.

As conclusões da auditoria são determinantes, em caso de decisão de evoluir para um acordo definitivo, para definição do preço, da estrutura do pagamento do preço, das garantias às contingências presentes e futuras, das responsabilidades das partes, da estrutura da concentração das atividades, das obrigações acessórias de cada parte e dos demais termos do contrato definitivo. Conhecidos os riscos e mantido o interesse das partes em consumar a operação, serão criados mecanismos para a maior proteção das partes de acordo com cada caso específico.

6.11. DECISÃO DEFINITIVA – CONTRATO PRINCIPAL E INSTRUMENTOS ACESSÓRIOS

Tendo as conclusões da auditoria sido satisfatórias para o potencial comprador e acordando as partes quanto a todos os termos e condições da operação, passa-se à assinatura do contrato definitivo. Este contrato é, na maioria dos casos, estruturado de forma semelhante, cujas cláusulas são ajustadas conforme as peculiaridades da negociação havida.

As principais e mais comuns cláusulas são:

- Partes: o contrato descreverá a qualificação das partes vendedora e compradora. É importante observar se as pessoas que assinarão o contrato são os compradores ou os legítimos proprietários da participação objeto da operação e, no caso de pessoas jurídicas, se têm poderes de representação. Também é importante identificar eventual necessidade de inclusão de intervenientes anuentes. É comum a inclusão da própria empresa-alvo, vez que, na maioria dos casos, há cláusulas que se aplicam a ela.

- Definições: é bastante comum e relevante a descrição de definições de expressões utilizadas no contrato, a fim de evitar conflitos relativos à sua interpretação, tornando-as o mais objetivas possível. Algumas expressões em especial merecem sempre bastante atenção, visto interferirem significativamente em aspectos relevantes da operação, tais como o cálculo do preço (que contempla termos financeiros e contábeis com certo grau de subjetividade) e eventos específicos capazes de motivar a rescisão do contrato ou a aplicação de penalidades (por exemplo, definições quanto a 'efeito relevante' ou 'no melhor conhecimento da parte').

- Objeto: uma das partes essenciais é a descrição do objeto, que detalha a operação. Nesta cláusula, é estabelecida a estrutura jurídica da transação (compra e venda, fusão, incorporação, subscrição de capital, incorporação de ações, etc.) e o que o comprador receberá em contraprestação ao pagamento do preço (ativos, determinada quantidade de quotas ou ações, ações de determinada classe ou com direitos especiais, sua representatividade em percentual de participação societária, etc.).

- Preço: a cláusula que trata do preço é merecedora de bastante atenção. Não somente pelos motivos óbvios (estabelece o valor a ser pago pelo comprador), mas também porque, na grande maioria dos casos, a cláusula contempla mecanismos de ajuste do preço de acordo com fórmulas e conceitos específicos, não sendo uma indicação direta, objetiva, líquida e certa do valor em moeda corrente. O preço costuma ser estabelecido com base em parâmetros que consideram a situação financeira da empresa-alvo em um momento anterior, conforme as últimas demonstrações financeiras apresentadas. Quanto maior e mais complexa for a atividade da empresa-alvo, mais difícil é apresentar números atualizados em tempo real. Por isso, é comum a previsão de um prazo para apresentação das demonstrações correspondentes à situação na data do fechamento da operação, um prazo para que estas demonstrações sejam auditadas, aceitas ou contestadas pelo comprador, para que então, conforme cálculos e fórmulas pré-estabelecidas, as partes tenham condição de fixar o valor certo em moeda corrente. Tendo em vista que, nestes casos, a definição do valor certo ocorre em momento posterior à transferência definitiva da propriedade objeto do contrato ao comprador, geralmente é estabelecido um valor a ser pago na data do fechamento da operação e um mecanismo de ajuste posterior. Tal mecanismo de ajuste é um dos focos de maior conflito entre as partes após a transação, especialmente quando não lhe é dispensada a atenção adequada no momento da elaboração do contrato. A interpretação desta cláusula e alguns dos motivos de conflito sofrem bastante interferência das cláusulas de definições já mencionadas, pois os conceitos financeiros aplicáveis tendem a receber definições contratuais mais objetivas a fim de evitar margens para que as fórmulas previstas possam conduzir a resultados diferentes. Ainda, a cláusula deve estabelecer se o pagamento será realizado em moeda corrente, em ativos ou participação societária, ou uma combinação dentre estas. Conforme citado anteriormente, um exemplo é a aquisição do WhatsApp pelo Facebook, cujo preço foi estabelecido parte em moeda corrente e (a maior) parte em ações representativas do capital do comprador. Incorporações, incorporações de ações e fusões geralmente resultam em um pagamento em participação societária do comprador. Também é necessário prever quem será o beneficiário do preço, podendo variar entre um vendedor que transfira sua participação ao comprador (aquisição secundária, comumente denominada 'cash out', visto que o preço não ingressa na empresa-alvo) ou a própria empresa-alvo (aquisição primária, comumente denominada 'cash in', visto que o valor do preço é aportado na própria empresa-alvo). Além disso, raramente o preço é integralmente pago à vista, principalmente em razão de mecanismos de garantia e indenização, conforme tratados em cláusula própria. Pode-se, por fim, atrelar o preço a um desempenho futuro específico. Este mecanismo é denominado '*earn out*' e é bastante interessante quando comprador e vendedor têm estimativas diferentes quanto ao potencial da empresa-alvo ou quando o comprador identifica que o resultado da empresa-alvo é dependente da equipe ou de pessoas-chave, limitando seu risco em caso de desligamento ou perda de produtividade destas pessoas. A cláusula de *earn out*, entretanto, também deve ser cuidadosamente preparada, pois também é bastante comum a existência de conflitos posteriores derivados da sua interpretação, bem como da determinação e do tratamento a ser dado quanto aos fatores que acabam por influenciar o desempenho da empresa-alvo. Sempre que estabelecido este mecanismo, é importante que o vendedor garanta sua participação na administração da *target*, de modo que tenha condições de trabalhar em busca dos resultados estimados que elevarão o preço a lhe ser pago. Por outro lado, o comprador também pode ter a preocupação de deter o controle e a liberdade para mudanças de estratégia que eventualmente impactem no desempenho. Uma das causas de conflito de mecanismos atrelados ao desempenho no curto prazo é justamente o choque existente entre este e as estratégias de crescimento para o longo prazo, que implicam custos de investimento e reduzem o resultado econômico no curto prazo.

- Condições precedentes e fechamento: em muitos casos, mesmo depois de acordadas todas as condições do negócio, o fechamento, ou seja, a efetiva e definitiva ocorrência da transação, fica suspenso até o cumprimento de determinadas condições precedentes. Estas condições podem decorrer da própria lei, como, por exemplo, nas operações em que é obrigatória a aprovação prévia de algum órgão regulador. A obrigação mais comum é a de submissão à aprovação prévia das autoridades de proteção à concorrência. No Brasil, a Lei 12.529, de 30 de novembro de 2011, prevê as hipóteses em que esta submissão prévia é exigida, sob pena de nulidade do ato e aplicação de multas que variam de R$ 60.000,00 (sessenta mil reais) a R$ 60.000.000,00 (sessenta milhões de reais). Caso qualquer das partes desenvolva alguma atividade em território estrangeiro, é importante também verificar a legislação aplicável. Adicionalmente, pode existir obrigação de aprovação prévia por outros órgãos reguladores conforme o setor de atividade das partes e/ou da empresa-alvo. Além das condições exigidas por lei, é comum a definição de condições que decorram das conclusões da auditoria, tal como a necessidade de aprovação de órgãos internos da empresa-alvo e/ou consentimento de terceiros credores a fim de evitar o vencimento antecipado de obrigações, ou outras diligências prévias recomendáveis para a redução de riscos identificados. Quando há condições precedentes a serem cumpridas, costuma-se acrescentar condições de capital de giro mínimo e a não ocorrência de fatos que gerem efeitos adversos relevantes, a fim de evitar diferenças significativas entre as condições verificadas no momento da assinatura do contrato e no momento do fechamento da operação. As definições de efeitos adversos relevantes são de grande importância nestes casos. Nenhuma dessas condições retira o caráter de definitivo do contrato. Verificado o seu cumprimento, as partes têm a obrigação de concluir a operação nos termos já acordados. A cláusula (ou uma cláusula separada) deverá indicar quais atos deverão ser praticados na data do fechamento, sob pena de execução específica, ou seja, de que qualquer das partes possa requerer ao juiz competente que obrigue a outra parte ao seu cumprimento. É possível, porém, que não haja condições precedentes necessárias, podendo as partes realizar o fechamento concomitantemente com a assinatura do contrato definitivo.

- Obrigações das partes: o contrato pode estabelecer também obrigações de fazer e/ou de não fazer para as partes e para a *target*. As obrigações a serem estipuladas dependem das demais condições contratuais, pois, geralmente, são voltadas a garantir a sua eficácia. Por exemplo, havendo previsão de *earn out*, podem ser estabelecidas algumas condições específicas para a viabilização do atingimento das metas que servirão de parâmetro para os pagamentos futuros. Havendo condições precedentes a serem cumprida para o fechamento, é comum estabelecer algumas obrigações que garantam o curso normal dos negócios, sem que sejam praticados atos que impliquem impactos financeiros relevantes ou mudanças estratégias e comerciais que prejudiquem os motivadores da transação. É importante destacar que, como já abordado anteriormente, as partes não podem assumir obrigações anteriores ao fechamento que possam caracterizar a antecipação dos efeitos da integração, o que configura infração denominada '*gun jumping*'. É importante que as obrigações visem o curso normal dos negócios e o cumprimento de condições específicas para o fechamento da operação, sem, contudo, permitir a ingerência prematura do comprador nos negócios da *target*.

- Declarações e garantias: por meio desta cláusula, as partes declaram e garantem uma às outras (e a *target* ao comprador) a existência jurídica, capacidade, legitimidade e inexistência de quaisquer obstáculos além dos expressos no contrato para que este seja válido e exequível; bem como declaram e garantem a veracidade de diversas informações divulgadas na auditoria, que servem de demonstração da boa-fé das partes. A inveracidade e/ou a incompletude das declarações e garantias pode, quando relativa a alguma condição determinante para a conclusão da operação, tornar o negócio anulável,[22] ou, quando não determinante, acarretar a obrigação de indenização pela parte infratora.

- Responsabilidade e indenização: também uma cláusula de grande importância e objeto de diversos conflitos pós-operação. Por mais aprofundada que tenha sido a auditoria, sempre há riscos previsíveis e riscos imprevisíveis. Ademais, não são todos os riscos que acabam por descontar o preço da transação, pois isto poderia reduzir o valor a ponto de eliminar a atratividade para o vendedor. Assim, as partes devem estabelecer de forma clara as responsabilidades de cada uma pelas contingências já existentes e pelas contingências futuras relativas a atos, omissões e fatos ocorridos anteriormente ao fechamento. Também é possível prever o tratamento de contingências ou superveniências ativas, ou seja, potenciais recebíveis futuros derivados de atos, omissões e fatos anteriores ao fechamento, tais como eventuais ações judiciais em que a empresa-alvo seja credora. Em qualquer caso, deve-se estabelecer o procedimento a ser observado, incluindo a responsabilidade e os direitos de cada parte para o patrocínio da defesa jurídica dos interesses da *target* perante terceiros, a cobrança e o pagamento dos valores devidos, tanto no caso de disputas envolvendo terceiros como no caso de disputa entre as próprias partes. As responsabilidades e os procedimentos devem ser cuidadosamente expressos para evitar ao máximo situações omissas e dificuldades de interpretação. É comum, ainda, a limitação da responsabilidade com relação a prejuízos não decorrentes de má-fé das partes. Alguns mecanismos comuns são os

22. Lei nº 10.406, de 10 de janeiro de 2002. *Código Civil.* Art. 138.

denominados *cap* (que corresponde a um teto no valor global da responsabilidade da parte), *threshold* (correspondente a um valor mínimo para que uma parte possa exigir a responsabilização da outra) e *basket* (correspondente a um valor mínimo agregado para a cobrança de uma parte pela outra – em vez de exigir o pagamento a cada prejuízo de valor reduzido, acumula-se vários prejuízos até atingir um valor determinado para pagamento). Também é comum estabelecer limites temporais, especialmente com relação a contingências derivadas de demandas de terceiros, normalmente entre 5 e 10 anos, geralmente alinhadas com os prazos de prescrição previstos na legislação conforme a matéria relacionada (trabalhista, cível, ambiental, previdenciária, tributária). Outro aspecto importante é que a fixação do prazo não cumpre somente a função de limitar a responsabilidade da parte, mas também de estendê-la a um prazo razoável pelo qual é comum o aparecimento de contingências, tendo em vista que, no silêncio do contrato, poderia ser aplicada a interpretação de que esta responsabilidade se trata de vício redibitório, cujo prazo legal para reclamação pela parte prejudicada é de apenas 30 (trinta) dias.[23] Também é importante estabelecer de forma clara que o período de responsabilidade pelas contingências deverá ser automaticamente estendido pelo ajuizamento de demanda de terceiro; ou seja, se o prazo contratual é de 5 (cinco) anos, a responsabilidade por uma demanda ajuizada neste prazo deverá permanecer vigente até a extinção do processo judicial relacionado e dos processos que eventualmente forem dele derivados.

- Garantias: havendo parcelas futuras a serem pagas e responsabilidades por eventuais prejuízos futuros, é importante a definição de garantias de uma parte à outra a fim de oferecer maior segurança de que a transação será cumprida de forma justa, equilibrada e nos termos acordados. O vendedor deseja uma garantia de que receberá o pagamento do preço. O comprador deseja uma garantia

23. Lei nº 10.406, de 10 de janeiro de 2002. *Código Civil.* Art. 445.

de que eventuais contingências de responsabilidade do vendedor sejam efetivamente arcadas por este. Para tanto, há uma série de instrumentos e mecanismos contratuais, dos mais simples e baratos aos mais complexos e caros. É comum o estabelecimento de mais de um tipo de garantia. As modalidades mais utilizadas são a retenção do preço (*holdback*), a alienação fiduciária ou o penhor das próprias quotas ou ações objeto da operação; conta depósito em garantia (*escrow account* – o dinheiro fica retido em uma conta bancária vinculada a um contrato acessório específico, que estabelece regras de saque e transferência que vinculam a instituição financeira custodiante); e fiança pessoal em nome das pessoas físicas sócias do vendedor (quando este é pessoa jurídica). Também são modalidades de garantia, embora menos comuns que as anteriores, a hipoteca de imóvel, a fiança bancária e o seguro garantia. Cada modalidade acordada implica a definição de regras específicas e, em sua maioria, a elaboração de contratos acessórios específicos em separado, ou por abrangerem outras partes (tal como instituições financeiras) ou para o caso de necessitarem de execução específica, de modo que se evite o conhecimento desnecessário por terceiros quanto ao conteúdo das demais disposições referentes à operação.

- Não concorrência: após a aquisição da *target* pelo comprador, uma preocupação recorrente é com o prejuízo advindo de eventual concorrência praticada pelo próprio vendedor, que detém todo o conhecimento da *target* e relacionamento com as pessoas-chave da equipe, dos fornecedores e clientes. Para tanto, é comum, mesmo nos casos em que o vendedor permanecer com participação e/ou na administração da empresa-alvo, a previsão de obrigação de não concorrência. Esta obrigação, embora simples, envolve algumas questões jurídicas importantes. A primeira refere-se aos seus requisitos de validade. Os tribunais no Brasil tendem a condicionar a validade desta obrigação contratual a dois requisitos: uma limitação temporal razoável (comumente fixada entre 2 e 5 anos a contar da desvinculação entre as partes) e uma limitação espacial (geralmente nos mercados já explorados pela empresa-alvo). Em alguns casos, especialmente quando envolvem relação de trabalho (por exemplo, o vendedor era também administrador da empresa-alvo), os tribunais têm entendido necessária também uma compensação financeira. Outra questão jurídica relevante decorre desta. Caso, a fim de garantir a validade da cláusula, seja estabelecido que parte do preço se destina à obrigação de não concorrência, a tributação incidente sobre esta parcela pode ser diversa da incidente sobre o valor remanescente do preço, visto se tratar de compensação indenizatória.

- Não aliciamento: se no memorando de entendimentos havia uma preocupação de que o então potencial comprador realizasse ofertas aos empregados e colaboradores da *target*, no contrato definitivo esta cláusula visa proteger o comprador de eventuais ofertas por parte do vendedor que possam prejudicar o valor percebido que motivou a operação.

- Confidencialidade: da mesma forma, passa a haver uma preocupação com relação a uma eventual divulgação de informações da empresa-alvo por parte do vendedor. Além disso, a cláusula também visa manter em sigilo as condições acordadas entre as partes.

- Penalidades: em razão da complexidade do contrato e a fim de evitar o descumprimento das obrigações assumidas pelas partes, costuma-se estabelecer penalidades, comumente por meio da aplicação de multas cumuladas com indenização por perdas e danos. Quando se tratar de descumprimentos remediáveis, pode-se atribuir multas diárias. Além disso, em casos de descumprimentos que prejudiquem significativamente a operação, é possível cumular com a multa e as perdas e danos uma condição resolutiva, pela qual a operação é desfeita.

- Legislação e foro aplicáveis: principalmente quando há parte domiciliada ou com atividades em território estrangeiro, é importante estabelecer de forma clara qual a legislação aplicável (de forma ampla, tal como 'legislação brasileira'). Também é importante estabelecer o foro competente para a solução de eventuais conflitos relacionados ao contrato. É recomendável, principalmente nas operações de maior valor, a instituição de cláusula arbitral. Dentre suas vantagens, pode-se citar: o sigilo quanto à disputa e seus detalhes; a possibilidade de eleger árbitros com conhecimento especializado e a agilidade, que, mesmo nos procedimentos mais prolongados, tende a ser significativamente maior que nos processos judiciais. No caso de startups, a dúvida mais recorrente é com relação à adequação da instituição de arbitragem, tendo em vista os elevados custos para início de um procedimento arbitral. Sobre esta questão, é possível encontrar opiniões distintas. Uma possibilidade que se apresenta às partes é estabelecer a competência de acordo com o pedido. Em muitos regulamentos de câmaras arbitrais, existe, por exemplo, previsão de arbitragem expedita, com árbitro único, que a torna mais acessível nos casos de menor valor. A análise deve ser realizada caso a caso no momento da elaboração do contrato. É importante que as partes compreendam que, eleita a arbitragem, a cláusula deverá ser elaborada de forma adequada e completa, a fim de evitar a necessidade de medida judicial para que um juiz decida algum conflito ou omissão relativos à cláusula arbitral, para somente após haver a instauração do tribunal arbitral e a análise do conflito. Também é importante que as partes compreendam que a decisão do tribunal arbitral será definitiva, sem possibilidade de revisão pelo Poder Judiciário, salvo nos casos de nulidade previstos em lei. Por fim, também é importante destacar que é comum se estabelecer um procedimento para resolução de conflitos especificamente aplicável a questões relacionadas aos mecanismos de ajuste de preço. Por se tratar de questões comumente mais técnicas das áreas financeira e contábil, costuma-se estabelecer um procedimento arbitral de resolução por meio de empresa de auditoria especializada.

- Disposições gerais: todos os contratos contêm disposições finais importantes e gerais, dentre as quais podem ser citadas: declaração e compromisso de respeito às leis anticorrupção de todos os países, forma de comunicação e envio de notificações entre as partes, independência das disposições (para que eventual anulação de uma cláusula não afete as demais, salvo se substancial), declaração de que o contrato reflete os últimos entendimentos entre as partes (considerando-se revogadas eventuais disposições anteriores), proibição ou permissão para cessão dos direitos derivados do contrato, limitação a aditamentos somente por escrito e assinados por todas as partes, irrevogabilidade e irretratabilidade (o acordo é definitivo e nenhuma das partes poderá desistir), entre outras.
- Anexos: é bastante comum que o contrato definitivo acompanhe diversos anexos de acordo com as cláusulas contratadas. Algumas das possibilidades já foram citadas, tais como no caso de instrumentos de garantia. É importante que todos os documentos que deverão ser assinados no fechamento, quando este ocorrer em momento diverso da assinatura do contrato principal, constem como anexos a este, a fim de evitar que surjam conflitos e sejam necessárias negociações adicionais após a assinatura do contrato definitivo, permitindo execução específica pelo Poder Judiciário quando necessário acioná-lo. Outro anexo muito comum e extremamente recomendável nos casos em que a operação consiste em aquisição parcial da empresa-alvo e as partes deem início a uma relação societária entre elas é o acordo de sócios (quando se tratar de sociedade do tipo limitada) ou acordo de acionistas (quando se tratar de sociedades anônimas – S.A.). O acordo de sócios ou acionistas estabelecerá as regras principais de convivência harmônica entre as partes, regulando, principalmente, o exercício do direito de voto, a governança corporativa da empresa e as restrições de alienação de participação societária. São bastante comuns disposições que possibilitem a saída de uma das partes ou a aquisição da participação remanescente do vendedor pelo comprador.

Tais disposições são de extrema importância e merecem um destaque e uma atenção maior.

6.12. CONCLUSÃO DO PROCESSO - FECHAMENTO

Após a assinatura do contrato definitivo, verificado o cumprimento de todas as condições precedentes ou renunciados os direitos à sua exigência pela parte interessada, as partes procedem ao fechamento da operação. Esta é a fase em que a operação se concretiza, com a entrega da participação societária (ou dos ativos, caso se trate de aquisição de ativos) ao comprador, pagamento da primeira parcela do preço e assinatura de todos os instrumentos e documentos necessários à efetivação dos atos do fechamento conforme já devam ter sido previstos no contrato principal. A partir deste ato, as partes podem dar início à integração.

6.13. OPERACIONALIZAÇÃO DA INTEGRAÇÃO E GESTÃO DO CONTRATO PÓS-FECHAMENTO

Com o fechamento da operação, o comprador colocará em prática todas as estratégias planejadas para a criação do valor estimado. A integração abrange diversos aspectos de diferentes complexidades, desde questões mais burocráticas, até a integração de sistemas, a comunicação às equipes e ao mercado, as adequações contratuais necessárias, entre outros procedimentos. Devem ser observados os procedimentos burocráticos necessários às alterações de cadastro das empresas, evitando prejuízos, desde multa até a inviabilidade de emissão de notas fiscais. Além dos aspectos burocráticos e operacionais, também é fundamental a gestão jurídica do contrato, tendo em vista que, durante alguns anos após a transação, será necessário observar e cumprir obrigações específicas acordadas no contrato, dentre as quais se destacam os procedimentos em caso de materialização de contingências derivadas de demandas de terceiros.

Capítulo 7

INVESTIMENTO ANJO

Pamela Yumi Takahata

Há investidor que oferece mais do que dinheiro. O nome dele é investidor anjo, o que faz grande diferença para os novos empreendedores. Aplicam seu dinheiro e "emprestam experiências", podendo trazer além de dinheiro, orientações, conhecimentos, aprendizados, indicação de clientes, fornecedores e até parceiros. O investidor poderá ser pessoa física ou jurídica, que tenha disponibilidade financeira e interesse de investir em determinados negócios nascentes, geralmente chamados de startups, com alto potencial de crescimento, desenvolvimento e perspectiva de bom retorno financeiro, que consequentemente trarão um impacto positivo para a sociedade através da geração de oportunidades de trabalho e renda.

O termo startup segundo o *ebook* da *angelsclub*, ficou conhecido no Brasil depois da chamada "bolha da internet", entre 1996 e 2001, já nos Estados Unidos este termo é usado há décadas que significa ser um grupo de pessoas que trabalham em uma ideia diferente, como um novo modelo de negócio que pudesse render um bom dinheiro. Geralmente essas empresas são ligadas à internet, considerando ser mais barato abrir uma empresa nesse segmento do que desenvolver tecnologias e elaborar pesquisas em áreas como saúde, agronegócio ou biotecnologia, por exemplo. Ademais, a internet torna a divulgação do negócio mais fácil em função de sua capacidade e velocidade para propagar a informação.

O conceito investidor-anjo surgiu nos Estados Unidos, terra do Vale do Silício. Esse viés santificado dado aos empresários que realizam essa atividade é resultado das ações de homens que historicamente "salvaram" algumas praticamente falidas companhias da Broadway. Em nosso país há muito que se desenvolver, considerando que no cenário americano essa dinâmica movimenta por volta de 21 bilhões de dólares, de acordo com o site *www.digai.com.br.*

Embora o investidor anjo já esteja presente no mercado nacional há algum tempo, foi legalmente introduzido no ordenamento jurídico brasileiro a partir da publicação da lei complementar. Desta forma, este investidor realiza o aporte financeiro nos termos do art. 61-A da Lei Complementar nº 123/2006, alterada pela Lei Complementar 155/2016, que será tratada ainda a seguir neste capítulo.

Importante ressaltar que a Lei Complementar trouxe um avanço significativo ao universo do empreendedorismo nacional, devendo permanecer em constante discussão sempre em busca do seu aperfeiçoamento.

7.1. EMPRESAS DE SUCESSO

Grandes empresas de sucesso tiveram início com investidores anjo, um exemplo de grande relevância é a Apple, atualmente uma das maiores empresas em valor de mercado, que iniciou com os fundadores Steve Jobs e Steve Wosniak e o investidor anjo Mike Markkula.

Com o *facebook, twitter, uber* e *snapchat,* não foi diferente, Gary Vaynerchuk foi o investidor anjo, ele sempre foi empreendedor, iniciando sua jornada aos cinco anos de idade, quando vendia cartões de baseball por centenas de dólares por semana, segundo o site *canaltech.com.br.*

Há também exemplos de sucesso no Brasil, como a empresa Buscapé, fundada por quatro estudantes recém-formados em 1999, contando com apoio de um investidor anjo. Após pouco mais de dez anos foi vendida por US$342 milhões, com mais de 700 funcionários.

É perceptível que o investidor anjo exerce um papel fundamental de sucesso destas empresas, pois além de contribuir com o capital financeiro, aplica a sua experiência, o seu conhecimento e a sua rede de contatos proporcionando o aumento das chances de sucesso do empreendimento e acelerando o seu crescimento. Tudo é tão proeminente que um estudo da OCDE (Organização para

Cooperação e Desenvolvimento Econômico) realizado em mais de 30 países identificou que os "investidores anjo tem um papel crítico no sucesso das empresas iniciantes", por isto é muito importante que o Brasil amplie as políticas de proteção e estímulo a eles.

Analisando o cenário fora do Brasil, é perceptível a diferença, considerando que existem países com políticas de incentivo fiscal para este tipo de atividade econômica. E isso é feito tendo em vista que quanto mais se investe, mais retorno em geração de empregos e tributos se têm. Uma visão plausível e inteligente.

7.2. AO INVESTIDOR ANJO

Importante observar que o investimento anjo não é uma atividade filantrópica, este tem como objetivo aplicar em negócios com alto potencial de retorno, que consequentemente terão um grande impacto positivo para a sociedade através da geração de oportunidades de trabalho e de renda, ele também tem um papel importante no fortalecimento da empresa, atuando na construção de uma boa governança, o investidor pode por exemplo, ajudar na composição de um conselho transparente.

O investimento anjo em uma empresa é normalmente feito por um grupo de investidores, para diluição de riscos e para o compartilhamento da dedicação, sendo definido um ou dois como investidores líderes para cada negócio.

Como é sabido, o risco que o investidor anjo corre é alto, considerando que não são todas as empresas que recebem o investimento que serão bem sucedidas, por isso. O investidor precisa se cercar de cautela e ser racional diante de uma proposta sedutora e, sempre, como medida preventiva, analisar os documentos que forneçam informações sobre dívidas do dono da ideia, como por exemplo as declarações financeiras, balanços patrimoniais, bem como receita e custos da operação, são documentos simples, mas que permitem uma visão abrangente sobre o estado da empresa. O investimento a menos que exista um acordo, neste sentido, não deve ser utilizado para pagar dívidas preexistentes, e sim para fomentar o crescimento do negócio.

Ainda nessa linha, é necessário verificar se o empreendedor já teve participação em empresa que tenha entrado em falência, se faz parte de alguma ação judicial, solicitar todos os contratos vigentes que a empresa tenha com terceiros, incluindo acordo societários, opções de compra e venda, entre outros, se possui algum compromisso ou promessa verbal perante terceiros que possa representar ônus à empresa, verificar quantos funcionários este empreendedor possui e se estão todos regularizados conforme a lei dispõe.

Entendendo ser um negócio nascente, muitas vezes não são assinados contratos de trabalho e as empresas por vezes optam por fazer a contratação de profissionais autônomos, comumente pessoas jurídicas. Isso deve ser motivo de preocupação e deve ser avaliado em uma auditoria, pois aos olhos das cortes brasileiras, ainda que pessoas jurídicas não tenham assinado contratos de emprego, podem ser consideradas como empregados, fazendo jus as verbas análogas recebidas em um contrato trabalhista e assim cobrá-las.

Sugere-se averiguar se a empresa conta com algum produto patenteável, em caso positivo, é necessário verificar se que existe a patente ou se que já foi dada a entrada no processo junto ao INPI. Alerta-se no sentido de que no Brasil, os softwares tem a proteção equiparada aos direitos autorais, e por este motivo, a menos que sejam cedidos à empresa, pertencem a quem criou aquele produto ou programa. Portanto, é de extrema importância verificar se estes direitos já foram cedidos à empresa, através de um termo de cessão ou qualquer outro contrato desta natureza.

Salienta-se, que é importante investir no que já conhece, para que obtenha um melhor retorno e consiga também, orientar de acordo com sua experiência e conhecimento. Fique atento ao mercado e aposte em um empreendedor comprometido, pois ele é mais importante do que o próprio produto que foi criado, entendendo que quem encontrará as saídas caso algo dê errado será o empreendedor.

É primordial reservar um capital para as novas necessidades que possam surgir, como novos aportes, por exemplo, pensando que, se houver novos investidores a participação daquele que iniciou o negócio não se dilua.

7.3. AO EMPREENDEDOR

Alguns pontos são determinantes para despertar o interesse do investidor anjo e alcançar o objetivo, a empresa receber aporte que necessita. Tais pontos não são regras e sim algo que deve ser considerado. Ponderando que um investidor anjo investe em uma carteira de empresas de risco, junto com outros investidores, alguns parâmetros e critérios são necessários para iniciar uma conversa que poderá trazer ótimos resultados para todas as partes.

Os quesitos essenciais para que um negócio tenha êxito e atraia a atenção de um investidor anjo são: uma ideia inovadora; um mercado amplo e; um empreendedor engajado. A empresa que deseja receber o aporte financeiro comumente oferece algum tipo de inovação, podendo ser no produto, serviço ou no processo de fabricação, na forma de comercialização ou no modelo de negócio. Percebe-se que não necessariamente se cria algo novo, é esperado apenas que haja um potencial de crescimento. Em síntese, para despertar o interesse do investidor anjo, somente uma ideia inovadora não é suficiente. É necessário apresentar um plano de negócio bem estruturado, bem como um protótipo ou prova de conceito do produto para facilitar entendimento e demonstrar que há capacidade de execução.

Durante a apresentação do projeto o empreendedor deve ser o mais claro e transparente possível, demonstrando sua habilidade e credibilidade no mercado. Paciência e resiliência são primordiais, e receber algumas negativas não significam que o projeto não tem futuro. Mas que necessita de mais desenvolvimento e aperfeiçoamento ou até, não tenha encontrado ainda o investidor certo.

O ideal é ser confiante e realista ao apresentar suas projeções de mercado, planilhas com expectativa de faturamento e escala de crescimento da empresa. Interessante ainda, é demonstrar algo concreto, entendendo ser muito mais seguro ao investidor anjo investir em coisas palpáveis, como um software ou produto já existente.

Vale dizer que antes de iniciar a busca de investidores, deve-se conhecer bem o mercado de atuação, visitar clientes em potencial, conversar com pessoas que já atuem no mercado e levantar informações sobre concorrentes. E assim, planejar as principais etapas de desenvolvimento do negócio.

Para uma relação de sucesso, é necessário verificar a seriedade ou o comprometimento do investidor. Uma forma de verificar tais informações é buscar referências com outros empreendedores e investidores anjo. Nessa linha, é válido dizer que ao atrair um bom parceiro, sua chance de atrair outros, aumenta.

Almejando bons investidores anjo deve-se buscar contato com um fundador ou um executivo-chave em alguma empresa que possua potencial para investir. A probabilidade de receber uma resposta positiva de alguém conhecido é bem maior do que um investidor desconhecido. Outra oportunidade é construir relacionamentos com pessoas da área atuação, pois, se o prestador de serviços vê algo interessante no que você está construindo, ele pode ser um canal até o investidor.

É de extrema importância montar a equipe correta, ou seja, avaliar quais competências são necessárias ao seu negócio, buscando assim, colaboradores que somem às suas competências e juntos possam alcançar o sucesso.

Em suma, o empreendedor deve buscar saber em que segmento o grupo de investidores anjo de sua região investe, qual sua faixa de investimento e qual a filosofia de análise da oportunidade e monitoramento da evolução do empreendimento.

Encontrado o potencial investidor anjo interessado, passa-se para a fase de encontros, ou seja, reuniões em que o empreendedor irá apresentar mais detalhes, e será a oportunidade de estreitar seu relacionamento com o investidor anjo, bem como conhecer melhor o perfil dele ou deles.

É necessário ser paciente e se cercar de informações e sanar todas as dúvidas, considerando que o investimento costuma se desenrolar após múltiplas reuniões.

7.4. LEI COMPLEMENTAR 155/2016

De acordo com a lei do investidor anjo, sancionada pelo Presidente Michel Temer, no dia 27 de outubro de 2016, LC 155/16 que trata em seus artigos 61-A, 61-B, 61-C e 61-D da definição, da extensão e dos limites de atuação de um investidor anjo quando aporta o capital de uma empresa. Será visto a seguir um breve resumo da Lei e logo após serão destacados alguns pontos de maior relevância.

Por se tratar de uma Lei Complementar, ela tem força hierárquica maior que outras leis, incluindo todas as leis ordinárias, como por exemplo, o Código de Defesa do Consumidor e até CLT, estando somente abaixo da Constituição e suas emendas. Desta forma, nenhuma decisão judicial fundamentada em leis ordinárias poderá sobrepor a proteção concedida pela Lei Complementar 155/2016 para os investidores anjo.

Com a definição prevista em Lei, não é mais preciso equiparar tal indivíduo a um sócio administrador da empresa, por exemplo, nem o responsabilizar nos casos de desconsideração da personalidade jurídica. A lei estabelece que os investidores não poderão atuar na gerência nem ter voto na administração da empresa, com a finalidade de deixar claro a separação do papel do investidor anjo em relação ao do empreendedor. Isto porém, não significa que nas relações usuais o empreendedor não deva prestar contas nem deixar de conversar com o investidor acerca das decisões estratégicas, considerando ser fundamental para uma parceria saudável e de longo prazo, ressaltando que nestes momentos a experiência e o conhecimento do investidor anjo faz grande diferença para o empreendedor.

Há outras limitações que a lei define, sendo elas a distribuição de resultados para o investidor anjo é limitada a 50% do total por um prazo máximo de 5 anos, mas isto não é visto como um problema, entendendo que a participação do investidor normalmente será minoritária a 50% (Art. 61-A, §4, III e §6 da LCP 155/16).

Nos casos de resgate, que se aplica somente quando a empresa faz a recompra da participação do investidor, este deverá ficar no mínimo dois anos (Art. 61-A, §7 da LCP 155/2016), o que também não é um grande entrave, considerando ser uma situação rara, visto que a saída mais comum é a venda da participação para um terceiro, previsto em lei.

Nesse diapasão, cabe salientar os benefícios trazidos pela lei, onde estabelece o direito de venda conjunta da participação do investidor anjo em caso de venda da empresa, o conhecido como "tag along", que já é de previsão bastante comum nos contratos. Um outro grande benefício é o fato de o investimento anjo não mais desenquadrar a empresa investida no regime tributário simples nacional, ou seja, a empresa poderá usufruir dos benefícios desse regime, como impostos reduzidos e simplificação tributária. Nessa linha, vale dizer quanto a previsão de que o investimento anjo pode ser feito por holdings de participação, muito utilizadas por investidores anjo, aumentando o escopo de potenciais investidores.

Após um breve resumo da Lei Complementar será destacado agora alguns dos assuntos verificados acima.

Conforme o §4, art. 61-A da lei em questão o Investidor-anjo, pessoa física ou jurídica, não será de qualquer forma considerado sócio da empresa e nem terá direito de gerir ou de votar na administração (Art. 61-A, §4, I, da LCP 155/16). Como já visto, essa previsão define o nicho de atuação desse investidor devendo ser tratado como alguém "de fora" das decisões empresariais.

Essa medida garante uma maior segurança jurídica para os investidores, pois, não constituindo formalmente como sócios, não terão seus patrimônios afetados em caso de desconsideração da personalidade jurídica, recuperação judicial ou falência (Art. 61-A, §4, II, da LCP 155/16). Desta forma, o anjo não assume as responsabilidades nem arca com as consequências que um sócio tem dentro da empresa. Ocorre que atualmente muitos magistrados, sobretudo trabalhistas, tem o costume de incidir no patrimônio do Investidor-anjo para garantir alguma remuneração ao trabalhador. Essa legislação, contudo, coíbe tal prática, o que incentiva mais o mercado de investimentos, por conta da evidente diminuição de riscos.

Apesar da lei estimular o mercado e trazer maior segurança jurídica para os anjos, há quem discorde dessa previsão argumentando que isso deveria ser negociado entre as partes no "Contrato de Participação" celebrado entre o investidor e os sócios da empresa. Nessa linha, tendo como base o modelo norte americano, Luciano Velasque Rocha e Ricardo Ryohey L. Watanabe[1], argumentam que:

> Ao afastar do Investidor-anjo a possibilidade de se vincular à empresa como sócio ou de ter voto na administração da startup, o legislador se afastou do modelo norte-americano, no qual a perspectiva de participação societária é um grande atrativo desse modelo de negócios – basta lembrar que o controvertido investidor norte-americano Peter Thiel investiu US$ 500 mil no Facebook poucos meses após a incorporação

1. ROCHA, Luciano V; WATANABE, Ricardo Ryohei L. Disponível em: https://www.conjur.com.br/2016-nov-23/lei-investidor-anjo-alinha-brasil-tendencias-mundiais.

da companhia em troca de 10,2% de participação, hoje centenas de vezes mais valiosa que o investimento inicial.

Ademais, ainda com relação ao "Contrato de Participação" a lei prevê certas situações que possibilitam uma maior liberdade de atuação do investidor, minimizando seus riscos e maximizando suas opções de reverter seus investimentos em lucro ou em novos empreendimentos. É possível, por exemplo que se convencione com relação à transferência de titularidade do aporte a terceiro alheio à sociedade (Art. 61-A, §8 e §9 da LCP 155/16). Além disso, caso os sócios optem por vender a firma, o Investidor-anjo terá direito de preferência em sua aquisição, bem como direito a alienar a titularidade do seu aporte de capital, desde que em igualdade de condições com os que foram ofertados aos sócios do empreendimento (Art. 61-C da LCP 155/16).

Outro assunto a ser destacado e mais esclarecido é acerca do não desenquadramento do regime tributário Simples Nacional, isto ocorre porque o capital investido nesse regime não contabilizará como receita para fins de enquadramento da sociedade como microempresa ou empresa de pequeno porte (Art. 61-A, §5 da LCP 155/16) nem integrará o seu capital social (Art. 61-A, caput, da LCP 155/16). Em decorrência disso, as empresas não serão desenquadradas do simples nacional por causa do aporte de capitais provenientes do Investidor-anjo (Art. 61-B da LCP 155/16).

Por conseguinte, há um grande estímulo ao empreendedorismo a esse tipo de investimento, haja vista que existe um incentivo para aderir a um sistema "mais leve" de tributação além de alguns outros tributos serem calculados com base no capital social da empresa. Todavia, no caso em que seja necessário a empresa contratar determinados serviços financeiros, pode haver alguma dificuldade já que certas prestadoras exigem um valor mínimo de Capital Social como requisito do contrato. Com isso, pode-se ter uma falsa percepção da realidade já que o Capital Social é mantido em um valor baixo por não estar contido nele o valor do aporte do Investidor-anjo.

Ainda nos restam duas importantes observações acerca da lei complementar. Uma delas, cujo teor também beneficia o aumento desse tipo de investimento, é a previsão de que o Ministério da Fazenda pode criar incentivos fiscais para essa atividade, diminuindo a quantidade de tributo recolhido quando da retirada do aporte (Art. 61-A, §10 da LCP 155/16). A outra, todavia, é que, como se nota pela explicação de outros incisos, o Investimento-anjo só poderá ser feito em microempresas e empresas de pequeno porte (Art. 61-D da LCP 155/16). Tal artigo cerceia demais a atuação do investidor anjo já que, tal como supracitado, o limite de faturamento anual para uma firma ser considerada de pequeno porte é de no máximo 4,8 milhões. Esse cerceamento pode acabar por tornar a nova legislação um tanto quanto inócua, pois os investidores, ao se verem "presos" a esse faturamento máximo, podem optar por novas formas de aplicação de recursos que não o Investimento-anjo.

Nota-se que a Lei Complementar 155/2016 é positiva e pode contribuir para o desenvolvimento de um ambiente de negócios mais seguro para empreendedores e investidores. Porém, é preciso ressaltar que sendo uma lei nova, ainda não há decisões judiciais sobre as regras nela previstas e pode haver, em alguns casos, dúvidas sobre como a lei será interpretada.

Nessa linha, analisando o cenário atual foi possível identificar grande crescimento de investidores anjos no ano de 2018 segundo pesquisa realizada pela "Anjos do Brasil", associação que monitora e estimula o aporte de dinheiro de pequenos investidores, o crescimento ocorreu após a aprovação da Lei Complementar 155/2016, pois dá maior segurança jurídica ao investidor sendo positivo. No entanto, são necessários ajustes para incentivar ainda mais o setor de investimento anjo.

7.5. A IMPORTÂNCIA CONTRATUAL

A lei complementar traz importantes benefícios, mas é preciso estar atento na hora de definir os termos do contrato de participação, respeitando o que a lei exige e garantindo que as cláusulas expressem adequadamente a vontade das partes.

A finalidade de um contrato é garantir que as condições acordadas entre as partes sejam cumpridas, oferecendo segurança aos contratantes, de maneira especial em casos de descumprimentos que gerem uma rescisão. No momento em que uma das partes fica insatisfeita e decide mover uma ação judicial fazendo valer seus direitos, é que se vislumbra o real valor de se ter um contrato bem feito.

Os contratos possuem algumas condições para que seja válido, não se pode, por exemplo, contratar algo contrário a Lei, a vontade das partes tem como limite os termos da legislação pertinente à matéria, aos princípios da moral e da ordem pública e, deve haver sempre liberdade das partes na estipulação do que melhor lhes convenha, sendo anuláveis contratos formulados que beneficiem tão somente uma parte. É contratando por escrito que se tem a garantia do que foi combinado, pois é lá que se estabelecem cláusulas importantíssimas, via de regra sobre prazos de entrega, de pagamento, de espera, etc., forma de cumprimento da obrigação, e claro, os valores monetários estabelecidos no negócio.

Habitualmente como garantia as partes envolvidas, em contrato é firmado que o aporte financeiro será liberado em parcelas na medida em que o empreendimento cumpra, de forma verificável, as metas estabelecidas de comum acordo entre as partes nos prazos ajustados, conforme constar em cronograma contratual, esse acordo é comumente chamado de "cronograma de desembolso". Salienta-se que essa modalidade não necessariamente deixa o contrato estagnado, considerando ser possível à alteração das cláusulas contratuais, caso prevista essa possibilidade em contrato.

A forma de liberação das parcelas geralmente ocorre através da comprovação do atingimento de cada uma das metas. Sugere-se, que as metas sejam objetivas e simples sendo estabelecidos prazos para apresentação ao investidor do cumprimento de cada, para que após seja transferido o aporte financeiro.

Ainda nessa linha contratual, poderá ser previsto o direito de preferência e venda conjunta, caso os Sócios decidam pela venda da Sociedade, garantindo ao investidor anjo o direito de preferência na aquisição, bem como direito de venda conjunta da titularidade do aporte, nos mesmos termos e condições que forem ofertados aos Sócios.

Para concretização do negócio celebrado, os sócios representando a totalidade do capital social da Sociedade, assinarão as alterações necessárias dos documentos societários da Sociedade.

Importante destacar cláusula necessária que protege as informações e documentos sigilosos, pertinentes às operações, atividades, estratégias, produtos, serviços e tecnologias da empresa investida, onde podem ser consideradas informações confidenciais, todas e quaisquer informações, orais ou escritas, de natureza técnica, operacional, comercial ou jurídica, inclusive, se limitação, know-how, desenhos, especificações, banco de dados, diagramas, fórmulas, modelos, amostras, fluxogramas, croquis, fotografias, projetos, plantas, programas de computador, páginas eletrônicas, planos de negócio, estudos, pareceres, pesquisas, enfim, toda e qualquer informação que as partes disponibilizem umas às outras ou que tenham acesso. Pode-se incluir junto a esta cláusula a garantia entre as partes de não divulgarem as informações mesmo após a finalização da vigência do contrato.

Em pequena amostra já é possível perceber o quanto um contrato é importante na relação entre as partes, uma vez que este deverá ser bem elaborado contendo claramente os termos do negócio, evidenciando as obrigações e responsabilidades das partes em um documento formal, o contrato. Este instrumento é uma garantia, tanto para o proprietário do empreendimento quanto para o investidor anjo, de que o acordado será cumprido.

Capítulo 8

DESMISTIFICANDO O VESTING

Keila dos Santos
Alan Moreira Lopes

Atualmente muito se fala em contrato de *vesting* entre os empreendedores, sobretudo, no âmbito das *startups*. Contudo, a melhor terminologia não contempla a denominação "contrato de *vesting*" uma vez que ele não tem um fim e si mesmo, sendo mais acertado falar em mecanismos de *vesting* que possibilitam o direito brasileiro utilizá-lo buscando uma aplicação mais próxima do direito societário americano em que ele se originou, pois, foi nos Estados Unidos que o *vesting* surgiu como uma forma de alinhar os interesses das empresas com os seus funcionários dirigentes, os altos executivos.

O mecanismo mencionado acima é uma forma de resolver o que se convencionou chamar de "conflito de agência". Define-se por conflito de agência o confronto dos interesses dos acionistas ou quotistas de uma empresa com os de seus gestores. Pois, muitas vezes os acionistas ou quotistas estão mirando para um lado, quando na verdade os gestores contratados para administrar a empresa estão mirando para outro, o que caracteriza o mencionado conflito de agência e resulta em um *custo de agência.*

O custo de agência é definido como o custo decorrente do conflito de interesses mencionado acima. Em suma, nesse cenário, o *vesting* seria apto a alinhar os interesses dos principais funcionários da empresa com os dos acionistas ou quotistas, uma vez que os funcionários se tornam acionistas ou quotistas por meio desse mecanismo.

No Brasil, a aplicação deste mecanismo tem ocorrido com alguns objetivos diferentes daqueles buscados em sua origem. A forma como se fala sobre os mecanismos de *vesting* nem sempre tem muita precisão do ponto de vista jurídico que pode ser ocasionada por falta de conhecimento ou por falta de regulamentação própria, uma vez que, no Brasil não existe lei especial que regulamente estes mecanismos, sendo necessária a aplicação de todo o arcabouço jurídico vigente.

Ainda que a utilização destes mecanismos seja relativamente nova, os efeitos econômicos e estímulos ocasionados pelo *vesting* são muitos, mas devem ser tratados com cautela para não recair em prejuízos, sobretudo, no âmbito trabalhista ou societário, conforme será explicado no decorrer do capítulo.

Feitas estas considerações iniciais, afinal, o que é *vesting*? Para que serve? Quais são suas implicações legais?

Como dito, *Vesting* é uma soma de mecanismos que implicam no recebimento de quotas ou ações societárias por meio de mão de obra, com tempo determinado de início e término, aliado a um cronograma bem objetivo daquilo que tem que ser desempenhado, basicamente. As partes pactuam que haverá uma distribuição das ações ou quotas disponíveis em uma sociedade empresária, de maneira gradual e progressiva, levando em conta parâmetros especificados de produtividade. Isso quer dizer que determinados agentes terão direito a participações societárias levando em conta a observância de parâmetros especificados de produtividade no decurso do tempo. Funciona assim, simultaneamente, como uma forma de estímulo e investimento, já que o mesmo tende a ser diretamente proporcional ao empenho e dedicação pessoal de cada um, que será sócio e trabalhador no negócio.

A implementação do *vesting* tem como objetivo conhecer melhor o pretenso sócio ou caso seja funcionário, é uma forma de reter talentos dentro da empresa e para evitar o conflito de agência. As *startups* em geral não podem oferecer as mesmas condições financeiras de grandes concorrentes, consequentemente têm se tornado recorrente o oferecimento de aquisição futura de participação societária como moeda de troca.

Inúmeras *startups* deparam-se com o desafio de atrair e reter talentos profissionais altamente qualificados para o desenvolvimento de seus projetos, afinal, disputam a contratação destas pessoas com grandes empresas. Dessa forma, é possível pagar salários menores a ótimos profissionais, vez que eles receberão, em um futuro próximo, uma parte da empresa e, consequentemente, dividendos se essa obtiver sucesso.

Em breve resumo, no Brasil (diferente do modelo americano) o *vesting* tem sido definido pela troca de um percentual que será oferecido pelo contratante ao contratado em um período "x" de tempo e, ao longo desse período, o percentual vai sendo incorporado ao contratado.

Neste contexto, o profissional "investe" seu esforço na empresa e, em contrapartida, garante sua participação futura como sócio no negócio, desde que cumpra/se comprometa a cumprir/aceite algumas condições, como por exemplo: *stock option*, não concorrência e obrigação de sigilo. Um exemplo de mecanismo do *vesting* é o *stock option* – para melhor compreensão, o *stock option* é um contrato de opção de quotas/ações pelo qual uma pessoa física ou jurídica adquire um direito de vir a adquirir quotas/ações de uma sociedade no futuro, dependendo do cumprimento de determinadas condições pré-estabelecidas, ou seja, opção facilitada com preços pré-fixados para aquisição futura de ações da empresa. Neste sentido:

> STOCK OPTION PLAN. VINCULAÇÃO AO CONTRATO DE TRABALHO. ESPERA INDEFINIDA POR CRESCENTE VALORIZAÇÃO DAS AÇÕES DA EMPRESA. INEXISTÊNCIA DE DIREITO ADQUIRIDO. 1 – O SISTEMA DE STOCK OPTION PLAN SE VINCULA GENETICAMENTE AO CONTRATO DE TRABALHO, POIS O EXERCÍCIO DA OPÇÃO DO COMPRA ESTÁ JUNGIDO À PERMANÊNCIA DO EMPREGADO NA EMPRESA DURANTE O PRAZO DE CARÊNCIA, ACARRETANDO, VIA DE REGRA, POTENCIAL LUCRO AO TRABALHADOR. 2 – NÃO HÁ DIREITO ADQUIRIDO Á COMPRA DAS AÇÕES EMPRESARIAIS APÓS A DISSOLUÇÃO DO PACTO LABORAL, QUANDO A CLÁUSULA CONTRATUAL, EM QUE PREVISTO O DIREITO, PRESSUPÕE O EXERCÍCIO, DA OPÇÃO DE COMPRA DURANTE A PERSISTÊNCIA DO VÍNCULO EMPREGATICIO, HAVENDO O EMPREGADO

> PREFERIDO NÃO ADQUIRIR AS AÇÕES, QUANDO JÁ PODIA FAZÊ-LO, NA EXPECTATIVA DE UMA MAIOR VALORIZAÇÃO DOS TÍTULOS[1].
>
> ***
>
> STOCK OPTION PLANS. NATUREZA SALARIAL. Não se configura a natureza salarial da parcela quando a vantagem percebida está desvinculada da força de trabalho disponibilizada e se insere no poder deliberativo do empregado, não se visualizando as ofensas aos arts. 457 e 458 da CLT. Os arestos colacionados revelam-se inservíveis, nos termos da Súmula nº 296 do TST e do art. 896 da CLT. Recurso não conhecido." CONTRIBUIÇÕES PREVIDENCIÁRIAS: QUESTÕES ATUAIS E POLÊMICAS da Súmula nº 296 do TST e do art. 896 da CLT. Recurso não conhecido[2].
>
> ***
>
> Stock option plan. Natureza comercial. O exercício da opção de compra de ações pelo empregado envolve riscos, pois ele tanto poderá ganhar como perder na operação. Trata-se, portanto, de operação financeira no mercado de ações e não de salário. Não há pagamento pelo empregador ao empregado em decorrência da prestação de serviços, mas risco do negócio. Logo, não pode ser considerada salarial a prestação[3].

Portanto, para que seja válido, esse direito deve ser formalizado em um contrato de opções de compra, documento em que deverão constar todas as condições, prazos, valores, metas, sigilo, não concorrência, consequências societárias em caso de falecimento e demais detalhes da relação.

Para o momento em que não há capital suficiente para trazer profissionais diferenciados, o *vesting* é uma ótima opção. Todavia, uma vez recebido o percentual da empresa e alterado o contrato social o novo sócio torna-se dono do negócio o que oferece margem para possíveis desentendimentos e diferenças de visão de negócio.

---

1. TRT1 - Alexandre Teixeira de Freitas Bastos Cunha. Recurso ordinário - 1.311.003.320.055.010.040.
2. TST00, RR nº 3.273/1998, Rel. Min. Barros Levenhagen, DJ de 31/03/2006.
3. TRT2, RO nº 2001.0255561, de 18/03/2003.

No Brasil, apenas a legislação das Sociedades Anônimas prevê as *stock options*. Por esse motivo a maneira mais segura é que as empresas se transformem primeiro sem sociedades anônimas para que depois possam ser exercidas as opções de compra, além de ser necessária a previsão no estatuto social da empresa e o contrato deve ser previamente aprovado pela assembleia geral, observe-se:

> Afirma o reclamante, na petição inicial, que a reclamada concedeu-lhe opção de compra de ações, dado seu desempenho. Sustenta que possuía cinco títulos, sem opção de compra concretizada. Diz que a opção de compra pode ser exercida após cinco anos do recebimento do benefício. Acrescenta que a reclamada nega aos empregados demitidos por suposto "desempenho insuficiente" o exercício do direito de opção de compra de ações. Enfatiza que o benefício é concedido anualmente, tendo como parâmetro o desempenho do empregado no ano anterior. Entende que a demandada não pode impedir que o reclamante usufrua direito já agregado ao seu patrimônio jurídico, por entender que no momento da demissão, o reclamante obteve desempenho insatisfatório. Repisa que o direito à opção de compra de ações é benefício concedido pelo desempenho no ano anterior à concessão. Quer, em suma, seja garantido o exercício do direito de opção de compra de ações, no prazo e termos regulamentados pelo PDV/PDI ou, sucessivamente, no prazo de 05 anos do recebimento, conforme estabelecido quando da concessão do benefício. Em contestação, a reclamada diz que o autor jamais recebeu ações e sim "opções de compra de ações", ou seja, oportunidade de o funcionário comprar ações da empresa no futuro, por um preço fixo cotado na Bolsa de Valores de Nova Iorque. Diz que o plano nunca esteve atrelado a qualquer desempenho individual, possuindo sempre caráter global, detendo o reclamante mera expectativa de direito ao exercício das opções de compra recebidas. Reforça que as opções de compra só poderiam ser exercidas após transcorrido um período de carência de cinco anos, contados da data de concessão. Diz que somente em 24.02.2003, 23.02.2004, 22.02.2005 e 02.03.2006 é que o autor faria jus ao direito de exercer a opção de compra de ações, sendo que ao ser demitido ainda não havia expirado o período de carência. Esclarece que as

únicas situações que autorizariam ao obreiro exercitar seu direito de opção antes de vencido o período de carência seriam a concessão de aposentadoria ou a desvinculação da reclamada por extinção de seu cargo, falta de trabalho ou alienação de parte da empresa em que ele estivesse alocado, hipóteses de que não se cogita, na espécie. A decisão de origem indeferiu o postulado. Nas razões recursais, o reclamante sustenta que não se trata de expectativa de direito e sim de direito futuro. Diz que pretende a garantia de direito já incorporado ao seu contrato de trabalho, que independe de qualquer fator ulterior. Argumenta que não se pode confundir a existência e manutenção de direito, com sua exigibilidade, já que o direito incorporado só será exigível após o cumprimento da carência, não se podendo cogitar, entretanto, que tal lapso temporal possua o condão de condicionar a implementação do direito. Diz, por fim, que o direito à compra de ações foi liberado para todos os colegas demitidos no curso do seu aviso prévio, conforme documento da fl. 554. Sem razão o reclamante. O Guia de Opções de Compra de Ações da Merck & Co., documento nº 76 (volumes de documentos apartados), esclarece a questão. Consta no referido guia que a partir da data em que recebido o direito às ações, o empregado "terá um prazo de cinco anos para, efetivamente, Exercer a Opção de Compra". Explica o guia, ainda, que "Exercer a Opção de Compra: é o momento a partir do qual você pode negociar as ações da forma que lhe for mais conveniente. Isto ocorre, geralmente, cinco anos após você receber o direito às ações". Na fl. 10 do guia consta a explicação de conceitos básicos, imprescindíveis para o deslinde da questão, a saber: "A. **Data de Concessão (Grant Date)** É quando você adquire o direito de comprar as ações ao preço fixado no mercado do dia. (...) B. **Período de Carência (Vesting Period)** Período de espera, geralmente cinco anos a partir da data de concessão, durante o qual você não pode exercer suas Opções de Compra de Ações. C. **Data de Efetivação (Vesting Date)** Primeiro dia a partir do qual você poderá exercer suas Opções de Compra de Ações. D. **Período de Exercício (Exercise Period)** Período de tempo durante o qual você poderá exercer as Opções de Compra de Ações. Esse período dura cinco anos a partir da data de efetivação. E. **Data de Expiração (Expiration Date)** Data-limite para o exercício das opções. Ocorre dez anos após a data de concessão e cinco da data de efetivação." Finalmente, na fl. 32, o guia esclarece o que acontece com as opções de compras de ações em caso de desligamento da empresa, estabelecendo que em caso de dispensa sem justa causa "As ações que na data da dispensa forem efetivas poderão ser exercidas até 3 meses depois da rescisão, limitadas à data da expiração". (grifamos). Comunga-se, pois, do entendimento do Juízo "a quo", vez que, efetivamente, o programa constitui mera expectativa de opção de compra de ações, pelo valor da data de concessão, a ser exercitada cinco anos após a concessão. O programa criado pela demandada possibilita ao empregado comprar as ações em data futura, no caso, cinco anos a partir da data da concessão da opção de compra de ações, desde que respeitados determinados requisitos, como período de carência e período de exercício. É incontroverso, nos autos, que somente em 24.02.2003, 23.02.2004, 22.02.2005 e 02.03.2006 as opções de compra de ações poderiam ser negociadas, ou seja, somente decorrido o período de carência as opções de compra de ações seriam exercidas, se tornariam efetivas. Finalmente, a reclamada assegurava ao empregado despedido sem justa causa, o direito a exercer as ações efetivas na data da dispensa até 3 meses depois da rescisão, limitadas à data da expiração. O autor foi despedido em 02.08.2001, não tendo, portanto, implementado condição à aquisição do direito de exercer sua opção. Não há, portanto, amparo à sua pretensão. Não mais existindo o vínculo de emprego, teria o autor resguardado por três meses o direito de exercer as opções de compra de ações efetivas na data da dispensa. Repise-se, no caso dos autos, as opções de compra de ações não eram, à época da dispensa, efetivas, não tendo decorrido o prazo de carência. Afastam-se, por fim, os demais argumentos expendidos nas razões recursais de aplicação das regras favoráveis estabelecidas no documento da fl. 553, às quais, como mencionado no item "02", supra, não foram estendidas ao reclamante. Nega-se provimento ao apelo, no tópico[4]. **(grifamos)**

***

4. Acordão do processo 0130900-23.2001.5.04.0027(RO) Data: 22/07/2004 Origem: 27ª Vara do Trabalho de Porto Alegre Órgão julgador: 8a. Turma

> Stock option plan. Natureza comercial. O exercício da opção de compra de ações pelo empregado envolve riscos, pois ele tanto poderá ganhar como perder na operação. Tratase, portanto, de operação financeira no mercado de ações e não de salário. Não há pagamento pelo empregador ao empregado em decorrência da prestação de serviços, mas risco do negócio. Logo, não pode ser considerada salarial a prestação. (TRT 2ªR, ª T, RO 2001025561, AC.20030145141, Rel. SÉRGIO PINTO MARTINS, .08/04/2003)

Mesmo sem regras específicas para as empresas de responsabilidades limitadas, na prática é notória a aceitação das *stock options*, desde que o contrato social tenha a previsão da sociedade ser regida supletivamente pela Lei das Sociedades Anônimas. Para viabilizar projetos que necessitem de muito capital ou trabalho a sociedade é uma boa alternativa. Muito embora os mecanismos de *vesting* sejam uma boa alternativa para muitos negócios, há algumas preocupações no âmbito societário e trabalhista.

Existem dois tópicos relevantes para realidade do empreendedorismo no Brasil: a importância de um baixo custo operacional e a necessidade de que a equipe desenvolva o sentimento de dono do negócio. Nesse contexto, o empreendedor se vê em situação delicada quando precisa trazer pessoas qualificadas, mas não pode remunerá-las com salário atraente e também não conhece o perfil do profissional para saber se se encaixará na cultura da empresa.

Diante do exposto, resta clara a necessidade de que o início das atividades de qualquer empresa contemple diferentes situações, além das formalizações legais, para evitar ao máximo problemas societários ou trabalhistas. No âmbito societário, se costuma falar que sociedade empresarial é mais complicada do que sociedade conjugal. Isto porque, nem sempre as pessoas conhecem a fundo os seus pretensos sócios e firmam as tratativas previamente, o que pode implicar em algumas preocupações:

- ✓ Divergências de opiniões;
- ✓ Falta de dedicação e comunicação clara;

Redator: Ana Luiza Heineck Kruse Participam: Carlos Alberto Robinson, Maria Helena Mallmann.

- ✓ Falta de resultados;
- ✓ Conflito de interesses;
- ✓ Desentendimentos na divisão de lucros;
- ✓ Problemas pessoais;
- ✓ Má distribuição de tarefas;
- ✓ Condução emocional e pouco profissional do negócio;

Neste sentido, vejamos:

> PODER JUDICIÁRIO TRIBUNAL DE JUSTIÇA DO ESTADO DE SÃO PAULO Registro: 2012.0000069053 ACÓRDÃO Vistos, relatados e discutidos estes autos do Apelação nº 9101515- 81.2007.8.26.0000, da Comarca de São Paulo, em que são apelantes SISCONETO ADVOGADOS ASSOCIADOS S/C, FLAVIO ALEXANDRE SISCONETO e ANA MARIA FARO SISCONETO sendo apelados ANA MARIA FARO SISCONETO e SISCONETO ADVOGADOS ASSOCIADOS S/C. ACORDAM, em 9ª Câmara de Direito Privado do Tribunal de Justiça de São Paulo, proferir a seguinte decisão: "Negaram provimento ao recurso. V. U.", de conformidade com o voto do Relator, que integra este acórdão. O julgamento teve a participação dos Exmo. Desembargadores GALDINO TOLEDO JÚNIOR (Presidente sem voto), GRAVA BRAZIL E PIVA RODRIGUES. São Paulo, 28 de fevereiro de 2012. JOSÉ LUIZ GAVIÃO DE ALMEIDA RELATOR ASSINATURA ELETRÔNICAPODER JUDICIÁRIO TRIBUNAL DE JUSTIÇA DO ESTADO DE SÃO PAULO Apelação Nº 9101515-81.2007.8.26.0000 São Paulo Apelantes: Sisconeto Advogados Associados S/c, Flavio Alexandre Sisconeto e Ana Maria Faro Sisconeto Apelados: Ana Maria Faro Sisconeto e Sisconeto Advogados Associados S/c VOTO Nº 21167 **Exclusão de sócio Insuportável convivência** – A inicial ao pedir a exclusão de um sócio onde só existem dois está postulando extinção de sociedade – **Rompimento da affectio societatis** Recurso improvido. Sisconeto Advogados Associados S/C e Flávio Alexandre Sisconeto ajuizaram ação de exclusão de sócio ante Ana Maria Faro Sisconeto, **alegando**

ausência de affectio societatis, tumulto e perturbações ao trabalho, causados pela ré, colocando o escritório autor em estado de caos. Como fundamento de direito, invocou a inicial o artigo 1030 do Código Civil e artigo 339 Código Comercial. Foi pedida a antecipação de tutela, que veio a ser indeferida (fls.92), provocando apresentação de embargos de declaração (fls. 94), indeferido (fls.98). Contestação às fls. 107/118 aduzindo que detém 50% das cotas sociais e narrando várias passagens do conflito entre os dois sócios. Réplica às fls. 135/148 descrevendo outras cenas do conflito entre os dois sócios. Nova manifestação do autor às fls. 170. Restou frustrada a tentativa de conciliação (fls.196). Prova verbal apresentada às fls. 259/265. Alegações finais às fls. 272 e fls. 286. Sentença às fls. 295 decretando a dissolução da sociedade. Embargos de declaração às fls. 298 e às fls. 303, desacolhidos às fls. 301 e fls. 308. Apelação – nº 9101515-81.2007.8.26.0000 – São Paulo 2PODER JUDICIÁRIO TRIBUNAL DE JUSTIÇA DO ESTADO DE SÃO PAULO Apelação dos autores às fls. 311 e da ré às fls. 334. Contrarrazões, dos autores, às fls. 356 e da ré às fls. 378. É o relatório. Trata-se de lide entre os sócios de sociedade de só dois sócios. **Os fatos narrados revelam a insuportável convivência.** O sócio varão, em seu nome e, equivocadamente, em nome da sociedade, pediu a exclusão da parceira. Esta contestou confirmando um quadro de agressividade insuperável entre os dois sócios. A r. sentença, com acerto, deu solução ante a briga dos sócios, ante o quando de ofensas recíprocas entre advogados em uma mesma sala de trabalho. Houve interpretação dos fatos e dissolução da sociedade. Recorre o autor, forte no artigo 1030 CC, em favor da subsistência da sociedade e ele como o único integrante. A ré também manifestou inconformismo. Quer anular a sentença argüindo vício de "ultra petita", face o decreto de dissolução de sociedade. O invocado artigo 1030 CC prevê exclusão de sócio, mas "mediante iniciativa da maioria dos demais sócios". O caso sub-examine é de sociedade de só dois sócios (fls.33). Inaplicável é o invocado preceito à espécie sub-examine, por ausente composição de "maioria". Não houve julgamento "ultra petita", porque a inicial ao pedir a exclusão de um sócio onde só existem dois está

> postulando extinção de sociedade. Na formação de sociedade há união para alcance de objetivos comuns. E tratando-se de sociedade de pessoas é essencial a "affectio societatis". Quando se rompe este elemento se faz o caminho de volta, de rompimento do contrato social. O caso sub-examine é de sociedade de pessoas, com rompimento da affectio societatis. E como é comum, surgem contornos dramáticos, Apelação – nº 9101515-81.2007.8.26.0000 – São Paulo 3PODER JUDICIÁRIO TRIBUNAL DE JUSTIÇA DO ESTADO DE SÃO PAULO como se lê das petições das partes. A existência de sociedade pressupõe a existência de mais de uma pessoa (artigo 981 do Código Civil). Não tem ela vida natural, atividade psíquica própria. Tem personalidade jurídica e autonomia patrimonial. É uma realidade abstrata formada pelas pessoas dos sócios, no mínimo por dois (artigo 981 do CC). Uma só pessoa não é sociedade, salvo as hipóteses do artigo 1033, V, do Código Civil e do artigo 206, I, da Lei 6404/76, não adequados à lide dos autos. **Em síntese, a r. sentença recorrida bem apreciou os fatos e as postulações dos autos, solucionando o conflito dos sócios pela forma cabível, extinguindo a incompatibilidade da vida social.** O inteligente julgado merece se mantido. Dessarte nega-se provimento ao recurso. JOSE LUIZ GAVIÃO DE ALMEIDA RELATOR ASSINATURA ELETRÔNICA Apelação – nº 9101515-81.2007.8.26.0000 – São Paulo 4 (Acórdão TJSP A-9101515-81.2007.8.26.0000) **(grifamos)**

Nesta seara, o *vesting* tem se mostrado uma opção para as *Startups*, uma vez que permite, que os pretensos sócios tenham tempo de conhecer o trabalho individual de cada um. Isso vale tanto para sócios quanto para funcionários, mas a estruturação dessas operações é um ponto muito delicada.

Outra preocupação que salientamos é que a estrutura errada pode fazer com que o vesting para funcionários seja considerado uma remuneração salarial, e com isso a startup, em vez de ganhar um funcionário aliado, ganha uma contingência trabalhista e previdenciária enorme, com reflexos financeiros que podem chegar a inviabilizar a execução do negócio. Isto porque, a legislação trabalhista adverte que aquele que possuir subordinação, pessoalidade, onerosidade e não eventualidade caracteriza empregado, desde que ocorram simultaneamente e de forma cumulativa.

Neste sentido, os tribunais brasileiros têm se manifestado no sentido de condenar as empresas que firmam contrato de *vesting* para fraudar a justiça do trabalho e não pagar os benefícios trabalhistas dos seus empregados, consubstanciados em uma porcentagem ínfima da cota societária. Acima de tudo, a implementação de um programa de vesting deve ter como premissa a estabilidade das regras somada a uma orientação profissional de um advogado.

Capítulo 9

SEGURANÇA DA INFORMAÇÃO

Erik Guimarães da Silva

Hoje em dia, se preocupar com a gestão da segurança da informação tem se tornado cada vez mais fundamental e crítico para o sucesso de qualquer negócio. Um gestor precisa considerar um processo sistemático, ligado a políticas de segurança com o propósito de proteger suas informações de perigos, ameaças e riscos tão reais e rotineiros.

É recomendado para negócios inovadores uma atenção voltada tanto para o controle da qualidade e das finanças, quanto para o controle, ou gestão, da segurança da informação. Administrando acordos contratuais, papéis e responsabilidades, classificação das informações, controle de acesso, backups, entre outros.[1]

Sabemos que existe um cenário real que é caracterizado pelos recursos limitados, porém é necessário que uma organização, um projeto, um empreendimento, adote uma abordagem de gestão que seja abrangente e integrada para atender às necessidades de segurança da maneira correta e no momento exato.

Você sabia que milhões de pessoas são afetadas por cibercrimes e que bilhões de dólares são perdidos em prejuízos de crimes virtuais todos os anos? Observe alguns dados 2018:[2]

---

1. LAI, KH.L. (2017) "Implementing the Quality Startup Management System model in Hong Kong: a case study".
2. SYMANTEC CORPORATION. (2019). 2018 Norton LifeLock Cyber Safety Insights Report. (https://www.nortonlifelock.com/about/newsroom/press-kits/2018-norton-lifelock-cyber-safety-insights-report).

- Mais de 70 milhões de brasileiros foram atingidos por cibercrimes, no mundo mais de 867 milhões;
- 38% das pessoas tiveram prejuízo financeiro, no Brasil foram 42%;
- A média de tempo para resolverem estes problemas foi de 6 horas, no Brasil 26% levaram mais de uma semana ou não conseguiram resolver.

A mesma pesquisa acima, aponta que de cada 10 pessoas, 6 acreditam que irão sofrer ataques novamente no futuro e 8 desejam fazer mais para proteger sua privacidade, mas 5 não sabem como se proteger mais.

Isto nos leva a refletir sobre quais são as melhores abordagens para prevenir problemas de segurança. Definindo requisitos, políticas, procedimentos e padrões a serem executados sistemática e continuamente.

Inevitavelmente, é necessário trabalhar em um programa de conscientização e capacitação para toda a equipe que lida, ou não, com informações sigilosas, considerando que toda a informação organizacional tem valor.

Mas é possível se acalmar diante dos dados que vimos, uma vez que para a maioria das dores, há remédios suficientes, viáveis e acessíveis. E é nessa perspectiva que avançaremos neste capítulo, entendendo que existem muitas ações, não somente de confronto, mas também, preventivas.

9.1. POR QUE CUIDAR DA INFORMAÇÃO?

Além do que vimos acima, existem diversos outros motivos que devem nos levar ao interesse e preocupação pelo cuidado com a informação. Abaixo, algumas (de muitas outras) razões para sabermos por que a segurança da informação é importante para todas as pessoas envolvidas, sejam empreendedores, investidores, funcionários, fornecedores, clientes ou qualquer outro papel participante do negócio. Estes itens não estão ordenados por relevância, e não são exaustivos. Porém são úteis neste passo para auxiliar a construção de um panorama:[3]

---

3. The Information Security Dictionary. The International Series in Engineering and Computer Science (2004).

a) Qualquer pessoa tem inimigos: Qualquer empresa tem concorrentes, competidores, rivais. Nações possuem inimigos e qualquer pessoa pode ter vizinhos insatisfeitos ou invejosos. Às vezes os inimigos atacam o nome, outras vezes a intenção é prejudicar o negócio ou levar vantagem no seu lugar. Esquecer disso pode conduzir a um risco ignorado;
b) Todo inimigo tem uma força: O quadro global mostra que os ataques cibernéticos estão mais bem financiados e mais inteligentes do que muito se estimou. Se subestimarmos qualquer inimigo, acreditando que ele seja muito fraco, ou que sejamos muitos fortes, de modo que não nos atentemos para nossas defesas, nossas decisões serão ignorantes e negligentes;
c) Mesmo com tecnologia somos vulneráveis: Imagine os seguintes cenários, uma infraestrutura de TI crítica, software vulnerável e backup de dados esquecido. Estes quadros podem trazer grande perigo de ataque de informação bem-sucedido, além de perdas incontáveis de horas de trabalho para correr atrás do prejuízo;
d) Os ataques vêm pelas brechas: As brechas são os pontos de vulnerabilidade, aonde um ataque explora as fraquezas e obtém sucesso. Uma senha mal construída, o acesso à uma rede insegura ou um software malicioso instalado inocentemente, podem ser os canais para um grande prejuízo;
e) A dependência intensifica o problema: No caso a interdependência tecnológica aumenta o problema para nós. Uma vez que precisamos indispensavelmente dos recursos tecnológicos para dar continuidade à produção, necessitamos que eles estejam disponíveis e funcionando corretamente.

Assim, antes de prosseguirmos com a reflexão sobre o que fazer diante das necessidades e perigos que já vimos até aqui, é importante entendermos de fato sobre que informação é essa que estamos falando.

9.2. DE QUAL INFORMAÇÃO ESTAMOS FALANDO?

Para entender o que é informação, é importante dar atenção tanto no aspecto da comunicação quanto no conteúdo[4]. Contudo,

4. Astakhova, L.V. (2014) "The concept of the information-security culture".

nosso propósito é explorar, e não simplesmente explicar o termo "segurança".

A segurança é algo instintivo, qualquer ser humano está interessado em garantir sua própria segurança, defendendo também o que tem consigo. Resumidamente, segurança é proteger o que você ou outra pessoa tem. Falamos então da segurança pessoal, empresarial, de ativos ou de informações, além de tantas outras coisas. Fica claro que isto se aplica no âmbito pessoal, mas também organizacional, governamental, departamental, independentemente do tamanho ou função.[5]

Cabe a nós o olhar de atenção para aquilo que temos de valor, é fundamental atentar para a segurança não somente de ativos físicos, mas também de ativos não físicos. Estamos falando de ativos que carregam dados confidenciais, propriedade intelectual, dados de alto investimento, além de mencionar a segurança de clientes ou usuários ao usufruírem nossos serviços. A ameaça a estes itens aumenta com o crescimento do uso de recursos tecnológicos como dispositivos móveis, e de outros fatores como funcionários insatisfeitos em busca de vingança ou de oportunidade de faturar.[5]

Embora possamos dizer que a informação é um bem, é importante saber que nem todas as informações possuem o mesmo valor para um negócio. Isto quer dizer que o empenho em proteger informações não precisa ser necessariamente o mesmo para todas. É por isso que uma classificação de informações internas é importante, pois ela irá indicar como proteger cada uma das suas informações.[6]

Para classificar informações é preciso considerar requisitos legais, valor, criticidade, critérios de exposição, critérios de alteração. A combinação dos critérios de compartilhamento com os requisitos legais, apontam para as classificações e para o gerenciamento de proteção e acesso. É possível que cada responsável pelas informações classifique as informações. Essa classificação vai indicar o valor da

5. Rao U.H., Nayak U. (2014) "Introduction to Security". In: The InfoSec Handbook.

6. RFC3114, W.Nicolls (2002). Network Working Group (https://tools.ietf.org/html/rfc3114).

informação conforme os critérios estabelecidos, e deve ser atualizada conforme as mudanças nos critérios ao longo do ciclo de vida.[7]

Em termos legais, informação é tudo aquilo que pode ser comunicado de forma pública ou privada. Ao estabelecer um compromisso de informação privada pode criar uma repercussão nas partes envolvidas conforme a natureza da informação, como impacto na reputação, nas finanças, entre outras. Neste caso, não se pode esquecer que todas as formas de tecnologia, quer sejam portais web, cartões etc., estão sob ataque, muitas vezes intencionalmente, mas também acidentalmente.[5]

9.3. ASPECTOS DA SEGURANÇA DA INFORMAÇÃO

Para compreender de forma simples e objetiva a Segurança da Informação, podemos observar um modelo que especifica características fundamentais dos recursos de informação. É a tríade CIA, composta por confidencialidade, integridade e disponibilidade.

As definições tradicionais sobre confidencialidade, integridade e disponibilidade vêm do NIST[8] e são as mais conhecidas e adotadas. Porém muitas organizações adotaram variações destes conceitos. A seguir veremos mais detalhadamente do que se tratam estes itens da tríade CIA.[9]

9.3.1. Confidencialidade

Certas informações são privadas, delicadas ou simplesmente precisam ter o acesso restrito por conta de sua natureza, a fim de não comprometerem estratégias, oportunidades, propriedade intelectual, privacidade etc. Isto quer dizer que esta informação é *confidencial*, e necessita de proteção e restrições adequadas. Vamos considerar alguns cenários para entendermos claramente:

---

7. ISA/IEC 62443 (2009). IACS Cybersecurity.
8. National Institute of Standards and Technology U.S. (NIST) do U.S. Department of Commerce.
9. Rao U.H., Nayak U. (2014) "Key Concepts and Principles". In: The InfoSec Handbook.

- Ao estabelecer uma certa estratégia de negócios, você está pronto para disparar frente ao concorrente, quando alguém com cargo de alta confiança deixa a empresa e vaza a informação;
- Com uma ideia inovadora você quer patentear. Mas alguém repassa a ideia que é patenteada por outro;
- Certas informações de paciente e registros médicos foram feitos públicos;
- Algo indica que uma das senhas administrativas está comprometida, o que pode ter permitido o roubo de dados confidenciais.

O NIST descreve confidencialidade como a "preservação das restrições autorizadas no acesso e divulgação de informações, incluindo meios para proteger privacidade pessoal e informações proprietárias" (NIST IR 7621r1).[10]

A ISO/IEC 27000:2014 define confidencialidade como "propriedade de que as informações não são disponibilizadas ou divulgadas a indivíduos, entidades ou processos não autorizados".[11]

Assim, confidencialidade fala de pensar sobre quem pode acessar determinada informação e agir preventivamente diante disso restringindo acesso e exposição. Sempre é importante responder sobre quem pode acessar o que e quem pode compartilhar o que.

9.3.2. Integridade

O valor devido da informação está expresso na utilidade e confiabilidade, ou seja, se esta for precisa e não alterada pelas motivações do remetente. O cuidado com a integridade é feito

10. NATIONAL INSTITUTE OF STANDARDS AND TECHNOLOGY. (2016). "Interagency Report 7621 Revision 1: Small Business Information Security: The Fundamentals" (https://doi.org/10.6028/NIST.IR.7621r1).

11. INTERNATIONAL ORGANIZATION FOR STANDARDIZATION (2014). ISO/IEC 27000:2014 – "Information technology – Security techniques – Information security management systems – Overview and vocabular". (http://standards.iso.org/ittf/PubliclyAvailableStandards/c063411_ISO_IEC_27000_2014.zip).

com proteção devida via autenticação, protocolos de envio e configuração de segurança de sistemas. Novamente, vamos visualizar alguns cenários:

- Chega até você um material, supostamente da empresa de um cliente, que poderia dar prioridades para certo fornecedor. Porém a informação não havia vindo de um cliente, mas de um fornecedor;
- Você identificou informações estratégicas no relatório mensal, mas dados adulterados de levam à uma decisão equivocada;
- Informações sobre o concorrente te dão uma perspectiva de ação, mas a fonte de transmissão não era confiável;

O NIST descreve integridade como "proteger contra a modificação ou destruição imprópria da informação, e inclui a garantia de não repúdio e autenticidade da informação" (NIST IR 7621r1).

9.3.3. Disponibilidade

Nossas informações são armazenadas na nuvem, em bancos de dados, em sistemas, em unidades de armazenamento etc. E sabemos que oportunidades podem ser perdidas em um instante, tão rápido quanto se espera de algumas tomadas de decisões. Isto porque a disponibilidade da informação é fundamental para estes e outros contextos. Mais uma vez, imagine alguns cenários:

- É necessário enviar uma nota importante para um cliente, quando você percebe que seu e-mail ou internet não estão respondendo;
- Para finalizar uma atividade você precisa de um conjunto de documentos, estes estão em um banco de dados específico que está desativado por motivos técnicos;
- Você precisa realizar uma importante solicitação utilizando um sistema que não está respondendo no momento.

O NIST descreve disponibilidade como "garantir o acesso oportuno e confiável e a utilização das informações" (NIST IR 7621r1). A ISO/IEC 27000:2014 define disponibilidade como "propriedade de ser acessível e utilizável mediante demanda por parte de uma entidade autorizada".

Ou seja, a disponibilidade da informação é crucial para o negócio, pois afeta diretamente tomadas de decisões. Questões que precisam ser respondidas urgentemente exigem que a informação esteja disponível. É muito comum que um ataque tenha a intensão apenas de deixar suas informações indisponíveis temporariamente, o que já afetaria bastante o negócio.

IMPORTANTE!

Observamos que os aspectos fundamentais da segurança não dizem respeito apenas à riscos de ataques, como muito se imagina em alguns casos. Para assegurar que a segurança da informação seja completa, estes três fundamentos precisam ser verificados e garantidos. Ao se preocupar com a informação não se pode escolher um destes aspectos, enfatizando um em detrimento de outro, isto pode conduzir à um prejuízo organizacional.

9.4. PESSOAS, PROCESSOS E TECNOLOGIA

Aqui podemos passar a falar sobre os pilares da segurança da informação. Afinal, após entender de qual informação estamos falando e quais são os aspectos que a tornam segura, podemos refletir sobre os pilares que formam o cuidado com a segurança da informação.

Nós precisamos concordar em algo, que a tecnologia de segurança não é tudo, como muito se acredita, quando o assunto é proteger os dados. É claro que firewalls, sistemas de detecção ou prevenção de intrusão, antivírus, ferramentas de gerenciamento de ativos e muito mais, são muito importantes para uma organização diante do desafio de melhorar sua segurança. Todavia, ainda continuamos expostos a cada dia, mesmo que os recursos tecnológicos continuem a crescer.

Nossa saída para esta questão não é apenas atacarmos os problemas de segurança com recursos tecnológicos ou ferramentas, mas é aperfeiçoar os quesitos que envolvem pessoas e processos com as tecnologias que dispomos. Esta é a estratégia de sucesso para aperfeiçoar a postura de uma empresa e reduzir sua exposição diante de ameaças de segurança.[12] Aqui não queremos descartar ou diminuir a importância de recursos tecnológicos, o objetivo é destacar aspectos importantes que serão complementados com tecnologia.

É fato que a ameaça contra vírus, por exemplo, em uma organização pode ser reduzida se os funcionários forem instruídos sobre o assunto. Se eles assimilarem algumas práticas para lidar com estes riscos no uso do e-mail e entenderem os riscos que correm será um bom passo para essa formação, que pode ser feita através de boletins, webinars ou conteúdo na intranet. Complementarmente, podem ser fornecidos relatos de outras organizações que sofreram danos por ataques com vírus via e-mail. Pronto! Entendimento básico sobre vírus, o que evitar no uso do e-mail e o que fazer diante de um vírus, estes itens fazem com que uma pessoa tenha grandes chances de sucesso diante de um vírus, economizando tempo e dinheiro da organização. Este é um simples exemplo da combinação poderosa de tecnologia, pessoas e processos, que devem estar em constante atualização.

9.4.1. Pessoas

Atualmente muitas organizações inclinam-se para investir pouco em conscientização e treinamento sobre segurança, apostando muito mais em recursos tecnológicos na esperança de que estes irão resolver todos os seus problemas de segurança. Enquanto que o investimento em pessoas poderia tornar dispensável alguns investimentos tecnológicos. Infelizmente ao que parece, esse tipo de treinamento está inserido, quando muito, com pouca atenção nos processos de integração de funcionários. Quando se distribui mal os recursos para investir em segurança o resultado é que a conscientização e treinamento em segurança são deixados de lado para se investir em recursos tecnológicos.[11]

A melhor abordagem é usar pessoas para aperfeiçoar a segurança. Uma vez que elas estão entendendo o que deve ser feito para se protegerem, elas provavelmente irão tomar as atitudes necessárias em favor da segurança, seguindo políticas e procedimentos em que foram treinadas.

---

12. Information security management handbook (2006).

Só há segurança da informação com pessoas. Este pilar pode ser o mais forte, mas também pode ser o mais fraco caso a consciência não seja trabalhada ou se houverem motivações perversas. Sendo assim, para que a segurança seja forte é necessário conscientização, vigilância e envolvimento cada vez maior de pessoas.[8]

9.4.2. Processos

Um processo pode ser considerado o conjunto de políticas, procedimentos e diretrizes desenvolvidos para assegurar que um certo gerenciamento seja adotado e seguido regularmente, e muitas vezes os processos também são negligenciados.

Uma política geralmente é um documento de alto nível que define as metas e os requisitos de alto nível que devem ser implementados para cumprir a política. Uma política pode existir em mais de um nível dentro da organização. Geralmente, uma política geral da organização aborda os objetivos gerais da alta administração em relação à segurança da informação. Políticas de nível mais baixo são criadas por departamentos ou unidades para suportar os objetivos da política geral de segurança organizacional.[11]

Um exemplo de política de gerenciamento poderia ser o de gerenciamento de atualizações do software, visando proteger certas vulnerabilidades. Em nível mais alto a política é a de seguir o gerenciamento de atualizações, e em um nível mais baixo uma política elaborada pelo setor de segurança de sistemas estabelecendo esta política para um fim específico.[11]

As políticas são suportadas pelos procedimentos, um tipo de documento mais detalhado que aborda as etapas da execução de uma tarefa. No exemplo de gerenciamento de atualizações de software, teríamos um procedimento de gerenciamento de software. Com um documento que aponta as etapas, papéis e responsabilidades dos envolvidos, além do método de execução da tarefa.

Ao estabelecer uma política é importante certificar-se que ela é viável. Nada adianta uma política inalcançável. O procedimento de atualização de software deve ser prático para as pessoas. Além disso, é preciso certificar-se também de que serão mantidos atualizados. Observando regularmente e repassando pontos esquecidos e passíveis de melhorias.

A grande questão no quesito processos é saber que políticas e procedimentos bem detalhados e viáveis podem melhorar como uma organização lida com segurança, sem necessariamente depender de aspectos tecnológicos. Isto porque cada pessoa sabe o que fazer quando é preciso.

9.4.3. Tecnologia

Para algumas pessoas o aspecto tecnológico parece ser a única solução para atacar riscos e problemas de segurança. Na perspectiva que estamos construindo aqui entendemos que a tecnologia é um suporte às ações de segurança de uma organização.

Uma organização é quem estabelece quando uma determinada questão de segurança deve ser atendida com tecnologia. Estabelecendo também os procedimentos em torno desta solução tecnológica visando atender a organização em sua operação diária.[11]

Resgatando o cenário que falamos anteriormente, o de gerenciamento de atualizações, uma organização pode optar por recurso tecnológico para aperfeiçoar o procedimento visando otimizar o tempo e rendimento. Todavia, a organização deve procurar um meio de analisar se de fato é necessário investir em tecnologia para suprir determinada necessidade, uma vez que entendemos que alguns contextos podem ser atacados com pessoas e processos. E caso a melhor saída seja a adoção de tecnologia, deve se escolher criteriosamente soluções maduras e não vulneráveis.

9.4.4. Combinação poderosa

Observando os itens anteriores encontramos uma combinação poderosa de sucesso para aperfeiçoar a segurança da informação em uma organização. Através da conscientização de segurança dos colaboradores, fornecendo treinamento essencial de segurança regularmente, aperfeiçoando a cultura de segurança da informação e constantemente aplicando reforços e recompensas aos colaboradores que promovem este assunto.

Alertar sobre os perigos, discutir procedimentos e adicionar responsabilidades funcionam muito bem nesse contexto. Por exemplo, os colaboradores são menos propensos a sofrerem ataques se há um cartaz no corredor alertando sobre *phishing*[13] e informando o que deve ser feito ao receber um desses e-mails.[11]

Algo importante para se considerar é um programa de conscientização com o objetivo de reforçar constantemente a segurança. Ao final de treinamento de segurança as pessoas com melhores desempenhos poderiam ganhar um certificado ou uma premiação, um almoço em um bom restaurante da cidade ou um cartão presente. Um tipo de caça ao tesouro também seria muito bom para incentivar a conscientização de segurança.

Assim, o importante é trabalhar com pessoas, processos e tecnologias. Essas pessoas irão aprender a proteger seu ambiente, assimilando processos e sendo suportadas por recursos tecnológicos.

Saindo de um formato antigo aonde a confiança é depositada apenas na tecnologia e pessoas são punidas por erros básicos, é possível ter uma metodologia bastante eficaz de prevenção à riscos de segurança da informação.

9.5. PRINCÍPIOS DA SEGURANÇA DA INFORMAÇÃO

A segurança da informação possui alguns princípios para nortear suas abordagens. Tais princípios devem estar em vista quando se constrói um plano para prevenção e contenção de riscos de segurança.

Os princípios apresentados a seguir estão baseados nos princípios que foram estabelecidos pelo NIST em 1996. Apesar de não serem tão recentes, são muito relevantes para nosso contexto atual e apesar de haverem muitas abordagens para garantir a segurança da informação, estes itens apresentam algumas expectativas mínimas que devem ser atendidas:[14]

a) Apoio à missão: Cada organização possui objetivos a serem alcançados, sejam objetivos de negócios ou metas

13. *Phishing*: é o uso de e-mails e sites falsos para atrair usuários desavisados a revelar identidade, senha e informações de cartão de crédito.

14. NATIONAL INSTITUTE OF STANDARDS AND TECHNOLOGY. (1996). Special Publication 800-14: Generally Accepted Principles and Practices for Securing Information Technology Systems. (https://csrc.nist.gov/publications/detail/sp/800-14/final)

sociais. Qualquer sistema é inútil, seja de tecnologia da informação ou qualquer outro, se não permitir a realização desses objetivos da organização em conjunto com os objetivos do próprio sistema;

b) Ampla visão: Este princípio é direto e não pode ser mais relevante do que no mundo de hoje. No mundo bem conectado de hoje, onde os ataques podem acontecer em qualquer sistema de qualquer outra parte do mundo e ninguém pode ter certeza da proteção colocada, corremos um grande risco quando encaramos o perigo apenas localmente;

c) Rentabilidade: Não se pode optar por um recurso de segurança simplesmente por ele estar disponível no mercado a menos que os benefícios sejam muito superiores aos custos diretos e indiretos de sua compra e implementação. Este é um critério fundamental para qualquer organização de qualquer tamanho em qualquer negócio;

d) Responsabilidades fora de suas próprias organizações: Proprietários de sistemas, aplicativos, portais, entre outros, devem saber de sua responsabilidade de segurança fora de suas organizações. Qualquer pessoa tem o direito de ter certeza de que o sistema ou as aplicações que ele está usando são seguros. Uma organização tem a responsabilidade de assegurar que suas aplicações são seguras;

e) Responsabilidades explícitas: Se uma pessoa não possui clareza sobre suas atribuições, isto pode levar à grandes problemas na organização, uma vez que incidentes de segurança ou violações devem ser tratados com agilidade, precisão e clareza. Esta negligência pode trazer perda de reputação, perda de negócios, penalidades etc. A responsabilidade é trazida efetivamente através da clareza sobre os papéis, responsabilidades e autoridades;

f) Abordagem abrangente e integrada: Em busca da eficiência e eficácia, todos os aspectos de negócios, sistemas e proteção devem funcionar em perfeita harmonia e precisam se complementar de forma transparente em uma abordagem abrangente e integrada;

g) Periodicamente reavaliada: A fim de caminhar na direção certa e fazer correções de curso, precisamos fazer uma reavaliação periódica da segurança da informação organizacional, considerando que o plano de segurança nunca está perfeito;

h) Restrita por fatores Sociais: Algumas vezes a segurança da informação estará limitada por fatores como questões sociais. Por exemplo, a segurança e a privacidade no local de trabalho podem entrar em conflito. Geralmente, a segurança é implementada em um sistema de TI, identificando usuários e rastreando suas ações. No entanto, as expectativas de privacidade variam e podem ser violadas por algumas medidas de segurança. As medidas de segurança devem ser selecionadas e implementadas com o reconhecimento dos direitos e interesses legítimos dos outros. Isso pode envolver equilibrar as necessidades de segurança dos proprietários de informações e usuários com objetivos sociais.

9.6. BOAS PRÁTICAS

Por fim, é muito válido considerar algumas dicas de boas práticas para o cuidado da segurança da informação. O Centro Nacional De Segurança Cibernética do Reino Unido (NCSC) disponibiliza algumas recomendações direcionadas para auxiliar negócios a protegerem-se dos ataques cibernéticos mais comuns. São apresentadas em 5 subdivisões, bastante descomplicadas e que são de baixo custo[15]:

9.6.1. Faça backup

Todos os seus dados são úteis e importantes? Quanto tempo você ficaria sem eles? Informações sobre clientes, orçamentos, detalhes de pagamento etc. Toda empresa, grande ou pequena, deve realizar backups regularmente. Pode ser com base na classificação das informações, porém o mais importante é possuir backups recentes e

15. Cyber Security: Small Business Guide 2017 (https://www.ncsc.gov.uk/small-business).

restauráveis. Isto é construir uma garantia contra inundações, incêndios, danos físicos, roubos e sequestros de informações (*ransomware*). Algumas dicas para se considerar com relação ao backup:

a) Identifique quais dados precisam de backup: Já falamos no início do capítulo sobre classificar os dados. Aqui a primeira coisa a fazer usar de uma classificação, identificando seus dados essenciais, aqueles que seu negócio não pode trabalhar sem.

b) Mantenha o seu backup separado do seu computador: O mais recomendado é que você deixe seu backup longe de seu computador, isto para que o acesso a backups seja restrito, assim eles:

- Não estarão acessíveis pela equipe;
- Não estarão permanentemente conectados (fisicamente ou em rede) ao seu computador, que é o dispositivo que contém a cópia original.

É bom lembrar que o *ransomware* (e outros *malwares*) geralmente conseguem acessar outros armazenamentos conectados, ou seja um backup conectado pode ser um backup perdido.

9.6.2. Considere armazenamento em nuvem

Armazenamento em nuvem já está no nosso cotidiano (e-mails, sistemas, aplicativos etc.). A adoção de um serviço em nuvem para armazenamento irá fazer com que seus dados não estejam fisicamente ligados ou próximos à cópia original, além de fornecer um alto nível de disponibilidade. Além disso, você pode estar economizando um bom valor com infraestrutura.

9.6.3. Faça o backup importante rotineiramente

É possível configurar tarefas automáticas na maioria das soluções de armazenamento (em rede ou nuvem). Considerando que esta tarefa é muito desinteressante de se fazer manualmente. Automatizar economiza tempo e garante a versão mais recente dos arquivos. Por exemplo, sempre que arquivos da extensão abc forem salvos na pasta xyz, realize o backup.

9.6.4. Proteja-se dos malwares

Um software malicioso (*malware*) é um software ou conteúdo da web que pode prejudicar sua organização. A forma mais conhecida de malware é o vírus, que são programas que infectam um software legítimo. Observe algumas dicas gratuitas e fáceis de implementar e que vão ajudar a prevenir os *malwares* de prejudicarem sua organização.

a) Instalar (e ativar) o antivírus: Em muitos dispositivos algum software antivírus gratuito já está disponível, ative-o em todos os dispositivos. Em computadores é mais simples habilitar e já estar ampla e instantaneamente mais seguro. Para smartphones e tablets talvez a abordagem seja diferente, uma vez que seguindo algumas orientações, o uso de antivírus em dispositivos móveis pode ser dispensado.

b) Impedir download complexos de aplicativos: Não faça download de aplicativos para smartphones e tablets de lojas não aprovadas pelo fabricante. Lembre-se que estes aplicativos passam por diversas verificações a fim de garantir um certo nível de proteção contra *malwares*. Além de não fazer este tipo de download, também bloqueie downloads de fontes desconhecidas.

c) Mantenha todo o seu equipamento atualizado: Certifique-se de que todos os seus equipamentos (smartphones, tablets, notebooks e PCs), estejam sempre atualizados com as versões mais recentes de software. Isto fará com que sua segurança seja aperfeiçoada. Sistemas operacionais, softwares, smartphones e aplicativos devem ser configurados para atualizarem automaticamente sempre que possível.

Caso o dispositivo chegue ao ponto de o fabricante não disponibilizar mais atualizações, não deixe de considerar atualizar por um dispositivo mais moderno.

d) Controle o uso das unidades USB e cartões de memória: Quantos *pendrives* infectados é necessário para invadir sua rede e prejudicar sua organização? Basta apenas um usuário descuidado para trazer um grande prejuízo feito inocentemente.

É muito complicado rastrear tudo sobre um *pendrive* ou cartão de memória, seu conteúdo, por onde esteve, quem utilizou. Para reduzir este perigo de ser infectado você pode:

- Bloquear o acesso a portas físicas para a maioria dos usuários;
- Usar antivírus;
- Permitindo apenas que unidades e cartões aprovados sejam usados dentro de sua organização, e em nenhum outro lugar.

Considere estas diretrizes para inserir na política de sua organização a fim de evitar que você esteja exposto a perigos desnecessários.

Como alternativa é possível sugerir que a equipe utilize outros meios para transferir arquivos, como e-mail ou armazenamento em nuvem.

e) Ative o seu *firewall*: Os firewalls criam um para-choque entre sua própria rede e redes externas. Geralmente os sistemas operacionais carregam um firewall, talvez seja necessário apenas ativá-lo.

9.6.5. Mantenha seus dispositivos móveis seguros

Atualmente qualquer negócio e organização envolvem smartphones e tablets, com cada vez maior capacidade. Considerando que eles estão transitando em muitos lugares externos ao escritório e à casa, eles podem precisar de mais cuidado do que um dispositivo *desktop*.

Considerando isto, seguem algumas dicas para te auxiliar a manter seus dispositivos móveis, e as informações armazenadas neles, mais seguras:

a) Ative a proteção por senha: Não deixe de configurar uma senha adequadamente complexa que impedirá que alguém mal-intencionado acesse seu smartphone. Se possível, aproveite os dispositivos que incluem reconhecimento de impressão digital para desbloqueio do aparelho.

b) Certifique-se de que os dispositivos perdidos ou roubados possam ser rastreados, trancados ou apagados: Muitas pessoas ocasionalmente perdem, ou são roubados, seus dispositivos móveis quando estão fora do escritório ou de casa. Felizmente muitos dispositivos dispõem de ferramentas gratuitas e de muito valor caso você perca seu dispositivo. Você pode utilizar estes recursos para:

- Rastrear a localização do dispositivo;
- Bloquear remotamente o acesso ao dispositivo, evitando assim que alguém o use;
- Apagar remotamente os dados armazenados no dispositivo;
- Recuperar um backup de dados armazenados no dispositivo.

Não esqueça de se atentar para o uso destes recursos. A configuração pode ser bastante simples e o prejuízo de um roubo, ou perda, podem ser amplamente minimizados com este simples recurso.

c) Mantenha seu dispositivo atualizado: Certifique-se de que os smartphones ou tablets de sua organização estejam constantemente atualizados, independente do sistema operacional, o fabricante disponibiliza atualizações regulares que corrigem problemas críticos de segurança mantendo assim o dispositivo seguro.

Configure os dispositivos para que atualizem automaticamente, sempre que possível. Como dito anteriormente, é possível que as atualizações não estejam mais disponíveis para o dispositivo em algum momento, esta é a oportunidade para considerar a troca.

d) Mantenha seus aplicativos atualizados: Todos os aplicativos que foram instalados em seus dispositivos precisam ser atualizados regularmente. Obtendo os mais recentes recursos, mas também as correções de vulnerabilidades de segurança que eventualmente são encontradas. Certifique-se de que a equipe tem conhecimento sobre esta questão, como obter atualizações, como instalar e o que fazer com novas versões.

e) Não conecte a redes Wi-Fi desconhecidas: Redes Wi-Fi públicas, ou simplesmente desconhecidas (hotéis, restaurantes etc.), impossibilitam a verificação de quem a controla. Ao conectar em uma rede desconhecida, alguém pode acessar:

- O que você está trabalhando enquanto está conectado;
- Seus detalhes de login privados que muitos aplicativos e serviços da Web mantêm enquanto você está logado.

A atitude mais simples a se tomar é não conectar a uma rede Wi-Fi desconhecida. É mais recomendado utilizar sua rede móvel, que apresenta segurança integrada. Isto inclui a opção de rotear acesso à internet para seus outros dispositivos.

9.6.6. Use e abuse das senhas

Todos os seus dispositivos contêm algum tipo de informação importante para o seu negócio, além de informação de clientes e dados de acessos diversos.

A escolha de suas senhas representa a maneira com a qual você estará impedindo que pessoas não autorizadas acessem seus dispositivos, de forma gratuita, fácil e eficaz. Confira algumas dicas de o que ter em mente ao trabalhar suas senhas:

a) Ative a proteção por senha: Os seus dispositivos dispõem de algum (um ou mais) método de autenticação, como senha numérica, padrão, biometria, desbloqueio facial, entre outros.

Então, use e abuse de senhas tanto em notebooks ou PCs, quanto em smartphones ou tablets. Não deixe em hipótese alguma, seu dispositivo sem algum tipo de validação para acesso. Isto irá prevenir que pessoas mal-intencionadas obtenham acesso a informações comuns ou sigilosas de seus dispositivos.

b) Use autenticação de dois fatores para contas importantes: Sempre que houver a possibilidade de utilizar autenticação de dois fatores você deve usar. Este recurso te oferece a opção de que o acesso à sua conta ou dispositivo seja feita através de dois meios de autenticação, geralmente uma senha e um segundo método, como um código recebido pelo celular, ou um cartão de códigos do banco, entre outros. Este recurso te oferece uma dose maior de segurança com pouco esforço extra.

c) Evite senhas previsíveis: Este item requer atenção, ainda que seja muito evidente que devemos fugir de senhas óbvias e previsíveis, ainda hoje muitas pessoas possuem critérios muito baixos para elaboração de senhas.

O responsável pelas políticas de segurança de uma organização deve garantir que as pessoas possuem informação suficiente sobre como elaborar senhas seguras e imprevisíveis.

Considere estes critérios:

- A senha deve ser fácil de lembrar, ou você irá perdê-la com frequência;
- A senha deve ser difícil de ser adivinhada, que ninguém conseguiria acertar em 20 tentativas;
- Não use senhas comuns, sequencias numéricas ou ordem alfabética;

Não crie senhas apenas para atender os requisitos do sistema que exige um número, uma letra maiúscula e um caractere especial, elaborando a senha “S3nh@”. Reflita bem e crie padrões e gatilhos de memorização.

Outra questão importante é que não é bom que algum sistema interno force a equipe a compartilhar senhas ou contas para a realização do trabalho. Se cada funcionário possuir sua senha de acesso, será mais fácil controlar o acesso e auditar ações.

d) Evite sobrecarga de senha: Qualquer membro de sua equipe ao entrar na sua organização já possui diversas (poderiam ser dezenas) de senhas para contas pessoais de e-mail, redes sociais etc. Ao gerenciar o acesso à sistemas internos, evite exigir a criação de mais uma conta. Se o controle de acesso por senha for desnecessário então você não precisa impor mais uma senha simplesmente por questões de política interna.

Tente implementar aos seus sistemas, o método de entrada *single sign-on* em que o membro de sua equipe necessita se autenticar apenas uma vez e ter acesso à vários sistemas dentro da organização.

Algo importante a dizer neste item é: aceite que as pessoas perdem senhas! Então, garanta que elas conseguirão trocar suas próprias senhas sozinhas.

e) Altere as senhas padrão: Muitos dispositivos vêm com uma senha padrão diretamente do fabricante. Certifique-se de que antes de repassar os dispositivos para a equipe essas senhas padrão foram alteradas, além de ter condições de verificar aparelhos já distribuídos.

9.6.7. Cuidado com e-mails maliciosos

É interessante fechar estas dicas com esse ponto, uma vez que pesquisas indicam que e-mails mal-intencionados (incluindo *spam, phishing* e *malware*) tem sido uma grande estratégia de ataques. Apesar do número de URLs nos e-mails maliciosos terem diminuído, o uso de anexos contendo ataques aumentou significativamente.[16]

Nestes tipos de ataques, são enviados e-mails falsos para as pessoas. Seu conteúdo poder ser desde solicitação de informações confidenciais até links para sites perigosos e anexos contendo scripts, com um tipo de mensagem que engana muitas pessoas. O propósito pode ser roubar informações ou até convencer alguém a enviar dinheiro.

A cada dia fica mais complicado detectar os e-mails maliciosos. Inevitavelmente em algum momento estes ataques chegarão até sua empresa, seja ela grande ou pequena, vale mencionar que em 2018 funcionários de empresas menores eram mais propensos a serem atingidos por ameaças de e-mail. Observe algumas dicas para identificar os ataques de *e-mails maliciosos* mais comuns, quer sejam ações por parte do usuário ou por parte da direção:

a) Configure contas para reduzir o impacto de ataques bem-sucedidos: Trabalhe com o princípio de "privilégio mínimo". Ou seja, configure os acessos das contas dos membros de sua equipe dando o nível de permissão necessário para que executem suas tarefas. Caso alguém sofra um ataque bem-sucedido o impacto pode ser reduzido.

Outra coisa que pode ser feita é ter cuidado ao liberar perfil de administrador no sistema operacional. Um administrador pode instalar softwares, acessar todos os arquivos, além de conseguir alterar configurações de segurança. Caso alguém com perfil de administrador sofra um ataque, o resultado pode ser bem mais prejudicial do que se fosse uma conta de usuário com perfil limitado.

b) Entenda suas operações regulares: Toda a equipe precisa entender como é o funcionamento das interações da organização, principalmente interações com outras organizações. Assim, ao receberem um contato saberão identificar uma interação incomum.

Algumas das estratégias mais comuns:

---

16. SYMANTEC CORPORATION (2019). 2019 Internet Security Threat Report. (https://cdn2.hubspot.net/hubfs/5156294/SED%20SYMC/6819_SED_SYMC_ISTR_24_2019_April_en.pdf)

- Envio de fatura não solicitada, ao abrir o anexo o *malware* é instalado automaticamente;
- Solicitação de dinheiro ou informações com um contato que parece autêntico;
- E-mails de bancos com as mesmas estratégias acima.

Treine sua equipe sobre suas práticas de trabalho habituais, para saber o que fazer com solicitações incomuns e onde obter ajuda. Prepare-os para entender seus relacionamentos comerciais regulares, caso recebam um e-mail de uma organização com a qual você não faz negócios, tratem com suspeita.

As pessoas precisam ter a habilidade de questionar certos contatos e pedidos, a fim de descobrir se é um contato legítimo. Isto fará diferença no que diz respeito à vulnerabilidade de pontos que você menos espera.

c) Conheça um e-mail malicioso óbvio: É praticamente impossível que sua equipe consiga detectar todos os e-mails maliciosos, além de atrapalhar a produtividade. Porém, muitos ataques desta espécie possuem características tradicionais. Sendo assim, é possível identificar alguns sinais para estarmos alertas:

- Muitos ataques de e-mails maliciosos são criados originariamente fora do Brasil, e podem apresentar certos erros gramaticais;
- Alguns tentam recriar no e-mail a aparência oficial da organização que estão fingindo representar. Geralmente a qualidade não é a que se espera de um material oficial;
- Você recebe um e-mail não endereçado a você, mas ao "colega", "amigo", "cliente especial". Isto pode indicar que o remetente não te conhece e que pode ser uma fraude;
- O contato pode conter algum tipo de ameaça, aonde informa grande urgência para retorno. É importante desconfiar destes contatos que pedem resposta em 24 horas, ou que afirmam que você foi vítima de um crime ou então quando diz algo do tipo "clique aqui imediatamente";
- Em alguns casos parece ser o contato de alguém de alto nível dentro da organização. E solicita um tipo de

pagamento ou envio de dinheiro. O ideal é verificar o remetente, se parece verdadeiro ou se parece uma mera imitação;

- Por último, pode parecer bom demais para ser verdade. Provavelmente não é mesmo. Se o contato afirma que vai te dar dinheiro ou acesso secreto, desconfie.

d) Denuncie todos os ataques: Trabalhe a equipe para que ela não deixe de pedir ajuda quando tiverem recebido um ataque de e-mail malicioso. Quanto mais rápido procurarem ajuda, mais rápido poderão ser auxiliadas a ações imediatas como troca de senhas, busca do *malware* no computador. A equipe precisa entender que se calar pode trazer um prejuízo ainda maior do que o imediato, ao sofrer, ou achar que sofreu, um ataque qualquer pessoa deve acionar seus superiores.

Algo importante é nunca punir as pessoas que sofreram ataques de e-mails maliciosos. Esse seria um grande desencorajador para as pessoas falarem de outros incidentes no futuro. Além disso, as pessoas podem vir a gastar um grande tempo e esforço para tentar resolver seus problemas sozinhas. A longo prazo isso será um grande prejuízo para a organização.

e) Mantenha-se atualizado: De tempos em tempos surgem maneiras diferentes de ataques, que se desenvolvem e evoluem para não serem detectados por ferramentas de proteção. Assim, é importante tentar estar um passo à frente destes ataques, atualizando-se sobre como tem sido se comportado os ataques de e-mails maliciosos.

Capítulo 10

ASPECTOS CONTRATUAIS DO TERMO DE SERVIÇO E DA POLÍTICA DE PRIVACIDADE E A ONEROSIDADE NA CONTRATAÇÃO DE SERVIÇOS E CONTEÚDOS ON-LINE ANUNCIADOS COMO GRATUITOS

Júlio Cesar Botelho
Lilian Cristina Stanke

Os *termos de uso ou termos de serviço e a política de privacidade* são instrumentos largamente empregados no ambiente virtual. Em que pese tais instrumentos serem de suma importância para os usuários de serviços e conteúdos on-line, não é incomum serem negligenciados, isto porque, na realidade grande parte dos usuários não tem paciência para ler, outros não entendem o que leem e, de outro lado muitas vezes tais documentos são mal redigidos, de modo que confundem, causam dúvidas, são cansativos, entre outros.

Nesse contexto, é muito comum que Usuários simplesmente cliquem no aceite sem saber de fato o que estão contratando. Tais serviços e conteúdos on-line em sua maioria são anunciados como gratuitos. Essa prática, embora seja comum no ambiente virtual, é desonesta para com o usuário, pois na realidade, tais serviços e conteúdos são disponibilizados apenas e somente após o usuário assinar o contrato que permite a coleta e o tratamento de seus dados pessoais. O que a maioria dos usuários não sabe é que dados pessoais são moeda corrente no ambiente virtual. A informação se tornou matéria-prima de diversos negócios, por isso é uma nova moeda reconhecida pela economia.

Desse modo, na verdade há uma relação contratual expressa pelos instrumentos *termo de uso ou termo de serviço e política de privacidade*, que nada mais são que espécies do gênero Contrato. Contata-se assim a onerosidade na contratação de serviços e conteúdos on-line anunciados como gratuitos. Nessa linha, essa questão reforça análises anteriormente esboçadas, com o objetivo de reforçar o entendimento segundo o qual a suposta gratuidade de serviços e conteúdos on-line na maioria das vezes é um engodo, a edição de leis, por si só, não altera a realidade da coleta e do tratamento de dados. Os usuários devem ter consciência que informações disponibilizadas na rede tornam-se permanentemente disponíveis e mitigam a privacidade do indivíduo.

Com a aprovação da Lei Geral de Proteção de Dados (LGPD), essa discussão ganha novos contornos. Isto porque, os termos de uso e as políticas de privacidade não poderão ser redigidos de forma dúbia, implícita ou subentendida. As alterações são profundas. Por exemplo, qualquer site ou aplicativo que capturar dados que identifiquem ou possam identificar alguém deverão comunicar o usuário. Mais. Deverão assegurar ao usuário a possibilidade de remover a coleta de informações. Essa alteração atinge atividades que visam a captura de informações com a finalidade de delinear o perfil de consumo do usuário, pois deverão rever e reelaborar seus termos e políticas, para citar apenas um exemplo. A finalidade do tratamento de dados deverá ser informada ao usuário de forma clara e objetiva, abrangendo os dados que estão sendo coletados, a maneira como é realizada a coleta, o tratamento, o compartilhamento e a exclusão de tais dados. Além disso, o usuário deverá ter a sua disposição ferramentas que lhe permitam identificar o controlador da plataforma, seus dados de contato, bem como, editar, requerer a exclusão, utilizar-se do anonimato, transferir seus dados pessoais para outra plataforma, etc.

10.1. SOCIEDADE DA INFORMAÇÃO[1]

O Direito tem se deparado com relativa dificuldade para enfrentar diversos aspectos afetos à sociedade da informação. No entanto, há enorme interesse prático relativo ao tema, não somente

1. ONU, Organização das Nações Unidas. Cúpula Mundial sobre a Sociedade da Informação - Genebra 2003 e Túnis 2005. Disponível em: < https://www.cgi.br/media/docs/publicacoes/1/CadernosCGIbr_DocumentosCMSI.pdf>. Acesso em: 10.01.2018.

no âmbito jurídico, mas também na sociedade de modo geral, pois as relações virtuais são irreversíveis no século XXI. Desse modo, estão postos novos desafios que devem ser analisados à luz da ciência jurídica, isto porque a tecnologia avança por todos os campos da vida humana, quebrando paradigmas e concebendo novos conceitos com um dinamismo sem paralelo na história da humanidade.

Nesse sentido, propõe-se a discutir alguns aspectos contratuais do *termo de serviço e da política de privacidade*, uma vez que se trata de instrumentos largamente utilizados na sociedade da informação, não apenas nas relações comerciais tradicionais, por exemplo, compra e venda, mas também nos novos modelos de negócio que surgem na internet. No contexto dos novos modelos de negócio analisa-se a incidência da onerosidade na contratação de serviços e conteúdos on-line supostamente gratuitos. Sendo certa a pertinência do tema para o Direito e para sociedade, parte-se da premissa segundo a qual a expressão sociedade da informação identifica determinado período onde a informação se tornou base de diversos negócios, de modo que passa a ter valor monetário e mercado e simultaneamente torna-se objeto de atos e negócios jurídicos.

Dentre as várias características da sociedade da informação, destacam-se aquelas que mais interessam ao presente estudo: a) informação sendo matéria-prima e principal ativo, b) desenvolvimento e difusão das empresas pontocom ou empresas virtuais, c) mitigação do conceito de privacidade, d) incremento do ambiente virtual[2], e) redução das fronteiras territoriais juridicamente estabelecidas, f) permeabilidade em todas as camadas sociais; g) dinamismo; h) interação; i) funcionamento em redes móveis; l) expansão da liberdade de expressão, m) surgimento do governo digital; e n) contratos no ambiente virtual. Esses são apenas alguns aspectos que caracterizam a sociedade atual, a sociedade na qual quem escreve e quem lê um texto estão inseridos. Para compreender a amplitude dessa realidade, observe-se o vocábulo *virtual*, que no seu sentido clássico se diz daquilo que não existe de fato. Porém, a sociedade da informação o vem reconstruindo culturalmente e conferindo-lhe novo significado,

2. Dicionário Aurélio: 1. Que existe como faculdade, porém sem exercício ou efeito atual. 2. Suscetível de se realizar; potencial. 3. Diz-se do que está predeterminado e contém todas as condições a sua realização.

ou seja, cuida-se de algo que existe de fato, embora seja imaterial (impalpável) ou intangível, isto é, conquanto não se possa tocar, é algo que existe no *ambiente virtual*, que está na rede, por exemplo, usuário, empresa virtual, cartório virtual, processo virtual, etc.

Essa ressignificação não é mero silogismo aristotélico, muito menos algum tipo de sofisma. Contrapondo-se à ideia clássica traduzida pelos dicionários com o sentido de *potencial* (algo que é possível), para traduzir uma realidade atual, onde com um singelo clique no mouse ou um toque no visor *touch screen* (tela sensível ao toque) do dispositivo (geralmente móvel) as pessoas firmam atos e negócios jurídicos de qualquer lugar e a qualquer hora ou dia. Em que pese esse instrumento popularmente denominado *virtual* por sua característica imaterial, por não ser tocado pelas mãos, ele (instrumento virtual) existe e as responsabilidades contraídas através dele são válidas perante a sociedade e perante os tribunais. Essa é apenas uma entre tantas outras situações jurídicas postas pela sociedade da informação e que desafiam os operadores do direito.

10.2. TERMO DE USO

Conforme visto as relações virtuais tendem a predominar na sociedade atual. Será cada vez mais frequente firmar compromissos, contrair responsabilidades, fechar negócios, solicitar e receber documentos, trabalhar, estudar, contratar, efetuar transações bancárias, divertir-se, entreter-se, etc., através do ambiente virtual. Nesse contexto, o consumidor geralmente chamado usuário é figura central, pois é a pessoa ou a organização que se utiliza de serviços ou conteúdos on-line, ou para quem tais serviços e conteúdo são concebidos e disponibilizados com o fito de comercialização. Não é outra a razão pela qual o Usuário deve ser muito bem informado sobre as possíveis implicações derivadas de cada serviço ou conteúdo que ele adquire na internet. Esse tema é relativamente novo nos manuais jurídicos, e os instrumentos reguladores das relações estabelecidas entre os usuários e os produtores e comerciantes de serviços, conteúdos e produtos são conhecidos como *termo de uso e política de privacidade.*

No presente capítulo, defende-se o entendimento segundo o qual o *termo de uso e a política de privacidade* têm natureza contratual uma vez que seus elementos essenciais são pessoas, prestação e vínculo jurídico e serão tratados como instrumentos autônomos. Por se tratar de instrumentos com funções autônomas, a definição, o objetivo e seu conteúdo das cláusulas devem ser tratados separadamente. E, ainda, no tópico das definições, importante ressignificar alguns termos jurídicos à luz das novas relações sociais no ambiente virtual. De maneira singela, *termo de uso* é a compilação das informações, condições, limitações e outros balizadores da disponibilização de um serviço reunida em um documento que celebra a relação jurídica entre o provedor de aplicação de internet e o usuário, trazendo à baila as regras de conduta das partes, limitando direitos e impondo obrigações, esclarecendo a usabilidade das aplicações em ambientes virtuais, bem como estabelecendo como serão solucionados eventuais conflitos de interesse.

O *termo de uso* também deve mencionar outras questões específicas conforme a natureza do negócio ou o conteúdo disponibilizado, se estes forem tutelados por normas específicas, como no comércio eletrônico, que é regulado pelo Decreto[3] nº 7.962/2013 e exige que o *e-commerce* esclareça ao seu usuário como será tratado o direito de arrependimento ou na hipótese de disponibilidade de conteúdo entendido como impróprio para crianças e adolescentes, nos termos do artigo 29 do Marco Civil[4] da Internet e dos parâmetros no Estatuto da Criança e do Adolescente, fazendo constar a advertência para conteúdo impróprio.

O problema da nomenclatura é outra situação que o usuário enfrenta, pois alguns serviços divulgam este instrumento com nomenclaturas diversas como *Termo de Aceite*, *Termo de Serviços*, *Termo de Acesso* ou *Termo e Condições*. Outra questão relevante consiste no fato de que o *termo de uso* deve ser levado ao registro público para prevenir alegações de alteração unilateral. O número desse registro deve constar do *termo de uso*. Além disso, deve mencionar que cabe

---

3. Decreto nº 7.962/2013 – dispõe sobre a contratação no comércio eletrônico.
4. Lei 12.965/2104. Art. 29. O usuário terá a opção de livre escolha na utilização de programa de computador em seu terminal para exercício do controle parental de conteúdo entendido por ele como impróprio a seus filhos menores, desde que respeitados os princípios desta Lei e da Lei no 8.069, de 13 de julho de 1990 - Estatuto da Criança e do Adolescente.

ao usuário cliente sempre que utilizar o site ou serviço estar atualizado sobre o contrato em vigor, ou seja, o ônus de leitura pertence ao usuário. A realidade, porém, tem demonstrado que o *termo de uso* tende a ser um documento extenso, entediante, truncado, dúbio e desprezado pelo usuário. Esse problema de linguagem e redação deve ser tratado adequadamente, sendo esse um dos mecanismos para torná-lo efetivo na sua função de esclarecer o Usuário.

10.3. TERMO DE USO E LEGISLAÇÃO BRASILEIRA

No Brasil, ainda é comum o pensamento segundo o qual é possível numa rápida busca pela internet encontrar um ou mais modelos de instrumentos jurídicos e adaptá-los à necessidade. Na hipótese do *termo de uso* isso também se verifica. Essa prática, entretanto, implica diversos riscos que podem até mesmo inviabilizar um negócio em face de determinada demanda judicial, pois a famigerada adaptação, invariavelmente resulta instrumentos eivados por vícios. É preciso registrar que a elaboração do *termo de uso* deve ser confiada ao Advogado, profissional habilitado à rigorosa observação dos aspectos técnicos-jurídicos e éticos, além da análise de diversos dispositivos legais específicos que precedem a elaboração desse instrumento.

No Brasil, o *termo de uso* é instrumento obrigatório, adstrito ao disposto pelo art. 7º, VIII, alínea "c", do marco civil da internet[5]. Esse dispositivo de lei, por um lado assegura ao Usuário o direito às informações claras e completas sobre a coleta, o uso, o armazenamento, o tratamento e a proteção de seus dados pessoais. Por outro lado, impõe ao provedor de aplicação de internet a obrigação de garantir os direitos do usuário. Não é só isso, pois a lei restringe o uso de tais informações somente para aquelas finalidades que estejam devidamente especificadas no *termo de uso*. Há, ainda, outros diplomas legais, por exemplo, o Código de Defesa do Consumidor e a Lei das Telecomunicações, além de regulamentações específicas da área de atuação do provedor de aplicação de internet, todas com implicações sérias e diretas sobre o *termo de uso*. No caso específico do Código de Defesa do Consumidor – CDC, o *caput* do art.

5. Lei nº 12.965/2014.

54[6], conceitua o contrato de adesão e estabelece outras regras que devem ser observadas.

Essa anotação releva, uma vez que o Termo de Uso não permite ao Usuário discutir suas cláusulas, decorrendo daí o seu caráter adesivo. Ainda no contexto do CDC, a linguagem empregada no instrumento é outro aspecto assinalado, razão pela qual não se deve ignorar o disposto pelo § 3º do art. 54 do CDC. Em que pese a necessidade do uso de expressões e termos técnicos, essa linguagem deve exprimir da melhor forma possível o real significado daquilo que as partes estão contratando. Ainda, no que tange à linguagem, exige-se cuidado especial, sobretudo porque é recorrente o emprego de expressões e gírias em língua estrangeira, e esse fato, por si só, tem potencial para gerar eventuais dúvidas. A descrição dos serviços postos à disposição do usuário demanda delimitação exata, sendo simultaneamente uma condição de lealdade com o usuário e cláusula excludente de responsabilidades por eventuais reclamações não relacionadas com os serviços prestados, daí a importância do vernáculo. A propósito expõe Patrícia Peck Pinheiro[7]:

> [...]diferencial dos contratos na era digital é a necessidade do emprego de um glossário em seu bojo, que estabeleça o significado dos termos técnicos empregados no contrato. Isso para possibilitar um menor grau de interpretação, diminuindo o risco de duplo sentido ou de má compreensão do que está sendo contratado[...]

---

6. Art. 54. Contrato de adesão é aquele cujas cláusulas tenham sido aprovadas pela autoridade competente ou estabelecidas unilateralmente pelo fornecedor de produtos ou serviços, sem que o consumidor possa discutir ou modificar substancialmente seu conteúdo. § 1° A inserção de cláusula no formulário não desfigura a natureza de adesão do contrato. § 2° Nos contratos de adesão admite-se cláusula resolutória, desde que a alternativa, cabendo a escolha ao consumidor, ressalvando-se o disposto no § 2° do artigo anterior. § 3 Os contratos de adesão escritos serão redigidos em termos claros e com caracteres ostensivos e legíveis, cujo tamanho da fonte não será inferior ao corpo doze, de modo a facilitar sua compreensão pelo consumidor. § 4° As cláusulas que implicarem limitação de direito do consumidor deverão ser redigidas com destaque, permitindo sua imediata e fácil compreensão.

7. PINHEIRO, Patrícia Peck. **Direito Digital**. 5ed. São Paulo: Saraiva, 2013.

Nota-se, portanto, que termos ou expressões ambíguas suscitam interpretações diversas, sendo cediço que a redação de cláusula de conteúdo incongruente pode ser alvo de demandas judiciais, e abrir margem ao risco de ser considerada abusiva, anulável ou até mesmo absolutamente nula. As consequências jurídicas que podem advir da má elaboração do *termo de uso,* também, encontram fundamento na ideia da vulnerabilidade nas relações tecnológicas, por outras palavras, significa dizer que o usuário não possui conhecimentos específicos sobre o serviço que ele adquire ou usa, disso decorre certa desvantagem.

A tudo isso deve-se acrescentar a Lei nº 13.709/2018 que dispõe sobre o tratamento de dados pessoais, inclusive nos meios digitais, por pessoa natural ou por pessoa jurídica de direito público ou privado, com o objetivo de proteger os direitos fundamentais de liberdade e de privacidade e o livre desenvolvimento da personalidade da pessoa natural. Essa Lei traz no capítulo segundo os requisitos para o tratamento dos dados pessoais.

A lei atua no sentido de mitigar tal desvantagem e proteger o usuário. De maneira geral tais situações tendem a desgastar a relação com o usuário, gerar prejuízo financeiro para o Provedor de Aplicação de Internet, além de sérios danos à marca. Há, também, outro aspecto a ser ponderado, e refere-se à relação provedor de aplicação de internet /usuário que não é mecânica ou estática como podem sugerir números, planilhas e cadastros em si mesmos. É preciso ter em mira que subjacente à frieza do tecnicismo existe a relação provedor de aplicação de internet/usuário, o que pressupõe a interação entre pessoas, razão pela qual envolve princípios, valores, sentimentos, etc., de modo que ultrapassa a esfera jurídica, para atingir dimensões éticas que não podem ser negligenciadas. Esse envolvimento de pessoas é dinâmico e vivo e a ação de um inevitavelmente desencadeia a reação de outro. É simplesmente não olvidar que o ser humano é o centro do ambiente virtual. A interação no ambiente virtual impõe desafios constantes, especialmente em face do seu potencial de propagação extremamente veloz. Nessa perspectiva a cautela recomenda, que aliado a clareza da redação das condições que o usuário está aderindo para utilizar o serviço, também lhe sejam disponibilizados dispositivos que facilitem e incentivem a leitura do *termo de uso*, por exemplo, fontes 12 ou 14 em cor realçada, as tradicionais rolagens de conteúdo, obrigatoriedade de marcar o aceite, mensagem que antecede a confirmação do aceite, link para conclusão e confirmação do cadastro.

10.4. POLÍTICA DE PRIVACIDADE

A política de privacidade, também chamada diretiva de privacidade, consiste no contrato através do qual o provedor de aplicação de internet se compromete com a forma de coleta, uso, armazenamento e tratamento dos dados do usuário e de que forma se obriga a garantir a privacidade de suas informações pessoais. A política de privacidade tem como requisito essencial atentar-se à legislação específica sobre proteção de dados do país de atuação do provedor de aplicação, ou seja, em qualquer operação de coleta, armazenamento, guarda e tratamento de registros pessoais em que pelo menos um desses atos ocorra no Brasil, deverão ser obrigatoriamente respeitados a legislação pátria e os direitos à privacidade, à proteção dos dados pessoais e ao sigilo das informações. É na Política de Privacidade que são informados os dados a ser coletados, se são e como são mantidos em confidencialidade, se serão compartilhados com parceiros ou negociados com outras empresas, cabendo ao usuário, em primeira análise, aceitar ou não fazer uso do serviço ofertado. Vejamos como exemplo ilustrativo o seguinte trecho extraído da política de privacidade da Google[8]:

> Bem-vindo à Política de Privacidade do Google. Quando o usuário usa nossos serviços, confia a nós informações dele. Esta Política de Privacidade destina-se a ajudar o usuário a entender quais dados coletamos, por que os coletamos e o que fazemos com eles ... Lembramos que é possível encontrar os controles para gerenciar informações e proteger a privacidade e segurança em Minha conta. Nossa Política de Privacidade explica: Quais informações coletamos e por que as coletamos. Como usamos essas informações. As opções que oferecemos, incluindo o modo de acessar e atualizar informações [...]

Como se nota pelo exemplo, a Política de Privacidade contempla diversos aspectos desde a coleta, o processamento até o uso

8. Google Privacidade & Termos. Disponível em: <https://www.google.com/intl/pt-BR/policies/privacy/>. Acesso em: 10.01.2018.

que se faz das informações disponibilizadas pelo Usuário, incluindo numa lista que só tende a ampliar: localização do Usuário, endereços de IP, número do aplicativo, armazenamento, tecnologias de coleta de dados, etc.

10.5. MITIGAÇÃO DO DIREITO À PRIVACIDADE

Em vista do desenvolvimento tecnológico e suas interfaces com a política, a economia, a produção e a difusão de cultura, enfim a vida de modo geral. Em torno do mundo existem inúmeras iniciativas no sentido de criar leis que visam proteger a privacidade das pessoas. São leis que em comum pretendem assegurar a proteção de dados pessoais e a privacidade, por exemplo, a Lei nº 13.709/2018 (LGPD). Entretanto, para muito além da produção legislativa essa pretensa proteção depende tanto da infraestrutura, quanto da capacidade do usuário entender as ferramentas tecnológicas que manipula, seus direitos e seus deveres.

A privacidade ganhou novos contornos na sociedade da informação, onde o fundamental não é a informação, mas sim a sociedade que toma proveito dessa informação e que tem seu apogeu no desenvolvimento tecnológico e na interligação das informações disponíveis na rede mundial de computadores. Nesse cenário, a privacidade tem sido relativizada e o usuário deve ter consciência disso e acostumar-se com a ideia de que seus dados, uma vez inseridos na rede, tornam-se permanentemente disponíveis ao juízo dos coletores dessas informações, tornando a privacidade um direito vulnerável e, há quem diga até que será de todo eliminada.

Com esta reflexão em mente, a palavra privacidade pode ser descrita como a garantia de que indivíduos, grupos ou instituições decidam por si mesmos quais informações e em que medida serão compartilhadas com terceiros, excetuando-se no caso de legítimo interesse público. Acrescente-se a isso o fato que empresas que atuam na internet, independentemente do tamanho, dependem de dados pessoais. A atuação no ambiente virtual baseia-se em modelos de negócios que tem a informação como matéria prima, e isso não se restringe exclusivamente aos dados pessoais. A questão é bem mais ampla, pois abarca os denominados metadados, que se podem definir singelamente como os dados sobre os dados coletados, ou informações que melhoram o entendimento das relações e utilidades da informação. Como elucida Marcelo Crespo[9]:

> [...] o horário e a posição geográfica de uma foto, as informações sobre uma conversa online como quais os participantes, onde se encontram geograficamente e o horário que isso ocorreu.

A realidade virtual, onde existe um mundo de negócios, entretenimentos, criações culturais, esportivas, etc., faz com que cada vez mais pessoas desejem acessar serviços e conteúdos anunciados como gratuitos, mas que na realidade são pagos com dados pessoais e autorizações para processamentos que resultam metadados. Por outras palavras, na vida prática cada vez mais as pessoas tendem a abrir mão das suas informações pessoais e mitigar a própria privacidade.

10.6. RELAÇÃO CONTRATUAL

Incialmente foi esclarecido que no presente capítulo defende-se o entendimento segundo o qual *o termo de uso e a política de privacidade* têm natureza contratual, tendo em vista que seus elementos essenciais são pessoas, prestação e vínculo jurídico. Antes, porém, de adentar o mérito, algumas observações são pertinentes, cumprindo assinalar que o vigente Código Civil de 2002, não fez menção aos contratos celebrados no ambiente virtual, também chamados contratos eletrônicos. Isso parece um contrassenso especialmente porque na virada do século XX para o século XXI o mundo já conhecia a internet e a tendência de migração das relações sociais para o ambiente virtual. De outro lado, essa prática já era bastante comum em países como os Estados Unidos, o Canadá e na Europa.

Os autores brasileiros são cautelosos e salvo exceções o tema é tratado timidamente. A propósito, alguns posicionamentos

9. CRESPO, Marcelo; CAMARGO, Coriolano. **A proteção dos dados pessoais no ordenamento jurídico brasileiro e o anteprojeto do Ministério da Justiça.** In: Migalhas. Publicado em: 08.05.2015. Disponível em: <http://www.migalhas.com.br/DireitoDigital/105,MI220187,81042-A+protecao+aos+dados+pessoais+no+ordenamento+juridico+brasileiro+e+o >. Acesso em: 10.01.2018.

doutrinários, a despeito dessa situação anote-se a posição de Paulo Nader[10]:

> Determinados tipos de negócios, quando se generalizam e ganham intensidade no tráfico jurídico, devem necessariamente ser objeto de disciplina legal. A doutrina e a jurisprudência preparam as condições básicas para a criação de tipos contratuais a serem consagrados nos códigos. Antecedendo, ainda, à criação legislativa, estão os chamados usos e costumes, que vão se formando, engenhosamente, por obra dos que participam dos atos negociais. Os fatos sociais antecedem a lei. Os contratos eletrônicos, que estão na ordem do dia, são um exemplo disto.

E adiante o jurista Paulo Nader[11] expõe seu pensamento nesses termos "os contratos eletrônicos, celebrados via informática, não foram considerados pelo Código Civil de 2002 e com justa razão, uma vez que a matéria se acha em fase de elaboração doutrinária". Para ilustrar esse panorama registrem-se os argumentos expostos por Cleyson de Moraes Mello[12]:

> [...] o contrato outrora de índole individualista e liberal deve sofrer uma abertura de modernos horizontes hermenêuticos, com o firme propósito de refletir o fenômeno da publicização ou socialização do direito privado, a partir de imperiosas exigências contemporâneas, como a pujança da atividade econômica do nosso tempo e as vicissitudes de uma sociedade transnacionalizada, globalizada ou pós-moderna. A título exemplificativo, os contratos eletrônicos executados através da Internet representam uma renovação da dinamicidade contratual.

Na mesma linha cautelar Flávio Tartuce[13] informa que "no âmbito jurídico, o Direito Digital ou Eletrônico ainda está em

10. NADER, Paulo. **Curso de Direito Civil,** Volume 3 – Contratos, 8ed. Rio de Janeiro: Forense, 2016.
11. Idem.
12. MELLO, Cleyson de Moraes. **Direito Civil – Parte Geral,** 3ed. Rio de Janeiro: Freitas Bastos Editora, 2017.
13. TARTUCE, Flávio. **Direito Civil – Teoria Geral dos Contratos e Contratos em Espécie**, 12ed. Rio de Janeiro: Forense, 2017.

vias de formação, como qualquer ciência relacionada à grande rede virtual de computadores." Conquanto adote a linha da precaução, Flávio Tartuce[14] traz a crítica elaborada por Pablo Stolze Gagliano e Rodolfo Pamplona Filho, aqui reproduzida:

> Afigura-se-nos totalmente inconcebível que, em pleno Século XXI, época em que vivemos uma verdadeira revolução tecnológica, iniciada especialmente após o reforço bélico do século passado, um código que pretenda regular as relações privadas em geral, unificando as obrigações civis e comerciais, simplesmente haja ignorado as relações jurídicas travadas por meio da rede mundial de computadores. Importantes questões atinentes à celebração do contrato à distância, ao resguardo da privacidade do internauta, ao respeito à sua imagem, à criptografia, às movimentações financeiras, aos home banking, à validade dos documentos eletrônicos, à emissão desenfreada de mensagens publicitárias indesejadas (SPAMs), tudo isso mereceria imediato tratamento do legislador.

Enquanto diversos autores aguardam novas leis (como se já não existissem leis em demasia) a dinamicidade das relações sociais põe em uso diversos instrumentos que tem em mira regular as responsabilidades estabelecidas entre as partes nos mais diversos negócios jurídicos celebrados no ambiente virtual. Dentre tais instrumentos o Termo de Uso e a Política de Privacidade, objeto desse estudo. Em que pese inexistir a tal legislação especial defendida por alguns autores, o fato é que tanto o Código Civil, quanto o Código de Defesa do Consumidor e outras Leis como a ainda recente Lei nº 12965/2014 – Marco Civil da Internet – são plenamente aplicáveis a tais relações de modo geral, bem como aos chamados contratos eletrônicos de modo específico. A esse propósito opina Flávio Tartuce[15] "são contratos atípicos os contratos eletrônicos em geral, celebrados pela via digital, aplicando-lhes as normas do Código Civil, conforme prescreve o mencionado art. 425 da atual codificação material". Pode-se dizer mais com fundamento no artigo 113 do Código Civil que assim preceitua "os negócios jurídicos devem ser interpretados conforme a boa fé e os usos do lugar de sua celebração". Carlos

14. Idem.
15. Idem.

Roberto Gonçalves[16] traz a seguinte definição de contrato eletrônico: "contrato eletrônico é aquele celebrado por meio de programas de computador ou aparelhos com tais programas. Dispensa assinatura ou exige assinatura codificada ou senha".

De todo o exposto evidencia-se a dificuldade e até certa resistência que parte dos juristas brasileiros demonstra no tratamento das relações jurídicas travadas no ambiente virtual. Apesar disso, essa realidade não pode ser negada, isto porque as pessoas e a sociedade dependem e dependerão cada vez mais do ambiente virtual para praticamente tudo que diz respeito à vida social. Trata-se de nova demanda social que dinamiza os negócios, abre novas perspectivas para a educação, a indústria do entretenimento, a indústria cultural, etc., pois são fatos humanos que se qualificam como jurídicos e que o Direito deve equalizar adequadamente. Assim, reitera-se que o a legislação vigente com seus princípios e regras deve ser aplicada aos negócios jurídicos celebrados através do ambiente virtual.

Postas essas considerações, passa-se a questão central, qual seja: verificar a natureza do *termo de uso e da política de privacidade*. Admite-se o conceito genérico segundo o qual contrato é o negócio jurídico, fundado no acordo de vontades que tem por fim criar, modificar ou extinguir um ou mais direitos. A regra civilista apresenta os elementos essenciais do contrato como sendo agente capaz, objeto lícito e forma prescrita ou não defesa em lei[17]. O *termo de uso e a política de privacidade* contêm os seguintes elementos: pessoas, prestação e vínculo jurídico. Disso decorre a natureza contratual desses instrumentos conforme se passa a demonstrar.

Quando se fala em agente capaz fala-se em pessoa capaz de contrair direitos e deveres, isto é, exercer, por si só, os atos da vida civil. Para contratar, a pessoa deve ser capaz (Código Civil arts. 3º e 4º). Se o ato é praticado pelo absolutamente incapaz sem a competente representação será nulo (Código Civil, art. 161, I) se o ato é

---

16. GONÇALVES, Carlos Roberto. **Contratos e Atos Unilaterais,** 14ed. São Paulo: Saraiva, 2017.

17. Código Civil. Art. 104 – A validade do negócio jurídico requer: I – agente capaz; II – objeto lícito, possível, determinado ou determinável; III – forma prescrita ou não defesa em lei.

celebrado por pessoa relativamente incapaz sem a devida assistência será anulável (Código Civil art. 171, I). A validade de um contrato também se verifica pelo seu objeto, ou seja, a prestação pactuada, a qual deve ser lícita. Não se pode imaginar válido um contrato cujo objeto ou prestação verse sobre algo ilegal ou que confronte os bons costumes ou a moral das pessoas. Além disso, tal objeto ou prestação deve ser possível, pois não se pode pensar numa responsabilidade impossível de ser cumprida pelas partes.

A forma diz respeito à declaração da vontade. Regra geral, a forma é livre e pode ser manifestada de qualquer maneira (escrita, falada, gesticulada, pelo silêncio, por um *clique*, enfim). Isso é assim com apoio no princípio da autonomia da vontade consubstanciado no artigo 107 do Código Civil "a validade da declaração de vontade não dependerá de forma especial, senão quando a lei expressamente a exigir". O fundamento desse princípio é afastar o formalismo, para dar passagem às transações civis e comerciais estimular a livre iniciativa, o crescimento econômico, a circulação de bens e riquezas, etc. A exceção, porém, são as formas prescritas, isto é, aqueles casos nos quais a lei impõe determinada forma de manifestação da vontade, e se não observada torna inválido ou ineficaz o negócio.

Nota-se com facilidade que as características acima descritas são comuns ao contrato e ao *termo de uso e à política de privacidade*, disto segue-se que ambos os instrumentos são contratos e se revestem da regra do artigo 425 do Código Civil "é lícito às partes estipular contratos atípicos, observadas as normas gerais fixadas neste Código". Tais instrumentos se amoldam à regra da atipicidade contratual porque não têm previsão em lei e depende do pacto estabelecido pelas partes que devem decidir o direito, as obrigações e as responsabilidades que serão inseridos no contrato atípico, também denominado contrato inominado pela doutrina. Em tese, trata-se de um poder legítimo conferido aos particulares para autorregular seus interesses e negócios.

O contrato atípico ou inominado surge das necessidades e dos interesses das partes, são de certa forma contratos elaborados sob medida e essa uma das razões de não se encontrar um padrão ou uma uniformidade no *termo de uso nem na política de privacidade*. O vínculo jurídico, outra característica desses instrumentos é o liame ou a ligação que une e enlaça as partes (pessoas) à obrigação e à responsabilidade firmadas e recebe a qualificação de jurídico porque a lei confere a prerrogativa de exigir o cumprimento de tal obrigação quando não satisfeita espontaneamente, sendo a responsabilidade a consequência jurídica que recai (geralmente) sobre o patrimônio para compensar ou satisfazer a prestação que deveria ser cumprida espontaneamente e não o foi. A consensualidade é também requisito e se perfaz mediante a declaração de vontades ou do acordo de vontades, que no caso do *termo de uso e da política de privacidade*, se concretiza mediante o singelo clique no aceite ou de acordo. Por fim tem-se a prestação que nada mais é que a uma conduta humana, uma ação ou omissão das partes, dar, fazer ou não fazer.

10.7. ONEROSIDADE NA CONTRATAÇÃO DE SERVIÇOS E CONTEÚDOS ON-LINE ANUNCIADOS COMO GRATUITOS

Asseverou-se acima que a informação se tornou matéria-prima base de diversos negócios, de modo que tem mercado e possui valor avaliável em dinheiro, razão porque é considerada como um ativo, ou seja, expressa bens, valores, créditos, direitos e assemelhados que formam determinado patrimônio. Para a sociedade da informação, os dados pessoais são de alto valor comercial, tanto que as empresas de tecnologia são negociadas levando-se em consideração o patrimônio de base de dados que possuem. Isto confirma que os dados pessoais são uma nova moeda reconhecida na economia.

No âmbito governamental também já existe o reconhecimento do valor dos dados pessoais, embora com um viés focado na vigilância. Estados Unidos e Europa há muito rastreiam o comportamento dos indivíduos a partir dos dados pessoais de sorte que se pode determinar a origem, o destino, o tempo, a duração, o tipo e o equipamento utilizados em uma comunicação, etc. No Brasil a preocupação com o uso indiscriminado dos dados pessoais levou a propositura do projeto de lei nº 5276/2016[18] em trâmite pela Câmara dos Deputados. Tal projeto de lei define dados pessoais como "dado relacionado à pessoa natural identificada ou identificável,

18. Disponível em: <http://www.camara.gov.br/proposicoesWeb/fichadetramitacao?idProposicao=2084378>. Acesso em: 10.01.2018.

inclusive números identificativos, dados locacionais ou identificadores eletrônicos quando estes estiverem relacionados a uma pessoa". O tratamento de dados, por sua vez, é definido pelo citado projeto como *"toda operação realizada com dados pessoais, com as que se referem coleta, produção, recepção, classificação, utilização, acesso, reprodução, transmissão, distribuição, processamento, arquivamento, armazenamento, eliminação, avaliação ou controle da informação, modificação, comunicação, transferência, difusão ou extração"*.

Essa parte do livro não tem a pretensão de debater as bases políticas, ideológicas ou filosóficas que permeiam o mencionado projeto que versa sobre a proteção de dados pessoais. Pretende isso sim, discutir o crescimento econômico, as relações comerciais, o empreendedorismo, o desenvolvimento tecnológico e a coleta de dados pessoais. Nunca é demais lembrar que a maioria das empresas que atuam na internet como servidores de acesso ou de aplicação tem seus modelos de negócio dependentes em larga escala da utilização dos dados pessoais. A partir das informações até aqui expostas já é possível vislumbrar o panorama em que os dados pessoais estão inseridos, a forma de monetização dessas informações e o processo de transformação em commodities financeiras negociáveis em diversos mercados. Mas a coisa não para por aí, isto porque existem os denominados dados sensíveis e a internet das coisas[19].

Quanto mais as empresas dispuserem de dados sobre o comportamento das pessoas, maior a vantagem e melhor o posicionamento no mercado e aqui se situa a tênue linha que separa dados pessoais e

19. A Internet das Coisas (do inglês, *Internet of Things*, IoT), é uma rede de objetos físicos, veículos, prédios e outros que possuem tecnologia embarcada, sensores e conexão com rede capaz de coletar e transmitir dados. De fato, a IoT tem recebido bastante atenção tanto da academia quanto da indústria, devido ao seu potencial de uso nas mais diversas áreas das atividades humanas. A Internet das Coisas, em poucas palavras, nada mais é que uma extensão da Internet atual, que proporciona aos objetos do dia-a-dia (quaisquer que sejam), mas com capacidade computacional e de comunicação, se conectarem à Internet. A conexão com a rede mundial de computadores viabilizará, primeiro, controlar remotamente os objetos e, segundo, permitir que os próprios objetos sejam acessados como provedores de serviços. Estas novas habilidades, dos objetos comuns, geram um grande número de oportunidades tanto no âmbito acadêmico quanto no industrial. Todavia, estas possibilidades apresentam riscos e acarretam amplos desafios técnicos e sociais.

dados sensíveis. No campo dos chamados dados sensíveis, o projeto de lei nº 5276/2016 os definiu como sendo "dados pessoais sobre a origem racial ou étnica, as convicções religiosas, as opiniões políticas, a filiação a sindicatos, ou a organizações de caráter religioso, filosófico ou político, dados referentes à saúde ou à vida sexual e dados genéticos ou biométricos". A coleta de dados sensíveis pode ser altamente invasiva, dispositivos conectados à Internet (televisores, celulares, notebooks, tablets, leitores de e-book, relógios, geladeiras, leitores de digitais, detectores de movimento, câmeras, máquinas de café ou refrigerante, brinquedos infantis, eletrodomésticos em geral, carros, motos, roupas, etc.), podem registrar informações pessoais sobre os comportamentos de seus usuários e, em seguida, usar e compartilhar os dados coletados transmitindo-os através do *bluethoot*.

Algumas funcionalidades ilustram didaticamente essa situação: geladeira que monitora os hábitos de consumo do usuário e identifica suas preferências por marcas, os horários em que consome determinados alimentos, seu nível socioeconômico, etc.; brinquedos eróticos e preservativos que coletam dados sobre o desempenho sexual dos usuários, detecta doenças e transmite informações; aplicativos que analisam o histórico de compras de mulheres para identificar quais delas poderiam estar grávidas; aplicativos que monitoram a qualidade do sono, identificando quando a pessoa dorme e acorda, etc. A lista é infinita e só tende a crescer. A internet das coisas oferece inovações e oportunidades para a educação, facilitar as tarefas diárias, monitorar tratamentos médicos e condições de saúde das pessoas, reduzir os gastos com energia elétrica, melhorar a segurança de residências, etc. Porém, põem na ordem do dia inúmeros problemas relativos à segurança da informação, ao tratamento de dados e à privacidade do usuário.

Feitas essas considerações para demarcar o tamanho da situação com que a sociedade e o Direito se deparam, volta-se ao problema a ser enfrentado nesse estudo. Seriam lícitas essas estratégias de coleta de dados dos usuários tendo por base anúncios que informam a suposta gratuidade de determinados serviços e conteúdos on-line? Num primeiro momento, parece que a estratégia em si não é ilícita, porém, deve melhorar no que tange à transparência e lealdade para com o usuário. A primeira questão a ser desmistifica é alardeada e falsa gratuidade. Nas linhas antecedentes discorreu-se longamente sobre o valor comercial da informação, sobretudo a informação classificada como dados pessoais. Foi sobejamente evidenciado que informações dos usuários contêm valor comercial e a estratégia de coleta de dados pessoais dos usuários através de serviço e conteúdos anunciados como gratuitos alimenta um sistema de tratamento desses dados e de publicidade dirigida, entre outros aspectos.

De sorte, que nem todas as pessoas percebem, mas elas efetuam o pagamento por tais serviços e conteúdos anunciados como gratuitos, mediante a entrega dos seus dados pessoais. Como isso ocorre? Aquele site que oferece serviços e conteúdos *gratuitamente*, solicitando apenas o preenchimento de um formulário *on-line* e um *click* no *aceite*, na realidade é um modelo de negócio que tem por base a coleta de dados pessoais dos usuários e a posterior transformação em uma moeda aceita e muito valorizada. Isso acontece da mesma forma quando um aplicativo solicita autorização para acessar dados do seu celular. A lógica por trás dessa solicitação é a coleta e posterior comercialização dos dados pessoais dos usuários. Por outros termos, pode-se afirmar que o consumidor consciente ou não, compra serviços e conteúdos pretensamente gratuitos e efetua o pagamento fornecendo suas informações pessoais que funciona como moeda ou mercadoria.

Esse negócio é juridicamente válido? A princípio sim. O Usuário é suficientemente esclarecido a respeito desse comércio que envolve seus dados pessoais para usufruir serviços e acessar conteúdo on-line? Essa é uma questão que merece o adequado enfrentamento jurídico, pois a leitura de diversos termos de uso e políticas de privacidade que circulam na internet revela que, na maioria desses instrumentos, não há qualquer menção sobre tal comércio. Assim, o Usuário não tem informações adequadas e esclarecidas sobre os processos de coleta de dados através de serviços e conteúdos on-line anunciados como gratuitos. Dessa breve ponderação resulta uma conclusão lógica: termos de uso e políticas de privacidade, disponibilizados em sites que ofertam serviços e conteúdos on-line anunciados como gratuitos, são na realidade contratos onerosos, porque ambas as partes – usuário e site – suportam ônus e gozam vantagens simultaneamente.

Capítulo 11

RESPONSABILIDADE CIVIL NA INTERNET

Juliano Cezar Rodrigues

O ser humano age de acordo com sua vontade, podendo praticar atos lícitos e ilícitos durante sua vida. Não é diferente no campo virtual. O ato ilícito é caraterizado, como sendo aquele contrário ao ordenamento jurídico, ou seja, contrariando a lei, a moral, a ordem pública ou os bons costumes. É o costumeiro dano a outrem.

No plano contratual, ocorrendo dano pela atuação humana em desacordo com uma obrigação pactuada entre as partes, estaremos na seara da responsabilidade civil contratual.

No ambiente virtual, podem ocorrer a responsabilização contratual diante do inadimplemento obrigacional ou uma responsabilização extracontratual ou aquiliana, que é aquela que surge do descumprimento de uma previsão legal, resultando assim no dever de indenizar.

Adiante, o estudo será dirigido no sentido de solucionar as questões concernentes a responsabilidade civil na internet.

11.1. INTERNET E SEUS NEGÓCIOS JURÍDICOS

Os contratos são regidos pelas cláusulas obrigacionais inclusas em seu texto. Isso implica dizer que decorrem de obrigações pactuadas entre as partes, que podem ser pessoas físicas e jurídicas, admitindo-se pluralidade de partes. Uma vez ajustados os termos, as obrigações serão aquelas regidas a partir do art. 389 do Código Civil.

Pois bem, os negócios fechados pela internet viabilizam-se quando as partes estão em solo brasileiro, a partir de uma proposta de um site anunciante, este regido pelo termo de uso, que o contratante anui. Nesta situação, o termo de uso seria a peça contratual adequada, que poderá sofrer modificações diante de perguntas interativas, mas que não mudaria jamais a sua natureza.

Neste sentido, nota-se que o sujeito contratante não está obrigado a aceitar os termos que o contratado apresenta em seu site. O resultante da não aceitação nasce da autonomia da vontade, que agora é de não contratar e deve ser respeitado.

Observa-se, porém, que na internet há uma dinâmica tal que a relação necessidade e/ou ansiedade pelo produto ou serviço ditará uma velocidade, que resultará na não observância dos termos contratuais. Isso não isenta o comprador virtual de responsabilidades. Esta contratação eletrônica substitui o velho aperto de mãos e a internet através dos meios de comunicação interligando o hardware e softwares, bastando o simples aceite[1].

Assim como qualquer contrato, importante constar a qualificação mais completa possível, com descrição clara do objeto, obrigações, responsabilidades e um local de fora para dirimir eventuais controvérsias jurídicas e escritas em linguagem clara que afastem todas as imprecisões das cláusulas.

11.2. A CONTRATAÇÃO VIRTUAL

A disponibilidade de bens e serviços aplana-se na oferta ou estratégia de marketing listada pelos anunciantes e indexadores de pesquisa, como na forma do Google. Diante disso, admite-se que há uma certa falta de segurança, sendo assim, os cuidados devem ser redobrados em ambiente de navegação virtual.

Apesar disso, a comodidade aliada a necessidade de produtos específicos, que jamais estariam na prateleira da loja próxima, elege a compra via internet como meio prático e acessível para comparar o custo benefício. Sim, claro que não é somente escolher o produto ou

1. LEITE, George Salomão; LEMOS, Ronaldo. Marco Civil da Internet. São Paulo: Atlas, 2014, p. 228.

serviço, mas analisar os preços acessórios que resultarão num preço final pouco atrativo, como o custo do envio da encomenda no caso de produtos ou o deslocamento cobrado pelo prestador de serviços. Contudo, as ofertas veiculadas pela internet, ainda, são bem atrativas. O fornecedor não precisa alugar um espaço físico, decorá-lo, manter funcionários com revezamentos, basta-lhe um cômodo de sua casa para transformar num *shopping* de ofertas.

Antes, porém, de continuar o raciocínio, se faz necessário assentar que o fornecedor dever ter uma empresa regular, com conta bancária de pessoa jurídica e adquirido um domínio, que é o endereço a ser indexado, geralmente associado à sua marca, produto ou prestação de serviços, que permitirá que os compradores encontrem os vendedores virtuais. Com o domínio em mãos, o segundo passo é contratar uma hospedagem de serviços de site e um desenvolvedor de páginas de internet para comércio eletrônico. O terceiro passo é contratar uma assessoria jurídica especializada em Direito Digital para desenvolver um termo de uso, que são as condições contratuais de aceite para concretização de venda. O quarto passo é contratar empresas especializadas em avaliar e fornecer os selos de segurança (segurança virtual e jurídica). O quinto passo é vender!

Parece fácil? Mão não é bem assim!

O desenvolvimento do site de comércio eletrônico, seja na sua fase de projeto ou em produção, deverá voltar-se para o apelo visual, por esta razão o fornecedor deverá contratar um *cyber design* de forma extra, quando o desenvolvedor não tiver esta habilitação.

Comumente se verifica, nos sites de comércio eletrônico, que há um espaço dedicado ao contato, seja ele virtual ou pelo telefone, bem como um SAC (serviço de atendimento ao consumidor). Colaciona-se também informações atinentes aos horários de atendimento, bem como os dias da semana que se tem operacionalidade para os contatos.

Os termos de uso são uma das peças mais importantes, quando se pensa em comércio virtual. Estes, ditarão as obrigações entre as partes. Porém o que se verifica são termos genéricos, assemelhados a um contrato de adesão.

Estes contratos, ditos de adesão, não permitem flexibilidade, o que pode gerar questionamentos futuro no âmbito jurídico. Mas o que se sugere aqui é a eleição de um termo de uso dito dinâmico, com certa permissividade para alterar certas regras, aliadas ou não a uma inteligência artificial capaz de dar o mínimo de equilíbrio e segurança para as partes. Algo como uma sequência de perguntas entre um "vendedor" e um "comprador", que vai desde a montagem da qualificação, objeto, preço e condições de pagamento, condições de entrega e deslocamento, condições gerais, condições específicas, possibilidade de escolher o foro no caso de contratação por não consumidor etc.

A partir das condições acima esposadas estaremos diante de um verdadeiro pacto de livre vontade, lançando mão da liberdade contratual[2].

Ocorre que, como já mencionado, os termos de uso nos moldes de contrato de adesão afastam o equilíbrio entre as partes, prevalecendo uma delas. Ademais, a falta de políticas de instrução aos cidadãos brasileiros concernentes ao correto modo de consumo, alude o estado péssimo de relação das partes com flagrante desigualdade. Por isso, o que se busca aqui é justamente o equilíbrio de forças.

11.3. DIFERENCIAÇÃO DO CONSUMIDOR E COMPRADOR INTERMEDIÁRIO

A pergunta é, para quem o fornecedor virtual vai vender?

O questionamento acima parece infantilizado, mas não é! Sabidamente são conhecidos os sujeitos atravessadores, que nada mais são que os intermediários. Afinal, intermediários para que? Lucram e não produzem nada? Não é bem assim. Os intermediários podem ser conhecidos também como distribuidores e participam da atividade que permitem que certos produtos cheguem às prateleiras diante da necessidade local.

Consumidor está legalmente definido como sendo "*toda pessoa física ou jurídica que adquire ou utiliza produto ou serviço como destinatário final*". O comprador não consumidor é subdividido (i) naquele que faz um pacto para vender algo e não ter lucro com outra

---

2. LEITE, George Salomão; LEMOS, Ronaldo. **Marco Civil da Internet**. São Paulo: Atlas, 2014, p. 230.

parte e o (ii)empresário, que logicamente busca o lucro comprando algo para revenda[3].

Mas o que se quer adentrar é em outra esfera. Tratar da possibilidade do fornecedor vender produtos no atacado e varejo. Supõe-se que o site de comércio virtual tenha exatamente esse diferencial, haverá uma preocupação a mais, ou seja, fazer um termo de uso que qualifique o comprador com cláusulas fora da proteção do Código de Defesa do Consumidor. Por esta razão uma sequência de perguntas no ambiente de compras por uma inteligência artificial resolveria também este problema, permitindo a negociação de cláusulas que ao final estejam realmente ajustadas para aquela relação comercial dita virtual. Este cenário representa justamente um dos princípios do Marco Civil da Internet que em seu inciso II do Art. 2° ditou como seus fundamentos "*os direitos humanos, o desenvolvimento da personalidade e o exercício da cidadania em meios digitais*". Portanto, a liberdade contratual deve ser desenvolvida no ambiente virtual.

Afinal, quais seriam as consequências de um contrato com a não incidência do CDC? Em regra, seria aquela negociação que será regida pelo Código Civil e Marco Civil da Internet. Não consubstanciando a vulnerabilidade do consumidor, inversão do ônus da prova e local do foro para dirimir controvérsias, o que faz diminuir o risco empresarial. Ocorre, porém, que no "script" de perguntas, se a inteligência artificial do site vendedor concluir que se trata de um empresário buscando um preço adequado para proceder a revenda, permitirá não só a prática de um peço mais abaixo, bem como condições especiais de quantidade e forma de envio.

Muito diferente quando ocorre do fornecedor vender pela internet para o consumidor. Antes de adentrar no comento das relações de consumo virtual, reitera-se que consumidor "*é toda pessoa física ou jurídica que adquire ou utiliza produto ou serviço como destinatário final.*" Conforme art. 2° do CDC. Diante disso, é possível extrair que quando se tratar de uma venda para consumo próprio, o CDC será aplicado. Mas existe a teoria maximalista que considera que toda compra ou prestação de serviço, não importando para qual objetivo, teria a incidência do CDC. Temos também a teoria finalista que

3. TEIXEIRA, Tarcísio. **Comércio eletrônico: conforme Marco Civil da Internet e a regulamentação do e-commerce no Brasil**. São Paulo: Saraiva, 2015, p. 65.

considera que toda compra ou prestação de serviço que não seja utilizada como insumo seja protegida pelo CDC.

Diante das divergências na terceira e quarta turma do STJ, foi decidido aplicar a teoria finalista mitigada que considera que aplicação do CDC para consumo final e podendo ser estendida para utilização na atividade empresarial desde que verificada a condição de vulnerabilidade, abrindo assim, para uma análise do caso concreto[4]. Estar vulnerável significa estar em descompasso jurídico com o vendedor, conforme o art. 4° do CDC, quando verificado sua hipossuficiência nas alegações, permitindo a inversão do ônus da prova, consoante o inciso VIII, do art. 6° do mesmo diploma, protocolo no foro do domicílio do consumidor, conforme inciso I do art. 101 do CDC, aplicação da responsabilidade objetiva contra o empresário e se a causa versar até 20 (vinte) salários mínimos, o consumidor poderá protocolar sua reclamação nos Juizados Especiais Cíveis, com os benefícios de não pagar custas processuais incluídas ali, os valores a título de sucumbência, bem como não necessitando do patrocínio de advogado. Ao vender para consumidor, o amparo de CDC eleva o risco empresário, dado o seu caráter equilibrador, quando comparado à contratação empresarial simples.

11.4. RESPONSABILIDADE CIVIL NA INTERNET

A Responsabilidade Civil pode ser vista em diferentes ângulos, como na situação em que o sujeito se encontra no dever de indenizar outrem por violação de uma obrigação ou fato lesivo, afinal, o ser humano age por sua vontade[5].

Patrícia Peck Pinheiro afirma que "*o consumidor atual já é digital*[6]". Entendemos aqui que esta afirmação não é absoluta, notadamente quando pensamos na situação dos índios ou grupos que vivem semi-isolados nos rincões, que nunca viram um celular ou

4. Idem. P. 71.
5. AGUIRRE, João Ricardo Brandão; BARROS, André Borges C. **Direito Civil**. 5° edição. Niterói: Ímpetus, 2012, p. 237.
6. PINHEIRO, Patrícia Peck, **Direito digital**. 4° ed, São Paulo: Saraiva, 2010, p. 115.

computador, mas que o usuário de internet vem participando cada vez mais de uma fatia do comércio digital, isso sim!

Os atos em questão são os lícitos e ilícitos. Os primeiros decorrem do correto adimplemento obrigacional, bem como o respeito aos comandos da legislação. Já os segundos correspondem aquelas práticas contrárias à legislação, conhecidas como as que originam "Responsabilidade Civil Extracontratual". Por outro lado, quando decorrem de violação ou inadimplemento obrigacional estamos diante da "Responsabilidade Civil Contratual". O evento é simplesmente causar dano a outrem. Disciplina o art. 186 do Código Civil que: *"Aquele que, por ação ou omissão voluntária, negligência ou imprudência, violar direito e causar dano a outrem, ainda que exclusivamente moral, comete ato ilícito."* E conforme o art. 187 do mesmo diploma, no caso de titular de um direito "que, ao exercê-lo, excede manifestamente os limites impostos pelo seu fim econômico ou social, pela boa-fé ou pelos bons costumes".

Nesta linha, quando o empresário (intermediário) e/ou consumidor é lesado pelo inadimplemento de uma obrigação, o fornecedor comete ato ilícito. O mesmo ocorre quando a propaganda, que tem força vinculante, integra regras contratuais e obriga o anunciante ao adimplemento delas, notadamente o que for relativo ao preço[7].

O resultado do ato ilícito é o dano, que é uma lesão patrimonial ou extrapatrimonial, um prejuízo a alguém. Conseguinte, há dois tipos de dano: material e moral. O primeiro atinge algum patrimônio de uma pessoa, já o segundo trata de uma ofensa aos direitos da personalidade do ser humano, sendo um prejuízo imaterial[8].

Registra-se, porém, que o Enunciado 159/CJF expressa que "*O dano moral, assim compreendido todo o dano extrapatrimonial, não se caracteriza quando há mero aborrecimento inerente a prejuízo material*".[9] Portanto, o pedido de dano moral não abarca situações de mero dissabor.

---

7. Idem. P. 118.
8. AGUIRRE, João Ricardo Brandão; BARROS, André Borges C. Direito Civil. 5° edição. Niterói: Ímpetus, 2012, P. 249.
9. Idem. P. 249.

Para se deparar com a deflagração de um dano material ou moral de alguém é preciso estabelecer o Nexo causal, este identificado como sendo a relação causa e efeito perante a conduta e o respectivo resultado, não cabendo somente ato ilícito, mas também as omissões. Isso seria o conteúdo probatório mínimo, como o contrato, o termo de uso, comprovante do débito do cartão de crédito, da transferência ou depósito bancário, do boleto bancário e a nova modalidade PIX, instrumento de pagamento e transferência de valores entre bancos em até dez segundos, vinte e quatro horas por dia, bastando saber a chave do destinatário, sem custos ao correntista de bancos, financeiras e *fintechs*. A dica valiosa é, sempre que se for fazer um depósito bancário ou pagar um boleto via *internet banking*, deve-se identificar no campo controle alguma anotação que remeta ao procedimento de compra.

Sobre a causa o Código Civil adotou a teoria da causalidade direta ou imediata, disciplinada no seu art. 403, onde se lê: "Ainda que a inexecução resulte de dolo do devedor, as perdas e danos só incluem os prejuízos efetivos e os lucros cessantes por efeito dela direto e imediato, sem prejuízo do disposto na lei processual" e segundo Agostinho Alvim[10]:

> (...) o suposto certo dano, considera-se causa dele a que lhe é próxima ou remota, mas, com relação a esta última, é mister que ela se ligue ao dano, diretamente. Ela é causa necessária desse dano, porque ele a ela se filia necessariamente; é a única, porque opera por si, dispensadas outras causas. Assim, é indenizável todo o dano que se filia a uma causa, ainda que remota, desde que ela lhe seja causa necessária, por não existir outra que explique o mesmo dano. Quer a lei que o dano seja o efeito direto e imediato da inexecução.

Extrai-se que, de qualquer forma, deve haver o dano para pleitear a responsabilidade Civil, ainda que nas relações do CDC baste a comprovação do fato danoso, não havendo necessidade de se analisar a causa. Por seu turno, o art. 12 do CDC, descreve que no caso dos produtos:

> O fabricante, o produtor, o construtor, nacional ou estrangeiro, e o importador respondem, independentemente

10. ALVIM, Agostinho. Da inexecução das obrigações e suas consequências. São Paulo: Saraiva, 1972, p. 356.

> da existência de culpa, pela reparação dos danos causados aos consumidores por defeitos decorrentes de projeto, fabricação, construção, montagem, fórmulas, manipulação, apresentação ou acondicionamento de seus produtos, bem como por informações insuficientes ou inadequadas sobre sua utilização e riscos.

Este é o entendimento esposado também para prestação de serviços, situação do art. 14 do CDC, observe-se:

> O fornecedor de serviços responde, independentemente da existência de culpa, pela reparação dos danos causados aos consumidores por defeitos relativos à prestação dos serviços, bem como por informações insuficientes ou inadequadas sobre sua fruição e riscos.

Portanto, os defeitos são claramente tratados pelo CDC, facilitando e muito a responsabilização do fabricante ou prestador de serviços.

Quanto a não observância de um dever de conduta, determinado por lei, depara-se como sendo a culpa. A culpa decorre das circunstâncias de negligência, imprudência ou imperícia e sua caracterização decorre do (i) comportamento voluntário, (ii) da previsibilidade e (iii) da violação do dever de cuidado. Situações que são admitidas somente no âmbito da "Responsabilidade Civil Subjetiva"[11].

Por seu turno, o art. 927 do Código Civil positiva que "*Aquele que, por ato ilícito (arts. 186 e 187), causar dano a outrem, fica obrigado a repará-lo*". Na mesma esteira, o art. 945 do Código Civil, identifica situação em que a vítima concorre culposamente para o dano, o *quantum* será fixado de acordo com a gravidade do seu ato. Diante disso, o art. 944 do Código Civil assevera que a indenização correspondente é medida pela extensão do dano.

Para tanto, há possibilidade da aplicação das excludentes de Responsabilidade Civil, notadamente o fato e culpa exclusiva da vítima, situação fática em que o acusado do dano não participa

11. AGUIRRE, João Ricardo Brandão; BARROS, Idem. P. 250.

dando causa. O mesmo aplica-se no fato e culpa exclusiva de terceiro onde não há nexo causal com a situação danosa a ser suportada pelo acusado do dano. Ainda, diante da imprevisibilidade pode ocorrer o caso fortuito e força maior, situação fora do controle do sujeito. A última excludente é pouco conhecida, mas pode ocorrer de existirem cláusulas contratuais que afastam o dever de indenizar, operando a anuência da parte contrária, que se verifica na prática como um menor risco para quem pretende consignar certas obrigações.

Capítulo 12

MARKETING DIGITAL

Thiago Guimarães
Ana Clara

Com a disseminação dos meios digitais nas interações e comunicação humana houve o surgimento do marketing digital. Tal ferramenta consiste em um mecanismo de alcance do público em geral, através da comunicação, publicidade e propaganda, mediante a utilização dos veículos ligados à internet, visando ampliar os conceitos ligados à atividade ao qual se propõe a divulgação.

Por meio da interação o anunciante busca atingir determinado público alvo e realizar a divulgação da sua marca, objetivando desta forma, o fortalecimento do produto, o crescimento das vendas e a solidificação no mercado como um todo.

Ao passo que o marketing digital propicia o crescimento de marcas, negócios e produtos, é necessário identificar as alterações sucedidas em decorrência do advento da internet.

Antes do advento da internet, os principais meios de marketing se davam mediante telemarketing, outdoors, publicações em revistas impressas, e listas telefônicas.

No entanto, estes meios nem sempre obtinham o resultado desejado, devido às limitações contidas, a exemplo citam-se os altos custos que deveriam ser dispendidos, responsáveis por limitar o acesso de pequenas e médias empresas, desfavorecidas na tentativa de divulgar as suas marcas.

Nesse contexto surge a internet, em meados dos anos de 1960, vindo a se tornar mundialmente conhecida a partir dos anos de 1980 e 1990. A partir deste período a popularização e acessibilidade aos computadores e a rede mundial de conexão não estagnaram, sendo notórias na atualidade.

No século XXI, com a maior popularização da internet e chegada dos smartphones, houve uma revolução no conceito de marketing, ocasionando uma grande mudança do perfil dos consumidores mundiais, o que gerou também uma mudança nas formas de alcance do grande público. Assim, o Marketing Digital necessitou se adaptar ao novo padrão de consumo.

É possível afirmar que antes da era digital, os detentores da relação comercial eram os próprios vendedores, que, valiam-se das opções escassas de mercado para compor preços complexos de venda, sendo a fixação geográfica um dos principais responsáveis na interação comercial.

Com o surgimento da publicidade veiculada digitalmente, o comprador passou a ser o detentor da relação comercial, visto que, a fixação geográfica já não é tão relevante para a transação comercial, e, a concorrência em grande escala trouxe ao cliente amplas possibilidades, inclusive personalizadas às necessidades impostas pelo comprador.

Entende-se que o marketing digital possibilitou a ampliação das fronteiras do comércio geral, propiciando a mobilidade do mercado em face ao cliente comprador e, dentre as inúmeras vantagens da WEB Marketing estão o alcance, a agilidade, o custo e a interatividade.

12.1. ASPECTOS JURÍDICOS LIGADOS AO MARKETING DIGITAL

12.1.1. Direitos da Personalidade

Quanto aos aspectos jurídicos relacionados ao Marketing Digital, inicialmente ressalta-se as questões ligadas ao direito da personalidade.

Os direitos da personalidade são inerentes à imagem, a honra e proteção ao nome da pessoa civil, protegidos pela legislação civilista brasileira, conforme artigos 16, 17 e 18 abaixo citados.

> Art. 16. Toda pessoa tem direito ao nome, nele compreendidos o prenome e o sobrenome.
>
> Art. 17. O nome da pessoa não pode ser empregado por outrem em publicações ou representações que a exponham ao desprezo público, ainda quando não haja intenção difamatória.
>
> Art. 18. Sem autorização, não se pode usar o nome alheio em propaganda comercial.

O primeiro quesito é com relação ao nome da pessoa, que a lei institui um direito de todos, que necessariamente ao nascerem receberão um nome, onde contém um prenome e o sobrenome dados por seus ascendentes.

Em um segundo momento dispõe a legislação que de maneira nenhuma, deve ser o nome de uma pessoa ser utilizado em publicações ou representações que a exponham ao desprezo público, mesmo que não haja a intenção difamatória.

Ao olhar para a internet se nota a seriedade em que deve citar o nome de qualquer pessoa em publicações na grande rede, tais citações vinculam o autor da publicação a futuras reparações e retratações que forem necessários.

E por último vem o ponto mais importante com respeito ao nosso tema, o legislador então regulamentou que sem a autorização da pessoa é vedada a utilização do nome em propagandas comerciais.

Nesse compasso podemos exaustivamente entender que, para haver legalidade em qualquer utilização que cite expressamente o nome de qualquer pessoa em propagandas comerciais, seja ela por meio de qualquer via, será necessário um contrato de autorização e cessão de uso.

Por analogia ao artigo em comento chega-se à conclusão de que há, também, proteção não somente o nome, como também a imagem da pessoa com relação às possíveis utilizações para fins comerciais, o que pode trazer um grande transtorno ao utilizador irregular da imagem ou nome.

São perceptíveis as armadilhas que a internet oferece, ao ter inúmeras citações e divulgações de imagens que nem sempre estão com o consentimento expresso do proprietário da imagem ou do nome que ali se utiliza.

Mediante a explanação acima, é necessário adicionar medidas para a prevenção em caso da futura realização de marketing, propaganda e afins, sob a perspectiva jurídica.

Ao propor a realização de qualquer programa de marketing para a marca ou empresa, é de suma importância observar os requisitos legais para a sua produção e posterior veiculação através da internet.

Nesse contexto é de profunda relevância a busca de informações junto à empresa que irá realizar o desenvolvimento do programa de marketing, se haverá a utilização da imagem, ou nome de alguma pessoa. Em caso positivo, é indispensável à realização junto da pessoa cedente, o contrato de cessão do uso de imagem.

Cumpre destacar ainda, que não é somente a imagem de pessoas famosas, ou influentes na internet que devem obter o contrato de cessão de uso de imagem, mas a recomendação acima é válida para qualquer pessoa em que o anúncio irá veicular sua imagem ou nome.

A não realização do contrato de cessão poderá vir acompanhada de uma ação de reparação por danos morais por utilização indevida da imagem, com cunho indenizatório ante a violação sofrida, e, até mesmo, a possível retirada da propaganda realizada sem autorização, o que pode gerar um custo bem superior ao da realização do contrato de cessão de uso.

Trazendo à baila um caso prático a fim de elucidar a questão, há inúmeros julgados dos Tribunais Regionais do Trabalho condenando empresas que determinam o uso por seus funcionários de camisas promocionais de marcas que representadas pela empresa sem o devido consentimento do trabalhador.

Entende-se que o consentimento do trabalhador refere-se à manifestação de vontade expressa, mediante um contrato de utilização da imagem e o pagamento da contraprestação devida.

Por fim, é necessário observar os quesitos, quanto aos direitos de personalidade, para que o marketing da empresa ou startup ocorra dentro da legalidade e possa ser realizado sem problemas futuros.

12.1.2. Direito do Consumidor e Publicidade

O Código de Defesa do Consumidor, Lei 8.078 de 1990, tem por principal função regulamentar às interações comerciais envolvendo o consumidor e o fornecedor, estabelecendo diretrizes gerais e normas regulamentadoras.

Desta feita, os princípios e normativas elencadas são imperativos e devem ser observados em todas as relações de consumo, abrangendo inclusive, a propaganda ao qual o produto ou serviço está vinculado.

Tratar-se-á aqui de estabelecer as principais diretrizes consumeristas e a necessidade de observância no âmbito da publicidade aplicada ao Marketing Digital.

12.1.3. Princípios Gerais das Relações Consumeristas

Princípio da Vulnerabilidade do consumidor é retirado do artigo 4º do CDC e dispõe que na relação de consumo, há uma condição de vulnerabilidade do consumidor, e sempre estará em uma condição de proteção pela lei, pelos órgãos de proteção.

É importante ressaltar que tal condição se difere do princípio da hipossuficiência do consumidor, e é inerente a todos os consumidores bastando apenas estar na relação de consumo no polo passivo.

Em relação ao princípio elencado é imprescindível a sua observância no ato de veiculação de propagandas e marketing por parte das startups, e empresas, haja vista que, informações importantes não veiculadas, ou veiculadas de forma não clara, ou ainda, induzindo o consumidor a pensar coisa diversa, poderá implicar em resultados na esfera jurídica, incluindo o dever de indenização.

Princípio do protecionismo do consumidor dispõe que, na relação de consumo, o consumidor deve sempre ser protegido e munido com o maior número de informações sobre o produto ou serviço, a sua composição e forma de prestação, quais os riscos de ingestão ou uso. Com base neste preceito, todas as informações necessárias para deixar o consumidor informado e ciente da sua aquisição.

O Princípio da hipossuficiência é o que preceitua uma situação peculiar ao direito consumerista, pois, pode ser dividido em dois tipos. O primeiro está na condição de leigo ou desconhecedor do assunto referente ao produto e serviço, também chamada de hipossuficiência fática.

A outra característica da hipossuficiência é a situação jurídica que impede do consumidor provar em litígio a responsabilidade do fornecedor, já que este possui todas as informações sobre o produto ou serviço, chamada de hipossuficiência técnica.

Logo ao se tratar de uma condição possivelmente adquirida por todos os consumidores é salutar a observância na veiculação de marketing/propaganda ou até mesmo no produto de todas as informações necessárias para o entendimento mínimo do consumidor sobre o produto/serviço a fim de retirar essa possível condição e evitar danos à empresa.

Há ainda o princípio da educação e da informação, que é de suma importância para a temática em tela, pois preceitua o dever de informação em maior escala possível sobre o produto ou serviço que está sendo vendido, oferecido ao consumidor.

O artigo 6º do código de defesa do consumidor estabelece regras com relação à propaganda enganosa ou abusiva, vejamos:

> Art. 6º São direitos básicos do consumidor:
>
> IV – a proteção contra a publicidade enganosa e abusiva, métodos comerciais coercitivos ou desleais, bem como contra práticas e cláusulas abusivas ou impostas no fornecimento de produtos e serviços;

Ora o referido princípio é advindo do citado artigo, que dispõe a vedação da fornecedora de produtos ou serviços em praticar publicidade enganosa ou abusiva, contendo coerção, ou aplicar de deslealdade com o consumidor, o induzindo a erro ou situações dúbias o levando a acreditar em algo inexistente.

Nesse diapasão percebe-se a seriedade ao se realizar um programa para efetivação de marketing e divulgação do produto ou serviço prestado, que deve sempre respeitar as normas cogentes do direito consumerista, adotando limites e preceitos legais.

Diante desse cenário é importante sempre a opinião dos profissionais da área jurídica em conjunto com os desenvolvedores do marketing em questão, a fim de sanar todas e quaisquer dúvidas referentes ao caso concreto.

Princípio da coibição e repressão ao abuso encontra guarida na vedação dos fornecedores de produtos ou serviços em se beneficiar de informações privilegiadas, omitindo-as ou utilizando-as de forma a enganar o consumidor.

Aparentemente é um princípio não tão relevante, porém, um ponto específico sobre o tema chama atenção, quanto ao dever de publicidade de produtos ou serviços que possam ser nocivos à saúde humana, o art. 8º do CDC dispõe:

> Art. 8° Os produtos e serviços colocados no mercado de consumo não acarretarão riscos à saúde ou segurança dos consumidores, exceto os considerados normais e previsíveis em decorrência de sua natureza e fruição, obrigando-se os fornecedores, em qualquer hipótese, a dar as informações necessárias e adequadas a seu respeito.
>
> § 1° O fornecedor de produtos e serviços que, posteriormente à sua introdução no mercado de consumo, tiver conhecimento da periculosidade que apresentem, deverá comunicar o fato imediatamente às autoridades competentes e aos consumidores, mediante anúncios publicitários.
>
> § 2° Os anúncios publicitários a que se refere o parágrafo anterior serão veiculados na imprensa, rádio e televisão, às expensas do fornecedor do produto ou serviço.

Ora, é de suma importância que, anteriormente a comercialização de produtos ou serviços que eventualmente sejam nocivos à saúde humana, seja realizada publicidades e propagandas com a relativa informação.

Além disso, quanto ao fornecedor de produtos que tiverem periculosidade descoberta após a inserção no mercado, é obrigatório, consonante ao § 1º, comunicar as autoridades competentes e promover às informações aos consumidores mediante publicidade.

O não cumprimento poderá trazer danos aos fornecedores dos produtos ou serviços. Portanto, em havendo necessidade, deverá a startup se programar para tal situação evitando assim qualquer futura responsabilização.

12.1.4. Publicidade enganosa

O legislador buscou vedar algumas práticas potencialmente danosas ao consumidor, seja por motivos técnicos, de saúde ou até mesmo devido ao consumidor ser levado ao engano adquirindo produto ou serviço acreditando ser uma coisa que de fato não é.

Com intuito de facilitar o entendimento sobre a publicidade enganosa, dividiremos em dois conceitos básicos, o primeiro é a publicidade enganosa ativa, e o segundo a publicidade enganosa passiva.

Nessa esteira podemos conceituar a publicidade enganosa ativa como sendo um falso conceito de um produto ou serviço que leva ao consumidor ao entendimento errôneo. Ocorre quando se altera características, forma e composição no intuito de levar ao consumidor a adquirir/contratar produtos/serviços sob falsa concepção.

Já a publicidade enganosa passiva se dá quando é ocultado de maneira proposital as características, forma e composição do produto/serviço. Ou seja, o consumidor encontra supedâneo para sua escolha em informações incompletas ou duvidosas.

O art. 6º do CDC procurou proteger os consumidores dessas duas formas de publicidade enganosa, a fim de que o consumidor possa sempre realizar as suas aquisições de maneira consciente sobre aquele produto/serviço, com todas as informações necessárias que o leve a decidir por este ou aquele produto/serviço, vejamos:

> Artigo 6.º São direitos básicos do Consumidor:
>
> [...]
>
> **II – a educação e divulgação sobre o consumo adequado dos produtos e serviços, assegurada a liberdade de escolha e a igualdade de contratações;**
>
> [...]
>
> **IV – a proteção contra a publicidade enganosa e abusiva, métodos comerciais coercitivos e desleais, bem como contra prática e cláusulas abusivas ou impostas no fornecimento de produtos e serviços;**

Desta forma, a publicidade deve demonstrar a realidade quanto a composição, forma e características do produto/serviço oferecido, uma vez que, caso se caracterize publicidade enganosa o consumidor terá o direito de buscar a reparação dos danos a ele causados, sejam na ordem patrimonial ou extrapatrimonial (danos materiais e danos morais).

12.1.5. Publicidade abusiva

A publicidade abusiva não está diretamente ligada ao produto/serviço oferecido, e sim a questões exteriores da campanha, que conceitualmente possam levar ao consumidor ao erro de interpretação, e utilização.

O conceito legal sobre a publicidade abusiva segundo o art. 36, §2º do CDC, é quando a publicidade é discriminatória, incite à violência, explore a superstição, utilize meios que dificultam o julgamento e a experiência de uma criança, não tenham valores ambientais, ou ainda incite o comportamento de forma danosa à sua saúde ou segurança.

> Art. 37. É proibida toda publicidade enganosa ou abusiva.
> § 2° É abusiva, dentre outras a publicidade discriminatória de qualquer natureza, a que incite à violência, explore o medo ou a superstição, se aproveite da deficiência de julgamento e experiência da criança, desrespeita valores ambientais, ou que seja capaz de induzir o consumidor a se comportar de forma prejudicial ou perigosa à sua saúde ou segurança.

Nessa senda, é imperioso afirmar que o legislador previu situações que pudessem embaraçar o consumidor ou ainda o levar a tomar decisões que não tomaria, apenas movido por um fator externo motivado por aquilo que viu.

Na ocorrência de publicidade abusiva o prejuízo não atinge somente o cliente/comprador, mas, havendo caracterização o dano já ocorre quando a publicidade é veiculada, podendo inclusive ser alvo de demandas mesmo sem haver a relação cliente/fornecedor.

Logo o cuidado maior a ser tomado nesses tipos de veiculações está no conteúdo e forma de apresentação, não necessariamente no produto, que muitas vezes pode ser somente um "acessório" naquela produção. Deve, portanto, ao empreendedor, a verificação do contexto amplo da campanha, e não somente o produto/serviço a ser ofertada ali.

Não se pode furtar o interesse do bem-estar social e da concorrência leal, baseada em princípios e na ética, gerando sempre a vontade de desenvolver o melhor produto/serviço para o consumidor, e não necessitar de artimanhas midiáticas e publicitárias para realizar a venda.

Assim você criador de um novo produto/serviço deve estar sempre pensando em oferecer o melhor para o seu cliente, usando ferramentas de marketing, publicidade e propaganda somente como complemento da própria experiência de utilizar o seu produto/serviço.

12.1.6. Dos crimes contra o consumidor

Ao falar de publicidade enganosa e publicidade abusiva há necessidade da devida explicação sobre os crimes cometidos contra o consumidor. Esses crimes são, muitas vezes, ignorados pela maioria dos empreendedores, que muitas vezes sequer detém o conhecimento que tais práticas são consideradas infrações penais, com penas previstas para o seu descumprimento.

Iremos nos ater somente às infrações referente ao tema proposto, sendo marketing e publicidade, seja ela enganosa ou abusiva, a fim de facilitar e descomplicar o entendimento a este respeito.

Existem três infrações no códex consumerista brasileiro que são relacionadas ao marketing e publicidade do produto/serviço, contidos no art. 66 a 68 do CDC, que tratam sobre a publicidade enganosa ativa, passiva e a publicidade abusiva respectivamente. Vejamos:

> Art. 66. Fazer afirmação falsa ou enganosa, ou omitir informação relevante sobre a natureza, característica, qualidade, quantidade, segurança, desempenho, durabilidade, preço ou garantia de produtos ou serviços:
>
> Pena - Detenção de três meses a um ano e multa.
>
> Art. 67. Fazer ou promover publicidade que sabe ou deveria saber ser enganosa ou abusiva:
>
> Pena Detenção de três meses a um ano e multa.
>
> Art. 68. Fazer ou promover publicidade que sabe ou deveria saber ser capaz de induzir o consumidor a se comportar de forma prejudicial ou perigosa a sua saúde ou segurança:
>
> Pena - Detenção de seis meses a dois anos e multa.

Os três tipos penais citados são referentes aos itens explanados acima, que versam justamente sobre a responsabilidade ao veicular uma campanha sobre o produto/serviço, e que devem ser sempre observadas pelos empreendedores na hora da realização de sua campanha.

Reiteramos que um produto/serviço executado com qualidade e com valor agregado ao seu cliente, este já terá uma excelente campanha a seu favor que serão os seus utilizadores, que se tornam multiplicadores. Então a campanha de marketing e publicidade será apenas um complemento daquilo que é o seu produto/serviço, não necessitando de nenhuma outra "forma mágica" para atingir os objetivos.

12.1.7. Lei de Direito Autoral (Lei nº 9.610/1998)

A lei do direito autoral também é de suma importância para o presente estudo, pois, obviamente, inúmeras produções artísticas serão realizadas junto com a produção de uma campanha publicitária e de marketing o que leva a alguns comentários referentes a essa legislação.

Quanto à titularidade, entende-se por autor o responsável criativo pela obra tutelada pelos direitos autorais, sendo a criação de utilização exclusiva da personalidade criadora. Entretanto, existe possibilidade de cessão de direitos quanto a utilização da obra criada por outrem, mediante contrato inter-vivos.

Há ainda possibilidade de cessão de direito mediante a transferência por morte, em que o sucessor ganha o direito de comercializar a obra como se sua fosse. Em não havendo sucessor, a obra será destinada ao domínio público de livre utilização.

Assim, conforme ensinamentos de Abrão (2002):

> Autor é o criador da obra protegida e titular de direitos. A criação cria um vínculo indissolúvel entre autor e obra, mas a titularidade pode ser adquirida por terceiros em virtude de contrato (inter-vivos) ou em função de sucessão (mortis-causa). Titular originário é apenas a pessoa física, ou, na hipótese singular da obra coletiva, o organizador, seja ele pessoa física ou jurídica. Titular derivado é autor por transmissão, é aquele

> ou aqueles que adquiriram o exercício de alguns direitos sem participação no processo criativo originário.
>
> A titularidade autoral, condição, pois, que o criador pessoa física detém, originalmente, decorrente da criação "ipso facto", pode ser transferida a terceiros por vontade dele, ou resultar do fato de sua morte.
>
> Titular, por convenção é quem assume, por delegação do autor, seus direitos patrimoniais na comercialização dela, ou em qualquer outro modo de utilizá-la publicamente. Titular, por sucessão, é quem adquire os direitos do autor, pessoa física, em virtude de seu falecimento, dentro do prazo de proteção dado à obra, e antes que ela caia em domínio público.

Logo, quando houver a necessidade de utilização de uma obra criada por terceiro em campanhas de marketing, utilizam-se contratos de cessão de direitos, onde o criador da obra autoriza a reprodução da imagem ou produto, para que possam ser aplicados e comercializados por outrem de modo legal e remunerando o autor.

De outro modo, ao ser criador de alguma obra, são fundamentais alguns cuidados básicos quanto ao produto ou imagem que pode ser explorado comercialmente. É necessário o registro das obras junto ao órgão competente para que haja o direito de exploração e comercialização, antevendo possíveis desgastes referentes a um registro inidôneo.

Nesta perspectiva, o artigo 7º, incisos de I a XIII da lei 9.610/1998, demonstra rol exemplificativo acerca das obras que são protegidas pela lei, *in verbis*:

> Art. 7º São obras intelectuais protegidas as criações do espírito, expressas por qualquer meio ou fixadas em qualquer suporte, tangível ou intangível, conhecido ou que se invente no futuro, tais como:
>
> I – os textos de obras literárias, artísticas ou científicas;
>
> II – as conferências, alocuções, sermões e outras obras da mesma natureza;
>
> III – as obras dramáticas e dramático-musicais;
>
> IV – as obras coreográficas e pantomímicas, cuja execução cênica se fixe por escrito ou por outra qualquer forma;

> V – as composições musicais, tenham ou não letra;
> VI – as obras audiovisuais, sonorizadas ou não, inclusive as cinematográficas;
> VII – as obras fotográficas e as produzidas por qualquer processo análogo ao da fotografia;
> VIII – as obras de desenho, pintura, gravura, escultura, litografia e arte cinética;
> IX – as ilustrações, cartas geográficas e outras obras da mesma natureza;
> X – os projetos, esboços e obras plásticas concernentes à geografia, engenharia, topografia, arquitetura, paisagismo, cenografia e ciência;
> XI – as adaptações, traduções e outras transformações de obras originais, apresentadas como criação intelectual nova;
> XII – os programas de computador;
> XIII – as coletâneas ou compilações, antologias, enciclopédias, dicionários, bases de dados e outras obras, que, por sua seleção, organização ou disposição de seu conteúdo, constituam uma criação intelectual.

Na atualidade, o Brasil dispõe de institutos responsáveis pelo o registro e respectiva consulta acerca dos registros, os quais são divididos no que tange às obras intelectuais e as concernentes a marcas e patentes.

Os registros de obras intelectuais são realizados pela Biblioteca Nacional, Escola de Música e De Belas artes. Já os registros referentes às marcas e patentes são realizados pelo Instituto Nacional de Propriedade Intelectual (INPI).

O artigo 46 dispõe as modalidades que não constituem ofensas aos direitos autorais:

> I - a reprodução:
> a) na imprensa diária ou periódica, de notícia ou de artigo informativo, publicado em diários ou periódicos, com a menção do nome do autor, se assinados, e da publicação de onde foram transcritos;
> b) em diários ou periódicos, de discursos pronunciados em reuniões públicas de qualquer natureza;

c) de retratos, ou de outra forma de representação da imagem, feitos sob encomenda, quando realizada pelo proprietário do objeto encomendado, não havendo a oposição da pessoa nele representada ou de seus herdeiros;

d) de obras literárias, artísticas ou científicas, para uso exclusivo de deficientes visuais, sempre que a reprodução, sem fins comerciais, seja feita mediante o sistema Braile ou outro procedimento em qualquer suporte para esses destinatários;

e) a reprodução, em um só exemplar de pequenos trechos, para uso privado do copista, desde que feita por este, sem intuito de lucro;

f) a citação em livros, jornais, revistas ou qualquer outro meio de comunicação, de passagens de quaisquer obras, para fins de estudo, crítica ou polêmica, na medida justificada para o fim a atingir, indicando-se o nome do autor e a origem da obra;

g) o apanhado de lições em estabelecimentos de ensino por aquelas a quem elas se dirigem, vedada sua publicação, integral ou parcial, sem autorização prévia e expressa de quem as ministrou;

h) a utilização de obras literárias, artísticas ou científicas, fonogramas e transmissão de rádio e televisão em estabelecimentos comerciais, exclusivamente para demonstração à clientela, desde que esses estabelecimentos comercializem os suportes ou equipamento que permitam a sua utilização;

i) a representação teatral e a execução musical, quando realizadas no recesso familiar ou, para fins exclusivamente didáticos, nos estabelecimentos de ensino, não havendo em qualquer caso intuito de lucro;

ii) a utilização de obras literárias, artísticas ou científicas para reproduzir prova judiciária ou administrativa;

iii) a reprodução, em quaisquer obras, de pequenos trechos de obras preexistentes, de qualquer natureza, ou de obra integral, quando de artes plásticas, sempre que a reprodução em si não seja o objetivo principal da obra nova e que não prejudique a exploração normal da obra reproduzida nem cause um prejuízo injustificado aos legítimos interesses dos autores.

Depreende-se do artigo supracitado que, há exceções quanto à publicidade realizada conforme o rol taxativo fixado por intermédio da letra da lei, sem que haja ilegalidades ou possibilidades de futuras reparações ou sanções relacionadas.

Pode-se então contextualizar no tema em análise, inúmeras situações de criação e utilização que devem estar atentos para evitar problemas futuros e despesas indesejadas.

É indispensável verificar se há utilização de produtos (imagens, músicas, textos, ou qualquer outra produção artística/intelectual) nas campanhas publicitárias, visando a realização de contrato de cessão.

12.1.8. Decreto 7.962/2013

O Decreto 7.962/2013 regulamentou o Código de Defesa do Consumidor quanto ao e-commerce, abrangendo os quesitos relevantes nas relações comerciais advindas por meio eletrônico.

De um modo geral, o Decreto visou fixar parâmetros de segurança e transparência nas aquisições feitas virtualmente, como a fácil localização do contato do fornecedor, nome empresarial, CNPJ, endereço (físico e eletrônico), conforme artigo 2º:

> Os sítios eletrônicos ou demais meios eletrônicos utilizados para oferta ou conclusão de contrato de consumo devem disponibilizar, em local de destaque e de fácil visualização, as seguintes informações:
>
> I – nome empresarial e número de inscrição do fornecedor, quando houver, no Cadastro Nacional de Pessoas Físicas ou no Cadastro Nacional de Pessoas Jurídicas do Ministério da Fazenda;
>
> II – endereço físico e eletrônico, e demais informações necessárias para sua localização e contato;
>
> III – características essenciais do produto ou do serviço, incluídos os riscos à saúde e à segurança dos consumidores;
>
> IV – discriminação, no preço, de quaisquer despesas adicionais ou acessórias, tais como as de entrega ou seguros;
>
> V – condições integrais da oferta, incluídas modalidades de pagamento, disponibilidade, forma e prazo da execução do serviço ou da entrega ou disponibilização do produto; e

> VI – informações claras e ostensivas a respeito de quaisquer restrições à fruição da oferta.

Nas propagandas e nos Sítios Eletrônicos, onde há interesse no comércio de produtos, é necessário esclarecer ao consumidor final as cláusulas referentes ao contrato que possivelmente será pactuado, bem como, os meios de desfazimento do negócio mediante distrato, as formas de pagamento ou qualquer outro dado necessário para compreensão em profundidade da pactuação oferecida.

Em consonância com o artigo 2º, o artigo 4º apresenta rol com os deveres dos fornecedores:

> Art. 4º Para garantir o atendimento facilitado ao consumidor no comércio eletrônico, o fornecedor deverá:
>
> I – apresentar sumário do contrato antes da contratação, com as informações necessárias ao pleno exercício do direito de escolha do consumidor, enfatizadas as cláusulas que limitem direitos;
>
> II – fornecer ferramentas eficazes ao consumidor para identificação e correção imediata de erros ocorridos nas etapas anteriores à finalização da contratação;
>
> III – confirmar imediatamente o recebimento da aceitação da oferta;
>
> IV – disponibilizar o contrato ao consumidor em meio que permita sua conservação e reprodução, imediatamente após a contratação;
>
> V – manter serviço adequado e eficaz de atendimento em meio eletrônico, que possibilite ao consumidor a resolução de demandas referentes a informação, dúvida, reclamação, suspensão ou cancelamento do contrato;
>
> VI- confirmar imediatamente o recebimento das demandas do consumidor referidas no inciso, pelo mesmo meio empregado pelo consumidor; e
>
> VII – utilizar mecanismos de segurança eficazes para pagamento e para tratamento de dados do consumidor.
>
> Parágrafo único. A manifestação do fornecedor às demandas previstas no inciso V do **caput** será encaminhada em até cinco dias ao consumidor.

A observância do referido artigo é de suma importância quanto às negociações e vendas realizadas via internet, visto que, há preceituação dos requisitos mínimos ao fornecimento, visando a segurança ao consumidor e também ao fornecedor dos produtos ou serviços negociados on-line, conforme dito anteriormente.

O texto da lei expressa ampla proteção ao consumidor, em resposta ao princípio da vulnerabilidade. Assim, é necessária esta observância, quando da promoção de programas visando a publicidade de marcas e produtos, conforme tratado em tópico anterior.

Compele ressaltar que em caso de não atendimento das disposições contidas no Decreto, deverão ser aplicadas as sanções previstas no artigo 56 do CDC, vejamos:

> Art. 56. As infrações das normas de defesa do consumidor ficam sujeitas, conforme o caso, às seguintes sanções administrativas, sem prejuízo das de natureza civil, penal e das definidas em normas específicas:
>
> I – multa;
>
> II – apreensão do produto;
>
> III – inutilização do produto;
>
> IV – cassação do registro do produto junto ao órgão competente;
>
> V – proibição de fabricação do produto;
>
> VI – suspensão de fornecimento de produtos ou serviço;
>
> VII – suspensão temporária de atividade;
>
> VIII – revogação de concessão ou permissão de uso;
>
> IX – cassação de licença do estabelecimento ou de atividade;
>
> X – interdição, total ou parcial, de estabelecimento, de obra ou de atividade;
>
> XI – intervenção administrativa;
>
> XII – imposição de contrapropaganda.
>
> Parágrafo único. As sanções previstas neste artigo serão aplicadas pela autoridade administrativa, no âmbito de sua atribuição, podendo ser aplicadas cumulativamente, inclusive por medida cautelar, antecedente ou incidente de procedimento administrativo.

Assim, em caso de descumprimento dos parâmetros estabelecidos mediante decreto, poderão ser aplicadas sanções estabelecidas no artigo 56 do CDC. Tais sanções visam a manutenção da segurança jurídica, da equidade na relação estabelecida entre fornecedor e consumidor.

Aplicado ao marketing digital, é indispensável a consonância com os parâmetros fixados pelas normativas em comento. Tais precauções acarretam em maior segurança ao contrato estabelecido, conforme discorrido anteriormente, ao passo que resguarda os contratantes (fornecedor e consumidor) e normatizam questões gerais quanto ao negócio fixado via internet.

12.1.9. Código Brasileiro de Autorregulamentação Publicitária

O Código Brasileiro de Autorregulamentação Publicitária é a legislação que dispõe especificamente sobre o tema proposto neste capítulo, e muito interessa ao presente estudo, já que em suma o marketing se expressa através de campanhas publicitárias e propagandas.

Quanto ao tema em tela, podem ser destacados alguns pontos, tratados pelos artigos 38 a 43 que, especificamente tratam de direito autoral e plágio, logo os limites para utilização de imagens, músicas e textos em campanhas.

O artigo 38 tem por objetivo a expressão do dever de respeito aos direitos autorais das obras, intérpretes e reprodução explorados mediante as campanhas e propagandas publicitárias.

> Artigo 38: Em toda a atividade publicitária serão respeitados os direitos autorais nela envolvidos, inclusive os dos intérpretes e os de reprodução.

A partir do artigo 39, há ordenanças quanto a utilização não permitida de música, seja ela de autor brasileiro ou estrangeiro, sem que haja a devida autorização de uso, abrindo uma exceção para casos em que a música se tornou de domínio público.

> Artigo 39: O anúncio não utilizará música de fundo, "vinhetas", ou trechos de composições de autores nacionais ou estrangeiros sem o devido respeito aos respectivos direitos autorais, a não ser no caso de músicas que sejam ou se tenham tornado de domínio público, de acordo com a legislação específica, respeitados os direitos de gravação.

Há ainda, no artigo 40, proibição ao uso desrespeitoso no que concerne a músicas folclóricas, que constituem patrimônio cultural do país.

> Artigo 40: É condenado o uso desrespeitoso da música folclórica, dos folguedos e temas populares que constituem parte integrante do patrimônio cultural do país.

Em sequência, o artigo 41, que regulamenta a proibição de plágio ou imitação nas campanhas publicitárias. Assim, consoante ao artigo 42, deve ser levado em consideração a observância de não produção de campanhas em alusão ou parecidas com alguma já existente, ou ainda que leve ao entendimento de outra marca, o que se torna vedado por este código.

> Artigo 41: Este Código protege a criatividade e a originalidade e condena o anúncio que tenha por base o plágio ou imitação, ressalvados os casos em que a imitação é comprovadamente um deliberado e evidente artifício criativo.
>
> Artigo 42: Será igualmente condenado o anúncio que configure uma confusão proposital com qualquer peça de criação anterior.

Ao realizar uma propaganda publicitária deverá haver precaução quanto ao conteúdo, para que não haja apelo que lesione ou denote depreciação de outra marca ou anúncio concorrente ou afins, conforme estabelece o artigo 43:

> Artigo 43: O anúncio não poderá infringir as marcas, apelos, conceitos e direitos de terceiros, mesmo aqueles empregados fora do país, reconhecidamente relacionados ou associados a outro Anunciante.

O artigo 50 do Código prevê sanções no caso de descumprirem em questões previamente disposta. As devidas e possíveis sanções podem ser sofridas pelo autor da campanha (publicitário, agência publicitária) e ainda a empresa contratante da propaganda infratora.

> Artigo 50 – Os infratores das normas estabelecidas neste Código e seus anexos estarão sujeitos às seguintes penalidades:
>
> advertência;

> recomendação de alteração ou correção do Anúncio;
> recomendação aos Veículos no sentido de que sustem a divulgação do anúncio;
> divulgação da posição do CONAR com relação ao Anunciante, à Agência e ao Veículo, através de Veículos de comunicação, em face do não acatamento das medidas e providências preconizadas.
> § 1º – Compete privativamente ao Conselho de Ética do CONAR apreciar e julgar as infrações aos dispositivos deste Código e seus Anexos e, ao Conselho Superior do CONAR, cumprir e fazer cumprir as decisões emanadas do Conselho de Ética em processo regular.
> § 2º – Compete privativamente ao Conselho Superior do CONAR alterar as disposições deste Código, bem como alterar, suprimir e acrescentar-lhe Anexos.

Neste seguimento, as precauções a serem tomadas com as campanhas realizadas devem ater-se primeiramente quanto a busca de agência publicitária legalmente constituída, que seja ainda, capaz de atender os anseios criativos para a divulgação e criação da campanha.

Em segundo plano, deve o gestor precaver-se quanto a necessidade de envolvimento de corpo jurídico. Devendo ser prestadas orientações de ordem jurídica e, ainda, participar durante todo o desenvolvimento dos trabalhos publicitários, observando questões contratuais com os autores, artistas, compositores que porventura irão ceder suas obras para a campanha.

12.1.10. Lei de Proteção de Dados Pessoais (Lei 13.709/2018)

A LGPD (Lei Geral de Proteção de Dados Pessoais), que entrou em vigência no dia 18 de setembro de 2020, visa a tutela da privacidade e a proteção dos dados pessoais diante da má utilização em meios digitais. Por intermédio dela, o legislador busca a regulamentação para o uso de dados obtidos, fazendo com que os direitos da personalidade sejam resguardados. Desta maneira, só pode haver tratamento de dados nas hipóteses previstas no Artigo 7º:

> *O tratamento de dados pessoais somente poderá ser realizado nas seguintes hipóteses:*
>
> *I - mediante o fornecimento de consentimento pelo titular;*
>
> *II - para o cumprimento de obrigação legal ou regulatória pelo controlador;*
>
> *III - pela administração pública, para o tratamento e uso compartilhado de dados necessários à execução de políticas públicas previstas em leis e regulamentos ou respaldadas em contratos, convênios ou instrumentos congêneres, observadas as disposições do Capítulo IV desta Lei;*
>
> *IV - para a realização de estudos por órgão de pesquisa, garantida, sempre que possível, a anonimização dos dados pessoais;*
>
> *V - quando necessário para a execução de contrato ou de procedimentos preliminares relacionados a contrato do qual seja parte o titular, a pedido do titular dos dados;*
>
> *VI - para o exercício regular de direitos em processo judicial, administrativo ou arbitral, esse último nos termos da Lei nº 9.307, de 23 de setembro de 1996 (Lei de Arbitragem) ;*
>
> *VII - para a proteção da vida ou da incolumidade física do titular ou de terceiro;*
>
> *VIII - para a tutela da saúde, exclusivamente, em procedimento realizado por profissionais de saúde, serviços de saúde ou autoridade sanitária;*
>
> *IX - quando necessário para atender aos interesses legítimos do controlador ou de terceiro, exceto no caso de prevalecerem direitos e liberdades fundamentais do titular que exijam a proteção dos dados pessoais; ou*
>
> *X - para a proteção do crédito, inclusive quanto ao disposto na legislação pertinente.*

Conforme conceitua o artigo 5º, inciso X, considera-se tratamento como *"toda operação realizada com dados pessoais, como as que se referem a coleta, produção, recepção, classificação, utilização, acesso, reprodução, transmissão, distribuição, processamento, arquivamento, armazenamento, eliminação, avaliação ou controle da informação, modificação, comunicação, transferência, difusão ou extração;"*.

Assim, toda e qualquer ação considerada tratamento de dados pessoais deverá observar os limites do artigo 7º e respectivos incisos.

É importante ressaltar que o marketing digital está incluso e deve se adequar à nova normativa, pois, a partir de agora os detentores de dados poderão ser responsabilizados em caso de violação à LGPD. A título de exemplo cita-se as estratégias de uso de dados para segmentação utilizadas no marketing digital.

Ao promover uma campanha publicitária não são esperadas projeções negativas. Assim, os devidos cuidados acima garantirão dentro de um espectro jurídico uma segurança para a empresa, de possíveis danos à imagem da marca, visando a crescente valorização da marca e o menor risco de manchas ou agruras nesta, o que gera desgaste com o público e influi em possíveis perdas de clientes e negócios.

Capítulo 13

CORRUPÇÃO, LEI ANTICORRUPÇÃO E *COMPLIANCE*

Diego Demiciano
Clodomiro José Bannwart Júnior

A promulgação da Lei 12.846/2013, batizada de Lei Anticorrupção, intensificou o debate acerca do *compliance*. Como se perceberá no decorrer deste trabalho a questão foi tratada com maior intensidade após sua concretização pela Lei Anticorrupção, no entanto, trata-se de uma discussão latente, que apenas eclodiu de maneira tardia. Vale lembrar que o *compliance* é um dos compromissos firmados pelo Brasil internacionalmente para o combate a corrupção e que seu trâmite pelo Congresso Nacional demorou mais de uma década.

Não há dúvida que a corrupção é danosa para a sociedade e precisa ser combatida, todavia, seus reflexos são sentidos com maior intensidade nos países em desenvolvimento onde o processo de democratização ainda é recente, o que torna o Estado ainda mais suscetível de corrupção. Nosso país infelizmente não possui realidade diversa. O histórico de corrupção no Brasil é alarmante. Escândalos como o "mensalão" consubstanciam uma verdade amarga sobre a maneira como aqui se exerce a política. O mais recente episódio desta natureza, chamada como operação "lava-jato", onde importantes figuras políticas do Brasil são investigadas por crimes de corrupção, que ainda não teve seu desfecho, mas seus reflexos atingem abruptamente o país. A referida operação aliada a outros fatores originou um cenário de desconfiança e instabilidade política, submergindo o país em uma crise da qual não há expectativa de recuperação a curto prazo.

Não é de hoje que o Brasil sofre com a corrupção, no entanto, nossa história normativa demonstra que houve a intenção de combatê-la. "Corrupção e troca de favores são elementos de nossa cultura política. Inserem-se nas regras de funcionamento do sistema, que incentivam intenso jogo de clientelismo e oportunismo no processo orçamentário e nas nomeações para cargos na máquina estatal" (ABRANCHES, 2017, p. 5). A corrupção firma-se em uma estrutura sistêmica que faz do Estado expediente de interesses capitulados pela esfera privada. A fotografia deste quadro é tão antiga quanto a história do país.

Marco Vinicio Petrelluzzi cita que em todas nossas constituições existiam previsões normativas sobre o tema, assim como houve normativos como a Lei Pitombo-Godói Ilha e a Lei Bilac Pinto, que representaram avanços conceituais na luta contra a corrupção. O autor também assevera que embora houvesse a previsão do crime e a respectiva sanção, as Leis criadas com este intuito padeciam de aplicação efetiva (PETRELLUZZI, 2014, p. 30).

A deturpação da função pública acompanhou o Brasil desde sua gênese. O início se deu já na colonização, quando o governo português carecia de interessados para habitar o novo mundo e manter a administração nos ditames da capital. Não eram muitos os que submeteriam às condições adversas que a colonização exigia, então o governo português além de conceder muitos benefícios aos que se aventuravam, também era condescendente com a utilização da função pública para o favorecimento pessoal. A expansão ultramarina foi a porta para o estabelecimento do estado patrimonialista no Brasil (SOUZA, 2011 p. 33).

> De dom João I a Getúlio Vargas, numa viagem de seis séculos, uma estrutura político-social resistiu a todas as transformações fundamentais, aos desafios mais profundos, à travessia do oceano largo. A comunidade política conduz, comanda, supervisiona os negócios, como negócios privados seus, na origem, como negócios públicos depois, em linhas que se demarcam gradualmente. O súdito, a sociedade, se compreendem no âmbito de um aparelhamento a explorar, a manipular, a tosquiar nos casos extremos. Dessa realidade

> se projeta, em florescimento natural, a forma de poder, institucionalizada num tipo de domínio: o patrimonialismo, cuja legitimidade assenta no tradicionalismo – assim é porque sempre foi. O comércio dá o caráter à expansão, expansão em linha estabilizadora, do patrimonialismo, forma mais flexível do que o patriarcalismo e menos arbitrária que o sultanismo (FAORO, 2000, p. 633).

Não raro emergirem em nosso país eventos que demonstram uma corrupção institucional, arraigada nos órgãos públicos, que mesmo tomando notoriedade possuem um desfecho brando, nada comparado com o dano efetivo. O aperfeiçoamento do ordenamento para impedir a incidência de novos fatos corruptivos deve necessariamente contar com a aplicação contumaz da Lei criada e suas penas, sob o risco de torná-la inócua. A impunidade contribui para o descrédito do país quanto a sua seriedade e empenho no combate à corrupção, prova disso é a colocação do Brasil no índice de percepção da corrupção feito pela Transparência Internacional. O referido índice pontua 168 países com nota de 0, que significa totalmente corruto até 100, nota de um país livre de corrupção. A posição do Brasil deflagra que ano a ano perdemos o combate contra a corrupção, pois em 2013 estávamos na 72ª posição com 42 pontos, e agora temos 40 pontos na 79ª posição.[1]

Os casos emblemáticos de corrupção no país não coadunam com sua expressividade internacional econômica ou política, tal fato fez com que a comunidade internacional exercesse uma pressão para que o Brasil assumisse o compromisso de combater a corrupção dentro do próprio país e internacionalmente. Até o ano 2000 o Brasil sequer contava com recursos normativos suficientes para combater a corrupção internacional, o que o colocava em uma situação de fragilidade, pois, embora ostentasse o título de uma das maiores economias do mundo com grandes perspectivas de crescimento, ainda não detinha instrumentos capazes de combater a corrupção internacional. Foi no início da década passada que os

1. TRANSPARENCIA INTERNACIONAL, **Índice de Percepção da Corrupção 2015**. Disponível em <https://www.transparency.org/cpi2016> Acesso em 17/11/2017.

tratados internacionais com o intuito de inserir o país no combate à corrupção foram assinados.

Em 30 de novembro de 2000, a República Federativa do Brasil ratificou e promulgou a Convenção sobre Combate à Corrupção de Funcionários Públicos Estrangeiros em Transações Comerciais Internacionais da OCDE, através do Decreto n. 3.6782. Também foram assumidos os compromissos na Convenção Interamericana contra a Corrupção e na Convenção das Nações Unidas contra a Corrupção. Com as três Convenções, o Brasil obrigou-se a punir de forma efetiva os atos de corrupção, em especial o denominado suborno transnacional, caracterizado pela corrupção ativa de funcionários públicos estrangeiros e de organizações internacionais. Até então a única norma que tratava sobre condutas relacionadas a atos de amplitude internacional era a Lei n. 10.467, de 11 de junho de 2002, que, alterando o Código Penal, passou a prever o crime de corrupção ativa em transação comercial internacional, entretanto, "com a responsabilização abrangendo apenas as pessoas naturais, não tendo o condão de atingir as pessoas jurídicas eventualmente beneficiadas pelo ato criminoso"[2].

Como se vê, o Brasil não atendeu ao pedido da Organização para Cooperação e Desenvolvimento Econômico (OCDE) na amplitude desejada, faltava a norma destinada a punir as pessoas jurídicas para o crime de corrupção ativa em transações internacionais, que só viria em 2010, através do Projeto de Lei 6.826 de 2010 de autoria da Controladoria Geral da União (CGU). Mesmo após os 10 anos de espera ainda caminhava vagarosamente pelo processo legislativo, até que foi impulsionado de maneira peculiar para sua aprovação em 1 de agosto de 2013. Necessário asseverar que embora a referida lei viesse para atender a um compromisso internacional assumido pelo Brasil, seu conteúdo também servirá para o combate da corrupção internamente, fornecendo mecanismos para o aperfeiçoamento da responsabilização da empresa que se favorece ilicitamente quando em conluio com a administração pública.

Em de junho de 2013 ocorreram diversas manifestações populares de caráter político, cujo primeiro foco foi o aumento no preço da

---

2. MARINELLA, Fernanda. **Lei Anticorrupção: Lei 12.846, de 1º de agosto de 2013**. São Paulo: Saraiva. 2015. P. 7.

passagem do transporte público de São Paulo. A população utilizou deste caminho aberto para demonstrar sua insatisfação e os temas que eclodiram foram os mais diversos. Em efeito cascata, grupos sociais se aproveitaram da oportunidade para levar às ruas diversas questões políticas como a má qualidade dos serviços públicos, a alta carga tributária, entre outras, mas uma bandeira levantada era unânime, o descontentamento com a corrupção ocorrida no país. As manifestações de junho de 2013 contaram com o apoio de 80% dos brasileiros e seu impacto foi comparado com o impeachment do presidente Fernando Collor de Mello, um dos fatos políticos de maior repercussão no país. No dia 17 de junho daquele ano, mais de 1,5 milhões de manifestantes tomaram as ruas das principais cidades do Brasil, bradando palavras de ordem contra os altos gastos com a Copa do Mundo de 2014, contrapropostas de emenda constitucional que estavam em tramitação, entre outros temas[3]. O movimento também tomou conta das mídias sociais como o Facebook e o Twitter, tornando a internet multiplicadora da repercussão dos protestos.

As diversas bandeiras levantadas pelos manifestantes não demonstravam claramente a causa da insurgência levada às ruas, certamente havia uma insatisfação generalizada, mas sem um ideário definido, todavia, embora haja esta dificuldade, alguns temas ganharam maior destaque. A corrupção certamente constava entre os temas mais recorrentes, muito provavelmente em razão dos fatos que ainda estavam na memória do brasileiro, como o mensalão julgado em 2012, cujo desfecho não agradou a população, dado o abrandamento das punições aplicadas.

O poder público se viu obrigado a responder rapidamente às referidas manifestações, dada a crescente rejeição do atual governo. A então presidente Dilma Rousseff fez um pronunciamento oficial sobre o ocorrido no dia 21 de junho demonstrando que o clamor popular surtiu efeitos, atraindo a atenção do poder público e deixando de representar um incômodo ordinário para tornar-se uma preocupação real que carecia de atenção. De outra banda, o

3. JORNAL DO BRASIL, **Retrospectiva Manifestações de Junho Agitaram Todo o País**. Disponível em: <http://www.jb.com.br/retrospectiva-2013/noticias/2013/12/17/retrospectiva-manifestacoes-de-junho-agitaram-todo-o-pais/>. Acesso em 22/01/2018.

compromisso com a OCDE e a necessidade de instituir o combate à corrupção na esfera empresária não interessavam aos Poderes Legislativo e Executivo até o momento. A intensa manifestação de descontentamento com a maneira de se fazer política no país, e principalmente contra a corrupção, tornou oportuna a votação do projeto de Lei 6826/2010, que embora não proposto com este fim, claramente foi eleito como resposta a este cenário político.

Certamente a aprovação do projeto de Lei 6826/2010 não foi a resposta correta, quanto menos adequada para as manifestações populares. Os manifestantes não levantaram bandeiras pedindo a referida aprovação, quanto menos sabiam do teor do projeto de Lei, um número ínfimo de pessoas deveria saber de sua existência. Embora não possamos relacionar diretamente a Lei 12.846/2013 às manifestações de 2013, a pressão exercida pela opinião popular fez com seu processo de aprovação fosse acelerado, ou seja, devemos considerar a aprovação ao menos como um efeito colateral da insurgência da sociedade contra a corrupção.

O ministro-chefe da Controladoria Geral da União, Jorge Hage, em 2014, em entrevista à Carta Capital reconheceu que a pressão popular serviu de incentivo para a rápida aprovação da Lei. O ministro ainda ressalva que a aprovação de uma lei com este conteúdo se tratava de uma dívida que o país tinha com a Organização para Cooperação e Desenvolvimento Econômico (OCDE), decorrente de um compromisso firmado contra a corrupção internacional, todavia, é necessário para o convencimento da comunidade internacional que a Lei seja aplicada pelos órgãos responsáveis e pelo Poder Judiciário[4].

13.1. COMPLIANCE E INTEGRIDADE

O *Compliance* é mencionado pelo artigo 7º, inciso VIII da Lei 12.846/2013, e consiste, segundo o texto da Lei, na "existência de mecanismos e procedimentos internos de integridade, auditoria e incentivo à denúncia de irregularidades e aplicação efetiva de

---

4. CARTA CAPITAL, **Lei Anticorrupção vai mudar a atitude do empresariado brasileiro**. 17 Dez 2013.Disponível em: <http://www.jb.com.br/retrospectiva-2013/noticias/2013/12/17/retrospectiva-manifestacoes-de-junho-agitaram-todo-o-pais>. Acesso em 22/01/2018.

códigos de ética e conduta no âmbito da pessoa jurídica". O termo é derivado do verbo da língua inglesa *to comply* que faz menção ao cumprimento, observância, estar de acordo, corresponder a determinada situação ou regra. Dentro do campo semântico empresarial, a expressão *compliance* é usada para dizer que determinada empresa obedece aos padrões de atuação seja externamente, em suas relações com outras empresas, fornecedores, consumidores etc., seja internamente, na vigilância da conduta de seus integrantes. Talvez pela novidade do tema, não se encontra uma definição concreta de seu significado.

Para NEGRÃO[5], "compliance é o dever de cumprir, de estar em conformidade e fazer cumprir regulamentos internos e externos impostos às atividades das organizações". O Conselho Administrativo de Defesa Econômica (CADE) definiu o Compliance como "um conjunto de medidas internas que permite prevenir ou minimizar os riscos de violação às leis decorrentes de atividade praticada por um agente econômico e de qualquer um de seus sócios ou colaboradores" (CADE, 2016). Outras definições encontradas também tratam o *compliance* como uma série de mecanismos destinados ao combate da corrupção internamente na empresa, no entanto, é importante asseverar que embora os controles internos façam parte do *compliance*, com ele não se confunde. Em outras palavras, o *compliance* não se resume meramente aos controles internos, é mais do que isto.

As definições de *compliance* encontradas fazem menção a um sistema, um conjunto de medidas tomadas com o intuito de fazer a empresa operar em conformidade com as normas internas, destinadas à conduta de seus integrantes, procedimentos internos de eficiência etc., e externas, como obediência às leis, requisitos técnicos para funcionamento, conformidade com a Organização Internacional de Normatização (ISO) etc. Nesse sentido, o *compliance* abrange uma pesquisa das normas as quais a empresa está submetida, bem como o esforço para operar em conformidade a todas elas. Em razão desta leitura, se verifica a expressão "estar em compliance", aludindo movimento, um ato contínuo, um objetivo a ser perseguido. Esta

5. NEGRÃO, Célia Regina P. Lima. Compliance, controles internos e riscos: a importância da área de gestão de pessoas. Brasília, DF: Editora Senac, 2014. P. 43.

definição, no entanto, contrasta com a que encontramos na Lei 12.846/13, justamente porque ela faz referência somente aos controles internos exercidos sobre os integrantes da empresa. Talvez, o motivo desta visão menos abrangente é a temática adotada pela Lei, o combate à corrupção.

O que se percebe, a princípio, é que *compliance* está envolto em um movimento iniciado há muito tempo em outros países e agora em voga no Brasil que tem por objetivo questionar a maneira pela qual se celebram os negócios no mundo coorporativo. Nesse sentido, o *compliance* está relacionado com a auditoria, a governança coorporativa, sustentabilidade etc. Muito embora não se possa afirmar que o *compliance* é uma ferramenta que se vale necessariamente da ética para repensar o papel da empresa na sociedade, existe a possibilidade deste objetivo ser alcançado pela via diversa. Cediço que a empresa investe no *compliance* por acreditar que, fazendo isto, está minimizando perdas e, por conseguinte, aumentando a receita da corporação. Nas experiências observadas até então, dificilmente se consegue retirar a empresa da lógica instrumentalizada que rege o mercado, isto porque, até então os valores da sociedade não integravam o cálculo utilizado para aferir a produtividade empresarial. Dessa forma, se as tentativas até então empregadas não foram bem-sucedidas para disseminar valores éticos nas empresas, não significa que as empresas não podem ser conduzidas a adotar uma postura ética e a praticar os valores relacionados com a atividade produtiva.

A ética se impõe como um *dever ser* a balizar o modo de *ser* de ações e comportamentos. Não é porque determinados valores sigam como regra em determinado contexto que os mesmos não possam ser modificados com o tempo. A própria história demonstra que os valores comportamentais são relativos à contextos sociais, culturais e temporais. Se a empresa sempre agiu orientada por um determinado *ethos* – o *ethos* do capitalismo, para usar uma expressão de Max Weber – não significa que ela não possa alterar o seu comportamento e modelar sua atuação por uma nova eticidade, até porque quando se fala em ética não há como desconsiderar o papel de influência exercido pela sociedade. E no cenário contemporâneo é inegável a influência dos valores sociais na dinâmica e atuação empresarial, considerando que as empresas dialogam com a sociedade e seu público consumidor.

De qualquer modo, mesmo que se defenda que a empresa aja exclusivamente pautada em uma relação instrumental com seu público, não restando nenhum espaço para a ética, ainda assim é difícil justificar a sustentabilidade desse tipo de comportamento. É possível, por exemplo, dizer que uma pessoa mente, engana, prática algum tipo de logro sobre terceiro. Ela é capaz de tudo isso no varejo, mas não no atacado. Ou seja, a pessoa pode mentir, mas ela não pode nem consegue mentir o tempo todo. A mentira e qualquer tipo de logro não asseguram a sustentabilidade de nenhum comportamento a longo prazo. A empresa tem a opção de agir instrumentalmente, porém, esse tipo reiterado de postura comportamental, diante de uma sociedade altamente informada, não se sustenta. A sustentabilidade social a empresa passa necessariamente por uma discussão, ainda que mínima, sobre a ética.

Para entender a abrangência do *compliance* é necessário tecer alguns comentários sobre sua origem. No século XX, com o surgimento das grandes corporações e da modalidade de investimento nas empresas de capital aberto criou-se um cenário para a conhecida crise de 1929. Entre outras razões a crise se originou pela utilização inadequada dos meios existentes para investimento e pela falta de confiança no sistema financeiro, no mercado e nas empresas. A crise de 1929 foi um marco importante não só para o *compliance* e o combate a corrupção, mas para o progresso de princípios fundamentais da atividade empresária como transparência e o controle financeiro. A lição tirada é que os efeitos negativos da atividade produtiva ultrapassam a esfera empresária e atingem toda a sociedade de maneira reflexa.

Em 1950 a Prudental Securities contratou advogados para acompanhamento da legislação e monitorar o mercado de valores mobiliários. Na década seguinte a Comissão de Valores Mobiliários Americana (SEC) disseminou o *compliance* quando insistiu na contratação dos *compliance officers*[6]. Sobretudo nos Estados Unidos o *compliance* passou a ser utilizado como precaução evitando que as empresas expusessem o mercado financeiro a risco, bem como

6. NEGRÃO, Célia Regina P. Lima. Idem.

para manutenção da concorrência. A intenção era justamente evitar que novos episódios como a crise de 1929 ocorressem. A busca por eficiência pelo viés da excelência na administração impulsionou o *compliance* até a década de 1980, quando outro tipo de preocupação veio à tona.

O conhecido caso de Watergate ocorrido nos Estados Unidos no início da década de 70 demonstrou de maneira ímpar como o setor privado pode estar incluso em casos de corrupção. O milionário esquema de corrupção também foi berço de uma importante ferramenta no combate à corrupção, o *Foreign Corrupt Practices Act* (FCPA), criado em 1977 após a renúncia do presidente norte-americano Richard Nixon e do subcomitê de Corporações Multinacionais do Senado. Watergate revelou que empresas estadunidenses como a Exxon, a Northrop e a Lockheed pagavam propinas a funcionários públicos estrangeiros. No caso da Lockheed foram mais de 20 milhões de dólares em transações envolvendo a compra de aeronaves e armamentos. Após o caso ser divulgado, a opinião pública pressionou a Casa Branca para punições efetivas aos casos sucessivos de corrupção, o que resultou na edição do FCPA [7]. Posteriormente à promulgação do FCPA em 1977 mais de 400 empresas norte-americanas admitiram à *Securities and Exchange Commision* (SEC) que realizaram pagamentos questionáveis ou ilegais para oficiais de governo, políticos ou partidos políticos estrangeiros.

O FCPA foi o primeiro estatuto a criminalizar o suborno de agentes públicos estrangeiros, impondo sansões pecuniárias de até 20 milhões de dólares para cada infração considerada, além de prever pena de 20 anos de prisão para pessoas físicas autuadas nas condutas prescritas como ilícitas pelo documento. Após a adoção do FCPA, as empresas norte-americanas passaram a ser prejudicadas no cenário internacional, isto porque, as exigências impostas pelos Estados Unidos fizeram com que suas empresas perdessem competitividade, pois, empresas de outros países como França e Reino Unido além de não punirem de igual forma a corrupção, permitiam às suas empresas descontar legalmente o capital desembolsado de seu lucro. Esta situação fez com que o país buscasse apoio na comunidade

7. PETRELUZZI, Marco Vinicio. Lei Anticorrupção: origens, comentários e análise da legislação correlata. São Paulo: Saraiva, 2014. P. 24.

internacional para o combate à corrupção e, para tanto, se valeu da Organização para Cooperação e Desenvolvimento Econômico (OCDE)[8]. Tão logo a discussão tomou proporções internacionais a comunidade internacional passou a reagir positivamente para conter o avanço da corrupção.

Após o FCPA, a corrupção efetivamente ganhou a atenção da comunidade internacional, no entanto, as discussões prosseguiram por mais de uma década, até 1997, quando a OCDE promulgou a Convenção sobre o Combate à Corrupção de Funcionários Públicos Estrangeiros em Transações Comerciais Internacionais, que ganhou grande adesão dos países participantes, inclusive o Brasil.

Pouco antes da convenção da OCDE, em 1996, ocorreu a Convenção Interamericana Contra Corrupção em Caracas, que também trouxe avanços na seara do combate à corrupção, com um rol mais extenso de práticas corruptas, além de ser considerada um marco regional no combate à corrupção. Seu texto além de prever práticas corruptas, elenca princípios, instaura uma assistência recíproca entre os países participantes e cria um sistema de compras governamentais comprometido com a transparência e a publicidade, impondo ainda a penalização para atos de corrupção envolvendo funcionários públicos de outros países[9]. Pela narrativa feita anteriormente sabemos que o *compliance* chegou ao Brasil desta proposta, vendido como uma ferramenta no combate à corrupção, no entanto, sua origem demonstra que a sua finalidade não se resume aos desvios de conduta.

Importante destacar que o *compliance* antes de combater a corrupção busca a eficiência da empresa. Antes do FCPA já existiam iniciativas voltadas a diminuir o risco da atuação de empresas que se aventuravam no mercado financeiro, justamente porque o agir em desconformidade com a legislação apresenta riscos que muitos investidores não desejam se submeter. Neste primeiro momento o *compliance* era utilizado como fator de segurança para os investidores e não necessariamente se direcionava à corrupção, quanto menos com a ética. Dessa forma, em sua gênese o *compliance* era outro instrumento de eficiência do setor produtivo, destinado a minimizar o risco de perdas decorrentes da desobediência dos padrões de conduta internos, não necessariamente envolvendo questões éticas.

---

8. PETRELUZZI, Marco Vinicio. Idem. P. 24.
9. PETRELUZZI, Marco Vinicio. Idem. P. 26-27.

A análise do movimento de combate à corrupção internacional deve ser feita com cautela. Não se pode tratar do tema sem questionar os motivos que levaram os Estados Unidos a buscar a aprovação internacional das medidas contra a corrupção. Logo após o escândalo de *Watergate* e a elaboração do FCPA, os Estados Unidos passaram a punir as empresas nacionais envolvidas em escândalos de corrupção, enquanto em outros países desenvolvidos como Alemanha, França e Inglaterra, o dinheiro gasto com suborno internacional poderia ser descontado do imposto de renda da empresa que o despendeu. Certamente, este recorte demonstra que a adoção global de um combate à corrupção é, antes de ser uma medida ética, uma defesa da concorrência, pois, com igual certeza, os Estados Unidos se preocupavam muito mais com a competitividade de suas empresas do que com disseminar valores éticos. O tema somente ganha contornos de eticidade quando se reconhece a existência de um valor, no caso a competitividade, e o submete a um grupo de interessados, neste exemplo a comunidade internacional.

Não há ética na simples busca pela redução de perdas da empresa. É oportuno salientar que o atendimento a padrões de conduta não necessariamente leva a defesa de valores, para que isto ocorra, deve haver um objetivo comum, mutuamente reconhecido, e sob este prisma deve-se erigir um código de conduta. A ética está implicada na realização de um plano de ação baseado em um conjunto comum de valores reconhecidos intersubjetivamente. Isso significa que a ação não é fruto de atitudes isoladas de sujeitos, mas que ela está contida, antes de mais nada, em convicções compartilhadas intersubjetivamente. Há, portanto, uma dependência recíproca de uns para com os outros, e as ações produzidas estão sempre amparadas no reconhecimento intersubjetivo de valores e princípios aceitos socialmente. Essa regra, se é válida para as pessoas em geral, se impõe igualmente válida para as empresas que agem e interagem com base em valores e princípios, como a confiança, a retidão, a honestidade etc. Não há como coordenar ações, sejam elas pessoais, sociais ou empresariais, senão por intermédio da reciprocidade, da confiabilidade e do reconhecimento de um lastro de valores aceitos coletivamente. Nessa perspectiva, uma leitura estritamente liberal que visa a defender um modelo privado de interesses, não se sustenta. A menos que o discurso liberal abra mão da ética e de qualquer pressuposto de confiabilidade nas empresariais, restando um campo aberto para toda sorte de malfeitos, inclusive, corrupção.

No caso da corrupção, é preciso reconhecer seus impactos nocivos para, fitando seu combate, construir normas de conduta derrogáveis a todos integrantes deste grupo de interessados, as empresas. Esta distinção conceitual é importante porque a dimensão ética contida no *compliance* não reside na busca por eficiência pela empresa e sim no debate sobre as práticas empresariais ilícitas e os meios para seu combate e atenuação dos reflexos amargados pela sociedade.

No intento de contingenciar as situações de risco se passou a criar mecanismos de controle e vigilância da empresa. Embora o *compliance* esteja relacionado com o combate à corrupção seu objeto não é apenas os atos delitivos, mas também as ingerências de ordem administrativa, fiscal, contábil etc. A conformidade com as normas de conduta busca evitar situações de perda da empresa, via de consequência, tornando-a mais produtiva. Em uma análise mais abrangente, as perdas decorrentes de irregularidades contábeis e de outras origens também são contempladas pelo *compliance.* A conformidade de que falam os conceitos de *compliance* se referem à segurança de que determinada empresa não se exponha a riscos desnecessários, por isso que sua aplicação goza de maior frequência nas empresas de capital aberto.

Cediço que a adoção de um código de conduta para os integrantes do universo corporativo, instaurando procedimentos administrativos nos casos de falhas ou crimes por eles cometidos, coloca a empresa como aliada à sociedade no combate à corrupção. Portanto, ainda que indiretamente, a conduta empresária está voltada a defesa de valores e, por conseguinte, possui viés ético. Sem embargo, a relação do *compliance* com a ética deve guardar certa cautela, haja vista que o combate à corrupção não contempla toda a dimensão do *compliance*, e em algumas hipóteses não há implicação ética no seu exercício.

13.2. NOVIDADE NORMATIVA CONTIDA NO *COMPLIANCE*

O trabalho até aqui desenvolvido demonstra que o *compliance* atendeu a uma expectativa da comunidade internacional de combate à corrupção, e de certo modo serviu para satisfazer uma vontade interna do país com o mesmo objetivo. De se pensar, no entanto, a capacidade desta medida em responder a esta expectativa, por isso, se questiona qual a efetividade do *compliance* no combate à corrupção. Esta questão perpassa também a relação feita na seção anterior, quando também se analisa a dimensão ética contida no *compliance*.

Pela maneira que foi instituído na Lei 12.846/13, o *compliance* se resumiria a instauração de procedimento de integridade e sua efetiva aplicação e, a empresa que o fizer de maneira satisfatória, seria recompensada com a redução das penalidades impostas no eventual cometimento de ilícito. Uma análise sumária nos induz a responder de maneira negativa o segundo questionamento levantado, ou seja, não há dimensão ética na aplicação do *compliance* porque a empresa adere ao programa visando um benefício futuro. Em uma segunda hipótese, a empresa poderia estabelecer o *compliance* de maneira fictícia fitando o abatimento de valores da multa sem efetiva contraprestação. Embora exista receio de que a efetividade do *compliance* seja minada assim como outras ferramentas eleitas para o combate à corrupção, o prognóstico é favorável.

De se pensar, a princípio, se há maneira diversa de chamar a atenção do setor produtivo sem a imposição de multa e da oferta de benefícios pecuniários como a o abatimento proposto pela Lei Anticorrupção. Para maior efetividade das medidas erigidas contra a corrupção é necessário se adequar a lógica instrumental da empresa, sob pena de desconsideração desta nova ferramenta. Noutro prisma, o *compliance* pode fomentar indiretamente o debate ético acerca das condutas praticadas pela empresa em suas relações.

A maneira que o *compliance* se insere no ordenamento jurídico, apesar das críticas, tende a ser mais eficaz do que as posturas repressivas. A instituição de benefícios com o intento de se estimular determinadas condutas é afeta ao setor produtivo, justamente, porque a calculabilidade que rege a atividade produtiva acolhe oportunidade de se favorecer. A *função premial do direito* de que trata Norberto Bobbio é mais adequada ao trabalho preventivo e, por que não, para estimular a proteção de determinados valores na sociedade. O Autor define a função promocional da seguinte maneira:

> Entendo por "função promocional" a ação que o direito desenvolve pelo instrumento das "sanções positivas", isto é, por mecanismos genericamente compreendidos pelo nome de "incentivos", os quais visam não a impedir atos socialmente indesejáveis, fim precípuo das penas, multas, indenizações, reparações, restituições, ressarcimentos, etc., mas, sim, a "promover" a realização de atos socialmente desejáveis. Essa função não é nova. Mas é nova a extensão que ela teve e continua a ter no Estado contemporâneo: uma extensão em contínua ampliação, a ponto de fazer parecer completamente inadequada, e, de qualquer modo, lacunosa, uma teoria do direito que continue a considerar o ordenamento jurídico do ponto de vista da sua função tradicional puramente protetora (dos interesses considerados essenciais por aqueles que fazem as leis) e repressiva (das ações que a eles se opõem)[10].

Não é preciso muito esforço para adequar a instauração do *compliance* no Brasil à função promocional do direito de que fala Norberto Bobbio. Busca-se estimular a iniciativa privada a aderir a programas de *compliance* por meio da promessa de penas menos gravosas no caso de cometimento de crimes pela empresa. Dessa forma, elege-se o *compliance* como comportamento socialmente desejável e estimula-se sua adoção por meio de sanções positivas, benesses prometidas para as empresas aderentes.

Segundo a leitura de Norberto Bobbio, o controle social exercido pelo Direito é muito menos eficaz se contar apenas com a função repressiva, estipuladas em condutas proibidas e as respectivas sanções negativas, lógica comum ao direito penal. A dinamicidade da atividade produtiva impede a criação de tipos penais específicos para os crimes cometidos na administração de empresas, como, por exemplo, o que ocorreu com os crimes digitais. A resposta do Estado não é suficientemente rápida para a repressão eficaz do cometimento de crimes. Sem embargo, os danos causados no meio empresarial comprometem toda a cadeia de interessados relacionados com a empresa que cometeu o delito, o que torna irreparável o prejuízo causado, sobretudo porque ultrapassa sua capacidade financeira.

---

10. BOBBIO, Norberto. **Da estrutura à função: novos estudos de teoria do direito.** Tradução de Daniela Beccaccia Versiani. Barueri, SP: Manoele, 2007. P. XII.

Ainda, não é interessante para a sociedade o fechamento de empresas. A sociedade regida pelo capitalismo depende da atividade produtiva para realização de seu escopo constitucionalmente definido, portanto, não é de interesse do Estado o fechamento empresas produtivas, é muito mais interessante que elas adotem o comportamento socialmente desejável. Dessa forma, é acertada a utilização da função premial para implementação do *compliance*, pois, além de se ressaltar seu caráter preventivo, incentiva o debate acerca do combate à corrupção e das práticas empresariais, dando contornos de eticidade ao tema.

No sistema capitalista a empresa que não atende aos ditames de competitividade do mercado, corre o risco de ser excluída. Esta premissa, no entanto, é passível de relativização. Não se pode olvidar que a extinção de uma empresa acarreta prejuízos à sociedade. Como em uma teia, a empresa está conectada aos seus fornecedores, trabalhadores e consumidores e todos serão afetados com seu fechamento. Esta dualidade é uma preocupação permanente no capitalismo: socorrer determinadas empresas, causando desta maneira, uma intervenção no mercado e arriscar mantê-la artificialmente com esforços da coletividade, ou permitir sua extinção acarretando o prejuízo de quem a ela esteja conectado. O dilema envolvendo a atuação estatal e a atividade produtiva divide opiniões e envolve grande parte dos trabalhos da academia. A falência do estado de bem-estar social e as vertentes internacionais que forçam os estados a políticas de austeridade fortaleceu a corrente liberal, todavia, não se pode perder de vista que, a persecução dos ideais de justiça material e direitos humanos que compõem o ideário liberal, não ocorre de outra maneira senão com o auxílio da moral.

Pensar que o *compliance* resolverá o problema ético no brasil é idealismo em demasia, no entanto ele indica uma severa melhora no quadro de combate à corrupção, seja pela mudança no tratamento, seja porque faz emergir a discussão de como os negócios são celebrados em nosso país.

13.3. ÉTICA E FUNCIONALISMO

A visão de um capitalismo controlado de forma totalitária, como se a vida social estive toda ela integrada e centralizada à dominação do exercício administrativo, ao controle cultural e à conformação dos indivíduos ao processo de massificação, parece não se sustentar na atualidade, e aqui destacamos Habermas, para quem a manutenção de uma leitura totalitária da sociedade exige, igualmente, o custo de ver essa mesma sociedade reduzida à uma estrutura funcional[11]. Habermas[12] não nega que a estrutura funcional exerce papel crucial na dinâmica social, mas não reduz a sociedade apenas à sua capacidade de reprodução material, à reboque de um modelo de racionalidade instrumental.[13] Entende que a sociedade é envolta em uma estrutura aberta, plural e complexa, o que o permite distanciar-se de componentes totalitários e fundacionismos abrangentes, abrindo-se a uma teoria igualmente complexa com a pretensão de respeitar e transcender as diferenças[14]. Habermas, nesse sentido, caminha pró-

---

11. FRANKENBERG, Günter. **Teoria Crítica**. In: FRANKENBERG, Günther; MOREIRA, Luiz. Jürgen Habermas, 80 anos. Direito e Democracia. Tradução de Geraldo de Carvalho e Eliana Valadares Santos. Rio de Janeiro: Editora Lumen Iuris, 2009. P. 3.

12. Habermas já havia sinalizado a incompatibilidade de manutenção de uma leitura integrada e totalitária da sociedade, visto que a sua compreensão da modernidade à luz do pensamento kantiano e traduzido sociologicamente por Marx Weber, já dava sinais de explicitar a fragmentação da racionalidade e, consequentemente, da própria sociedade. A esse respeito conferir: BANNWART JÚNIOR, Clodomiro José "Modernidade e o novo lugar da Filosofia: a ideia de Reconstrução em Habermas". In: *Mediações*: Revista de Ciências Sociais – Sociedade e Literatura. Londrina: v. 10, n. 01, jan/jun. 2005, p. 185-200. Ver também: "A Filosofia como Guardador de Lugar e como Interprete" e "Ciências Sociais Reconstrutivas versus Ciências Sociais Compreensivas". In: HABERMAS, Jürgen. *Consciência Moral e Agir Comunicativo*. Tradução de Guido A. de Almeida. Rio de Janeiro: Tempo Brasileiro, 1989.

13. Ao buscar um caminho alternativo além da reprodução material, Habermas está, na verdade, lutando contra a universalização da razão técnico-instrumental e sua pretensão de ser a única forma possível de racionalidade. A esse respeito conferir: GIDDENS, Anthony. *Politics, Sociology and Social Theory*. Encounters with Classical and Contemporary Social Thought. California: Stanford University Press, 1995. p. 249. Ver ainda: HABERMAS, Jürgen. Trabalho e Interação. In: *Técnica e Ciência como 'Ideologia'*. Tradução de Artur Morão. Lisboa: Edições 70, 1997.

14. FORST, Rainer. **Jürgen Habermas: Facticidade e Validade**. In: FRANKENBERG, Günther; MOREIRA, Luiz. Jürgen Habermas, 80 anos. Direito e Democracia. Tradução de Geraldo de Carvalho e Eliana Valadares Santos. Rio de Janeiro: Editora Lumen Iuris, 2009. P. 179.

ximo ao chamado "círculo externo" da Teoria Crítica, formado no passado por Neumann e Kirchheimer, os quais já haviam se afastado do funcionalismo marxista por considerarem limitado, para, então, se aproximarem de uma linha mais defensiva do Estado de direito. É nesse itinerário que segue a defesa, a nosso ver, de ler as empresas e todo o aparato de reprodução material por elas dirigido, à luz dos pressupostos democráticos do Estado de Direito. Pensar a empresa estritamente à luz do mercado é esvaziar, em boa medida, potencial relacional que ela desempenha na sociedade. Refletir empresa, tomando-a como parte de uma teoria da sociedade, amplia o seu significado, visto que ela deverá ser analisada à luz das estruturas sociais e funcionais, dos valores éticos, dos princípios morais, dos pressupostos democráticos e, sobretudo, à luz do Estado de Direito. E nesse canário há, de fato, condições de inserção de uma reflexão ética empresarial que faça, minimamente, sentido.

Quando se trata de ética, recorre-se sobremaneira ao conceito grego de *ethos*. O espaço do *ethos*, considerado *habitat*, não é dado ao homem, mas é por ele construído e reconstruído, de tal forma que essa morada nunca estará plenamente pronta e acabada. O *ethos* carrega como elemento essencial o seu caráter inacabado e implica a constância de uma zelosa reconstrução. É no *ethos*, pois, que o homem expressa a sua exigência radical de realização da transcendência do ser, ou seja, sua capacidade de desempenhar o *dever ser*. O domínio da *physis* (reino da necessidade) é rompido pela abertura do espaço humano do *ethos*, onde se inscreve os costumes, os hábitos, as normas, os interditos e as ações individuais plasmadas na facticidade social dos valores permanentemente construídos e reconstruídos[15]. Isso implica dizer que a ética não é absoluta, mas relativa e contextualizada. Em que pese seu caráter parcial e relativo, ainda assim, a ética é importante parâmetro orientador e avaliador de ações, além de servir para modelar atitudes e comportamentos. Se a empresa está na sociedade e dela faz parte é difícil dissociar a atividade (ação) empresária dos valores éticos comungados socialmente.

Na modernidade, contudo, a ética passou a enfrentar a concorrência proveniente da fusão sistêmica do poder da burocracia

15. BILLIER, Jean-Cassien; MARYOLI, Aglaé. **História da Filosofia do Direito**. Tradução de Mauricio de Andrade. Barueri, SP: Editora Manole, 2005. P. 35.

estatal e da lógica da economia de mercado. A estrutura sistêmica renuncia, pois, ao conteúdo normativo ético, fazendo prevalecer preceitos pragmáticos revestidos sob a capa de conteúdos normativos, porém, destituídos da possibilidade de tematização dos fins distribuídos coletivamente. Em uma abordagem funcionalista, como é o caso de Luhmann, por exemplo, é eliminado conteúdos éticos em benefício "da *autopoiesis* de sistemas dirigidos auto referencialmente"[16]. Uma leitura funcionalista da sociedade encontra dificuldade de extrair imperativos normativos para uma conduta racional da vida. Nessa perspectiva, uma discussão com um tom mais liberal que privilegia a autonomia privada das empresas na arena do mercado, afastando-as da intervenção estatal, não pode fechar os olhos ao grau de intervenção e de influência exercidos pelos imperativos sistêmicos e funcionais que colmatam tomadas de decisões, atitudes e orientações de ações.

A ética, portanto, funciona no quadro das sociedades funcionalmente diferenciadas e marcadas, de um lado, por imperativos sistêmico-funcionais, e de outro, pela linguagem ordinária com pretensão de formar consensualmente a vontade e a opinião. Em boa medida, aquilo que se convenciona denominar de ética – como o são os códigos de éticas empresariais – não expressa senão combinações instrumentalizadas de caráter pragmático a fazer girar imperativos sistêmico-funcionais com a aparência valorativa.

Além do mais, os tempos modernos deram ensejo ao surgimento de sistemas operacionais autônomos fundados em seus próprios códigos e critérios a ponto de a sociedade, em razão de sua própria complexidade, não conseguir mais estruturar a sua normatividade em uma *eticidade* substancial, passando a conviver com diversos sistemas autônomos e com uma pluralidade extensiva de valores. A relatividade da ética é argumento evocado para desqualificar sua eficácia diante dos parâmetros funcionais reguladores da dinâmica sistêmica.

A ética, assim vista, transforma-se num sistema autodirigido em que as suas normas não necessariamente passam pelo filtro de processos

---

16. HABERMAS, Jürgen. **Direito e Democracia: entre facticidade e validade.** Tradução de Flávio Beno Siebeneichler. Rio de Janeiro: Tempo Brasileiro, 1997a. P. 18.

de entendimento e tampouco encontram intento na motivação racional nos membros da comunidade para o cumprimento das mesmas. A função integradora da ética – quando utilizada pelas empresas – resta operacionalizada numa plataforma sistêmica, confirmando, assim, uma socialização não intencional. Para Habermas, a teoria sistêmica exerce uma função de legitimação do poder sistêmico no contexto de uma sociedade profundamente despolitizada que perdeu a capacidade de tematização e de reflexão dos fins (ética) que almeja realizar.

O tecido social não é mais fruto de relações normativas oriundas da ética, da política e do direito, mas tão somente de relações de produção. O emblemático para o quadro de uma teoria social, nesse sentido, é a consideração de que os mecanismos de integração social passam a ser de natureza não normativa. "E com isso o mecanismo de mercado, descoberto e analisado pela economia política, passa a tomar as rédeas da teoria da sociedade. O modelo realista de uma socialização anônima não-intencional, que se impõe sem a consciência dos atores, vai substituir o modelo idealista de uma associação intencional de parceiros do direito"[17].

Isso posto, reflete uma ordem social normativa sendo substituída por mecanismos sistêmicos constituídos quase que exclusivamente no processo econômico de valorização do capital. Esse modo objetivador de ver e entender a sociedade faz restar apenas um processo de acumulação repetitivo, sem dar conta de assegurar qualquer viabilidade emancipatória, visto que a dinâmica da produção do capital se assenta na dinâmica da racionalidade instrumental. A sociedade é assim perspectivada na ótica de vários sistemas, cada qual fechado em si mesmo e sem possibilidade direta de intervenção uns nos outros, mas estabilizados funcionalmente e não normativamente.

Não é sem razão que a retomada do discurso ético a partir do *compliance* impõe uma ética mitigada, pois em boa medida, sua peculiar função está em preencher o déficit normativo presente ao âmbito sistêmico e funcional em que as empresas operam. O que se pode destacar, em suma, é que não dá para discutir a ética e o *compliance* sem levar em consideração o caráter sistêmico e funcional que perpassa o tecido social.

---

17. HABERMAS, Jürgen. **Direito e Democracia: entre facticidade e validade.** 1997a. P. 69.

Capítulo 14

APONTAMENTOS SOBRE O DECRETO Nº 8.771 DE 11 DE MAIO DE 2016 QUE REGULAMENTA O MARCO CIVIL DA INTERNET

Daniele Frasson

Após seis anos da sanção do Marco Civil da Internet, uma lei de caráter principiológico e sem caráter normativo, se faz necessário refletir sobre os desafios de sua implementação e efetividade frente a constante alteração dos modelos de exploração da Internet.

A Presidente Dilma Roussef, no último dia de mandato, antes da suspensão das atividades gerada pela admissibilidade do Impeachment pelo Senado, publicou o Decreto 8.771 em 11 de maio de 2016, que regulamento o Marco Civil da Internet (Lei nº 12.965/14).[1]

O Marco Civil da Internet é a Lei que regula o uso da Internet no Brasil, trazendo em seu texto direitos, deveres e garantias para todos os usuários, empresas e órgãos públicos. Apesar de ser considerada uma inovação legislativa e uma grande conquista para o país, a nova lei ficou pendente de regulamentação, sobretudo em relação aos temas referentes a neutralidade de rede, dados

1. O Marco Civil da Internet começou a vigorar em junho/14, disponível em http://www.planalto.gov.br/ccivil_03/_ato2011-2014/2014/lei/l12965.htm. Acesso em: 30.09.2017.

pessoais, dentre outros de suma importância para a proteção dos usuários de Internet no Brasil.

Sendo assim, a tão esperada "Constituição" para o uso da Internet no País, classificação exagerada de alguns e da qual discordamos, dependia de regulação. Muitos até discutiam na época que a Internet não deveria ser regulada, muito pelo contrário, defendiam a manutenção de um espaço livre para a comunicação.

Sendo assim surge o questionamento: Mas por que regulamentar?

Para que seja possível determinar as premissas de aplicabilidade de uma Lei, sem qualquer modificação ou inovação, mas a fim de identificar detalhes dessa aplicação.

Com o advento do Decreto 8.771, texto objeto de consulta pública e muito debate da organização civil, novas premissas foram abordadas pelo referido texto, como requisição de dados cadastrais, guarda e proteção de dados, discriminação de pacote de dados, degradação de tráfego e atos de fiscalização com suas respectivas penalidades.

Inúmeras foram às preocupações que ensejaram o debate, inclusive Fabio Henrique Podestá ao tratar do assunto expõe: "(...) a regulamentação desse meio de comunicação (a Internet) é necessária e até exigível, tanto no aspecto civil, como principalmente, no penal (...)".[2]

Interpretar a lei e identificar possíveis conflitos e eventuais impactos no mundo real é uma tarefa de muita cautela e atenção. Este texto tem como objetivo discorrer sobre o que dispõe no referido decreto, o qual passou a vigorar 30 dias após a sua publicação, e que reforça o papel do CGI – Comitê Gestor da Internet, para definir e aplicar as recomendações e padrões para o uso da Internet no País, além de trazer os desafios a serem superados na atualidade.

---

2. PODESTÁ, Fabio Henrique. Direito a Intimidade em ambiente da Internet. In: LUCCA, Newton de; SIMÃO FILHO, Adalberto (coord.). Direito & internet: aspectos jurídicos relevantes. São Paulo: Quartier Latin, 2005. P. 197.

14.1. CONCEITOS TRAZIDOS PELO MARCO CIVIL DA INTERNET

O Marco Civil da Internet, em seu artigo 5º, apresenta as seguintes definições:

> I – Internet: o sistema constituído do conjunto de protocolos lógicos, estruturado em escala mundial para uso público e irrestrito, com a finalidade de possibilitar a comunicação de dados entre terminais por meio de diferentes redes;
>
> II – Terminal: o computador ou qualquer dispositivo que se conecte à internet;
>
> III – Endereço de protocolo de internet (endereço IP): o código atribuído a um terminal de uma rede para permitir sua identificação, definido segundo parâmetros internacionais;
>
> IV – Administrador de sistema autônomo: a pessoa física ou jurídica que administra blocos de endereço IP específicos e o respectivo sistema autônomo de roteamento, devidamente cadastrada no ente nacional responsável pelo registro e distribuição de endereços IP geograficamente referentes ao País;
>
> V – Conexão à internet: a habilitação de um terminal para envio e recebimento de pacotes de dados pela internet, mediante a atribuição ou autenticação de um endereço IP;
>
> VI – Registro de conexão: o conjunto de informações referentes à data e hora de início e término de uma conexão à internet, sua duração e o endereço IP utilizado pelo terminal para o envio e recebimento de pacotes de dados;
>
> VII – Aplicações de internet: o conjunto de funcionalidades que podem ser acessadas por meio de um terminal conectado à internet; e
>
> VIII – Registros de acesso a aplicações de internet: o conjunto de informações referentes à data e hora de uso de uma determinada aplicação de internet a partir de um determinado endereço IP.

Ainda, imperioso destacar outras definições essenciais para a compreensão do tema:

Anatel: Agência Nacional de Telecomunicações.

IP: endereço de protocolo de internet (endereço IP) é o código atribuído a um terminal de uma rede para permitir sua identificação.

Assinante: Pessoa física ou jurídica que possui vínculo contratual com a Prestadora para fruição do SCM.

Prestadora: pessoa jurídica que, mediante concessão, permissão ou autorização, presta serviço de telecomunicações de interesse coletivo.

Para Marcel Leonardi, PROVEDOR DE INTERNET[3] é toda pessoa natural ou jurídica que fornece serviços relacionados ao funcionamento da internet.

Trata-se do gênero e poderá ser dividido em espécies, e essas divisões impactará diretamente na obrigação da guarda dos registros.

Provedor de Backbone ou Provedor de Estrutura: Toda pessoa jurídica proprietária das redes capazes de administrar grandes volumes de informações, constituídos por roteadores de tráfego interligados por circuitos de alta velocidade. O marco civil da internet não faz referência a este provedor.

Provedor de Acesso ou Provedor de Conexão: é a pessoa jurídica fornecedora de serviços que consistem em possibilitar o acesso de seus consumidores à internet. Para sua caracterização, basta que ele possibilite a conexão dos terminais[4] de seus clientes à internet – internet service provider – ISP.

Provedor de Conteúdo é toda pessoa natural ou jurídica que disponibiliza na internet as informações criadas ou desenvolvidas pelos provedores de informação (ou autores), utilizando servidores próprios ou os serviços de um provedor de hospedagem para armazená-las.

---

3. LEONARDI, Marcel. **Internet: elementos fundamentais**. In: SILVA, Regina Beatriz Tavares da; SANTOS, Manoel J. Pereira dos (coord.). Responsabilidade Civil na Internet e nos demais meios de comunicação., 2. ed. São Paulo: Saraiva, 2012.

4. Terminal, segundo o Marco Civil da Internet, em seu artigo 5°, inciso II, é o computador ou qualquer dispositivo que se conecte à internet, como tablets e celulares.

Provedor de Aplicação: ou provedores de serviços online, ou seja, toda empresa, organização, grupo ou pessoa, que forneça um conjunto de funcionalidades que podem ser acessadas por meio de um terminal conectado à internet, independente de objetivo econômico, de forma profissional ou amadora.

O Marco Civil da Internet traz as figuras dos provedores de conexão e de aplicação, em seus artigos 13 e 15, com prazos de 1 ano para guarda de registros de conexão e 6 meses para acesso a aplicações, temas que abordaremos no decorrer deste texto.

14.2. NEUTRALIDADE DA REDE

A neutralidade da rede se constitui como princípio e como direito, e exige tratamento isonômico do acesso à Internet. Diferente de velocidade, nenhum provedor de conexão ou aplicação poderá oferecer qualquer tipo de serviço para determinadas pessoas em detrimento ao acesso à internet de outras.

O artigo 9º da Lei 12.965/14 – Marco Civil da Internet – fundamenta este ponto: "Art. 9º: O responsável pela transmissão, comutação ou roteamento tem o dever de tratar de forma isonômica quaisquer pacotes de dados, sem distinção por conteúdo, origem e destino, serviço, terminal ou aplicação."[5]

Em outras palavras, presume-se o tratamento isonômico para assegurar a natureza pública e irrestrita do acesso à internet, bem como os fundamentos e princípios do uso da internet em todo território nacional.

Este conceito sustenta a não discriminação do tráfego de pacote de dados e estabelece a neutralidade como regra, exceto nos casos de excepcionalidade tratados pela lei. O § 1º do artigo 9º estabelece sendo possível a sua quebra em duas situações: para atender "requisitos técnicos indispensáveis à prestação adequada dos serviços e aplicações" (inciso I), e, para "priorização dos serviços de emergência" (inciso II).

---

5. O Marco Civil da Internet começou a vigorar em junho/14, disponível em http://www.planalto.gov.br/ccivil_03/_ato2011-2014/2014/lei/l12965.htm. Acesso em: 27.11.2017.

Para melhor interpretação do texto da lei, precisamos compreender que poderá haver exceções à neutralidade que permitam a quebra desse princípio de isonomia entre as partes.

Como exemplo de flexibilização da neutralidade trazido pelo inciso I podemos citar os casos de degradação ou discriminação autorizada para garantir a prestação adequada dos serviços quando forem necessários reparos técnicos. Neste caso o consentimento somente será possível quando for demonstrado de forma cabal os requisitos técnicos indispensáveis para manter a prestação adequada dos serviços de responsabilidade dos provedores de acesso à Internet.

Já em relação ao inciso II, a lei se refere aos casos que for necessário utilizar a capacidade de rede para priorizar serviços de emergência. Nessa segunda hipótese podemos citar como exemplo os aparelhos celulares que mesmo sem sinal disponível permitem completar ligações de emergência ou ainda, situações que o governo precise informar a todos os usuários um alerta sobre possível estado de calamidade pública.

No entanto, para garantir uma Internet plural para todos, livre e destinada as necessidades dos usuários, se faz necessários em todas as exceções da neutralidade, a garantia dos princípios da proporcionalidade, transparência, isonomia e não discriminação de forma harmônica e transparente.

Em relação às ferramentas de controle de condutas entre os agentes que compõem o ecossistema da Internet, imprescindível manter um ambiente fomentador de inovação, para viabilizar o surgimento de novas aplicações e novos modelos de negócio, sendo tais atividades pautadas nos fundamentos constitucionais da livre concorrência e livre iniciativa.

Para esta temática podemos citar os modelos de *zero-rating* ou tráfego sem consumo de franquia, ou ainda a modalidade em que o tráfego é custeado por um dos sujeitos na iniciativa de economia *free* ao usuário final. Ainda um debate em aberto, senão uma das questões mais polêmicas quando o assunto é a aplicação do Marco Civil da Internet nos modelos comerciais.

Há quem defina a prática de *zero-rating* como infração ao conceito de neutralidade desenhado pelo Marco Civil da Internet e que sua prática foi estimulada pela ausência de fiscalização dessa prática.

Parte da doutrina entre que os provedores de conexão e de aplicações não poderão priorizar pacotes de dados por motivo de arranjos comerciais ou, ainda, para favorecer aplicativos do próprio grupo comercial.

Esta corrente entende que no âmbito das ofertas comerciais de acesso à Internet, fica vedada a distinção de planos. Ou seja, o acesso deverá ser único, inibindo teses que praticam maior cobrança de usuários que utilizam mais streaming de vídeo a textos por exemplo, sendo considerado prática ilegal suscetível a punição.

Já uma segunda parte da doutrina defende que o *zero-rating* não está proibido por lei, uma vez que o Marco Civil da Internet abarca uma série de garantias e liberdades, dentre elas a liberdade dos modelos de negócio, a livre iniciativa e a livre concorrência.

Neste sentido, defendem que esta prática comercial envolve apenas diferenciações econômicas e não discriminações técnicas, uma vez que a degradação ou priorização de tráfego não se configuram, dando espaço apenas para a ausência de cobrança na financeira. Assim, entendem que esta prática fomenta o setor e traz benefícios para os usuários.

A discussão está longe de ter um fim. Em sede de inquérito administrativo para apuração de infrações à ordem econômica, observa-se que o CADE já se manifestou a favor em suas decisões e manteve a prática de *zero-rating* neste círculo vicioso.

O receio permanece na medida em que os players dominantes tendem a domesticar o usuário ao invés de promover um ambiente propício ao surgimento de novos serviços competitivos.

14.3. DA PROTEÇÃO AOS REGISTROS, AOS DADOS PESSOAIS E ÀS COMUNICAÇÕES PRIVADAS

O Marco Civil da Internet dispôs a responsabilidade aos provedores de conexão para a guarda dos registros de conexão pelo prazo de doze meses, e, aos provedores de aplicação a guarda dos registros de acesso as aplicações pelo prazo de seis meses, conforme segue:

14.3.1. Lei 12.965/2014

> Art. 13. Na provisão de conexão à internet, cabe ao administrador de sistema autônomo respectivo o dever de manter

> os registros de conexão, sob sigilo, em ambiente controlado e de segurança, pelo prazo de 1 (um) ano, nos termos do regulamento.
>
> [...]
>
> Art. 15. O provedor de aplicações de internet constituído na forma de pessoa jurídica e que exerça essa atividade de forma organizada, profissionalmente e com fins econômicos deverá manter os respectivos registros de acesso a aplicações de internet, sob sigilo, em ambiente controlado e de segurança, pelo prazo de 6 (seis) meses, nos termos do regulamento.

Em relação aos registros de conexão e de acesso a aplicações, associados ou não a dados pessoais, o decreto menciona as regras de requisição pelas autoridades administrativas competentes, contudo, mediante ordem judicial.

A interpretação traz insegurança em relação ao disposto no parágrafo 3º do artigo 10º do Marco Civil: "Art. 10. A guarda e a disponibilização dos registros de conexão e de acesso a aplicações de internet de que trata esta Lei, bem como de dados pessoais e do conteúdo de comunicações privadas, devem atender à preservação da intimidade, da vida privada, da honra e da imagem das partes direta ou indiretamente envolvidas. § 3º O disposto no caput não impede o acesso aos dados cadastrais que informem qualificação pessoal, filiação e endereço, na forma da lei, pelas autoridades administrativas que detenham competência legal para a sua requisição."

Ou seja, as autoridades administrativas a que se refere o art. 10, § 3º da Lei nº 12.965, de 2014, deverão indicar o fundamento legal de competência para o requerimento de dados cadastrais. No entanto, a forma como dispõe o texto da Lei, caberá questionamentos em relação à interpretação da necessidade ou não de determinação judicial para os casos exclusivamente de requerimento de dados cadastrais por essas autoridades.

Por dados cadastrais entendemos a requisição de informações no máximo como: filiação, endereço, qualificação pessoal, nome, prenome, estado civil e profissão do usuário.

Analisando este tema sob à luz do Decreto, instrumento que regulamenta o Marco Civil da Internet, vislumbramos o desdobramento dessa discussão em seu art. 11 º, § 3º. Neste sentido o texto de lei dispõe que a autoridade administrativa deverá fundamentar e justificar o requerimento de dados cadastrais, vejamos:

> "Art. 11. As autoridades administrativas a que se refere o art. 10, § 3º da Lei nº 12.965, de 2014, indicarão o fundamento legal de competência expressa para o acesso e a motivação para o pedido de acesso aos dados cadastrais.
>
> § 3º Os pedidos de que trata o **caput** devem especificar os indivíduos cujos dados estão sendo requeridos e as informações desejadas, sendo vedados pedidos coletivos que sejam genéricos ou inespecíficos."

A discussão é vasta nesta seara. Alguns defendem que o texto proíbe o acesso a dados cadastrais de IP sem determinação judicial, na medida em que o requerimento da autoridade administrativa se destina exatamente a identificação do usuário mediante a analise dos registros de conexão.

Por outro lado, parte da doutrina defende que o legislador permitiu o acesso direto aos dados cadastrais por determinadas autoridades que detém o poder requisitório no âmbito de investigação criminal. Defende-se que este acesso direto não torna público o dado solicitado, mantendo o segredo da informação.

A maior parte das decisões judiciais tem sustentado a tese de que é necessária a determinação judicial para a quebra de sigilo dos dados cadastrais de determinado IP. Mas na prática, empresas do segmento de provimento de acesso à Internet têm enfrentado ações penais de crime de desobediência pelo não envio das informações solicitadas, na tentativa de preservarem o sigilo proposto pela legislação vigente.

Outro ponto a ser discutido versa sobre o texto do art. 11, parágrafo primeiro do Decreto: "O provedor que não coletar dados cadastrais deverá informar tal fato à autoridade solicitante, ficando desobrigado de fornecer tais dados. "

Empresas que não coletarem dados cadastrais poderão informal tal fato à autoridade solicitante para ficar desobrigada? Trata-se de uma obrigação ou uma faculdade? Muita discussão versará em torno deste tópico, principalmente em relação às penalidades de desobediência ou não cumprimento dos requerimentos feitos pelas autoridades competentes.

14.4. FISCALIZAÇÃO E TRANSPARÊNCIA

Em relação à fiscalização das infrações cometidas pelos provedores de serviços de conexão de aplicações em virtude do descumprimento ao disposto no Marco Civil da Internet e no Decreto, o texto de Lei prevê que a Anatel, a Secretaria Nacional do Consumidor e o Sistema Brasileiro de Defesa da Concorrência atuarão de acordo com o assunto dos temas tratados e suas respectivas competências.

No entanto, não mencionou de forma clara sobre a possibilidade ou não desses órgãos atuarem em conjunto nos casos paralelos, ou se deverão tocar os processos administrativos de forma apartada, correndo o risco de proferirem decisões divergentes, o que certamente será matéria de discussão na esfera judicial.

Neste ínterim, a apuração de infrações atenderá aos procedimentos internos de cada órgão fiscalizador, mediante manifestação de qualquer das partes interessadas ou de ofício pelo próprio órgão fiscalizador.

Fica disposto que o Comitê Gestor da Internet – CGI deverá realizar estudos periódicos e divulgar informações suficientes para recomendações, normas e padrões a serem seguidas pelos agentes envolvidos.

14.5. O DECRETO Nº 8.771 DE 11 DE MAIO DE 2016

O esperado Decreto que regulamenta o Marco Civil da Internet foi sancionado às pressas, com inúmeras discussões fervorosas e muitas contestações, contudo, a Lei está vigente e com ela devemos extrair a melhor interpretação para aplicar nos casos reais em decorrência da utilização da Internet.

Vejamos comentários aos principais artigos do referido texto de Lei[6]:

---

6. O Decreto nº 8.771/16 que regulamenta o Marco Civil da Internet começou a vigorar em junho/16, disponível em http://www.planalto.gov.br/ccivil_03/_ato2015-2018/2016/Decreto/D8771.htm. Acesso em: 30.09.2017.

> A PRESIDENTA DA REPÚBLICA, no uso das atribuições que lhe confere o art. 84, inciso IV, alínea, da Constituição, e tendo em vista o disposto na Lei 12.965, de 23 de abril de 2014, DECRETA:
>
> CAPÍTULO I
>
> DISPOSIÇÕES GERAIS
>
> Art. 1º Este Decreto trata das hipóteses admitidas de discriminação de pacotes de dados na internet e de degradação de tráfego, indica procedimentos para a guarda e proteção de dados por provedores de conexão e de aplicações, aponta medidas de transparência na requisição de dados cadastrais pela administração pública e estabelece parâmetros para a fiscalização e apuração de infrações contidas na Lei 12.965, de 2014.

Este decreto traz especificidades sobre proteção e guarda de dados cadastrais; discriminação de pacote de dados e degradação de tráfego; transparência e procedimentos de fiscalização.

> Art. 2º O disposto neste decreto se destina aos responsáveis pela transmissão, comutação ou roteamento, bem como aos provedores de conexão e de aplicações de internet, definida nos termos do art. 5º, I da Lei 12.965, de 2014.

O texto traz limites ao seu âmbito de aplicação, excetuando da disciplina normativa os serviços abaixo discriminados.

> Parágrafo único. Este decreto não se aplica:
>
> I – aos serviços de telecomunicações que não se destinem ao provimento de conexão de internet;

Internet não é Telecomunicações, por mais que utilize da infraestrutura. Serviços de telecomunicações que não possibilitem a navegação na web não são alcançados pelo decreto, como exemplo os equipamentos que utilizam a Internet para suas funcionalidades, contudo, não estão relacionados ao provimento de acesso à Internet, como as Câmeras IP, os equipamentos de IoT e outros.

> II – aos serviços especializados, entendidos como serviços otimizados por sua qualidade assegurada de serviço,

> velocidade ou segurança, ainda que utilizem protocolos lógicos TCP/IP ou equivalentes, desde que:
>
> a) não configurem substituto à internet em seu caráter público e irrestrito; e
>
> b) sejam destinados a grupos específicos de usuários com controle estrito de admissão.

Um serviço especializado é aquele serviço aplicado a um propósito específico, que não faz parte da cadeia de valor tradicional de oferta de telecomunicações, como serviços de emergência, serviços hospitalares, intranets, ATM's etc. A polêmica deste texto versa sobre a ausência de apontamento sobre tais serviços, tendo em vista a interpretação que se pode dar pelos agentes envolvidos em busca da exclusão das regras de neutralidade de rede.

> CAPÍTULO II
>
> DA NEUTRALIDADE DE REDE
>
> Art. 3º A exigência de tratamento isonômico de que trata o art. 9º da Lei 12.965, de 23 de abril de 2014, deve garantir a preservação do caráter público e irrestrito do acesso à internet, bem como os fundamentos, princípios e objetivos do uso da internet no Brasil, conforme previstos na Lei 12.965, de 2014.

A neutralidade basicamente versa sobre a garantia de acesso a rede de forma igual, sob um princípio de democracia. Ou seja, todos terão o mesmo acesso independente de interferências ou melhorias mediante pagamento de determinado valor em detrimento de outro. A palavra acesso não se confunde com velocidade.

> Art. 4º A discriminação ou degradação de tráfego são medidas excepcionais, na medida em que somente poderão decorrer de requisitos técnicos indispensáveis à prestação adequada de serviços e aplicações ou da priorização de serviços de emergência, sendo necessário o cumprimento de todos os requisitos dispostos no art. 9º, §2º da Lei nº 12.965, de 2014.

Esses requisitos técnicos são voltados a questões de segurança de redes, restrição para envio de spam, controle de ataques, situações excepcionais de congestionamento e situações de emergência.

> Art. 5º Os requisitos técnicos indispensáveis à prestação adequada de serviços e aplicações devem ser observados pelo responsável de atividades de transmissão, comutação ou roteamento, no âmbito de sua respectiva rede, e tem como objetivo manter sua estabilidade, segurança, integridade e funcionalidade.
>
> §1º Os requisitos técnicos indispensáveis apontados no caput são aqueles decorrentes de:
>
> I – tratamento de questões de segurança de redes, tais como restrição ao envio de mensagens em massa (spam) e controle de ataques de negação de serviço;
>
> II – tratamento de situações excepcionais de congestionamento de redes, tais como redistribuição de carga, rotas alternativas em casos de interrupções da rota principal, gerenciamento em situações de emergência.

Quais seriam as exceções denominadas "situações excepcionais"? Por exemplo, horário de maior utilização ou acesso à determinada aplicação que está em uso por um grupo significativo de usuários.

> § 2º. A Agência Nacional de Telecomunicações – Anatel atuará na fiscalização e apuração de infrações quanto aos requisitos técnicos elencados neste artigo, consideradas as diretrizes estabelecidas pelo Comitê Gestor da Internet – CGI.

Será a Anatel o órgão responsável para fiscalização e apuração de infrações referentes às exceções à neutralidade de rede e deverá ser considerada as diretrizes apontadas pelo CGI.

> Art. 6º Para a adequada prestação de serviços e aplicações na internet, é permitido o gerenciamento de redes com o objetivo de preservar sua estabilidade, segurança e funcionalidade, utilizando-se de medidas técnicas compatíveis com os padrões internacionais que sirvam ao funcionamento da internet e observados os parâmetros regulatórios expedidos pela Agência Nacional de Telecomunicações – Anatel, consideradas as diretrizes estabelecidas pelo Comitê Gestor da Internet – CGI.

Outro apontamento de exceções a sobrecarga da rede, ou seja, poderá promover o gerenciamento da rede para garantir a sua estabilidade, segurança e funcionalidade. Seria o fim da internet fixa ilimitada?

> Art. 7º O responsável pela transmissão, comutação ou roteamento deverá adotar medidas de transparência para explicitar ao usuário os motivos do gerenciamento que implique a discriminação ou degradação de que trata o art. 4º, tais como:

Os provedores deverão atuar com transparência frente ao consumidor final, havendo limitações ou pacotes fechados de banda larga o usuário deverá ser informado nos termos abaixo.

> I – indicação nos contratos de prestação de serviço firmado com usuários finais ou provedores de aplicação;
>
> II – divulgação de informações referentes às práticas de gerenciamento adotadas em seus sítios eletrônicos, por meio de linguagem de fácil compreensão;
>
> Parágrafo único. As informações de que trata esse artigo deverá informar, no mínimo:
>
> I – a descrição dessas práticas;
>
> II – os efeitos de sua adoção para a qualidade de experiência dos usuários; e
>
> III – os motivos e a necessidade da adoção dessas práticas
>
> Art. 8º A degradação ou discriminação decorrente da priorização de serviços de emergência somente poderá decorrer de:

O tráfego de dados poderá de forma excepcional ter maior atenção tão somente nos casos indispensáveis ou para priorização dos serviços de emergência. Casos de calamidade pública, catástrofes naturais e/ou problemas reais.

> I – comunicações destinadas aos prestadores dos serviços de emergência, ou comunicação entre eles, conforme previsto na regulamentação da Agência Nacional de Telecomunicações – Anatel; ou
>
> II – comunicações necessárias para informar a população em situações de risco de desastre, de emergência ou de estado de calamidade pública.
>
> Parágrafo único. A transmissão de dados nos casos elencados neste artigo será gratuita.
>
> Art. 9º Ficam vedadas condutas unilaterais ou acordos entre o responsável pela transmissão, comutação ou roteamento e provedores de aplicação que:

> I – comprometam o caráter público e irrestrito do acesso à Internet, bem como os fundamentos, princípios e objetivos do uso da internet no Brasil; ou
>
> II – priorizem pacotes de dados em razão de arranjos comerciais; ou

Na redação como se encontra os pacotes de dados não poderão ser priorizados por arranjos comerciais ou favorecer aplicativos do próprio grupo comercial. Este texto ficou confuso no sentido da palavra "priorizar", sendo para aumentar a velocidade de um pacote ou degradar um pacote para que outro tenha preferência?

> II – privilegiem aplicações ofertadas pelo próprio responsável pela transmissão, comutação ou roteamento, ou por empresas integrantes de seu grupo econômico.

Nesse caso uma empresa que oferece ao consumidor banda larga e dispõe de acesso gratuito a um determinado aplicativo de rede social, não poderá privilegiar o tráfego desses dados. Contudo, se os serviços dessa empresa estão no mesmo ambiente pelo qual acessa a internet, estes irão funcionar com maior rapidez em detrimento de outros. Novamente pela interpretação seria uma priorização de acesso e não de velocidade, contudo, poderá haver discussão nesse sentido.

> Art. 10. As ofertas comerciais e modelos de cobrança de acesso à internet devem preservar uma internet única, de natureza aberta, plural e diversa, compreendida como um meio para a promoção do desenvolvimento humano, econômico, social e cultural, contribuindo para a construção de uma sociedade inclusiva e não discriminatória.

Nesse sentido as ofertas comerciais de acesso à Internet não poderão fazer distinção dos planos, sendo "única" quando se fala de acesso à Internet. Um texto genérico que causa margem para discussão, principalmente, para empresas que estudam formas diferenciadas de monetização do serviço.

Entendemos que o Decreto não traz de forma clara e expressa se os casos de *zero rating* ou acesso patrocinado configuram ou não ofensa à neutralidade de rede. Já os casos de *fast lanes* ficam claramente proibidos.

> CAPÍTULO III
> DA PROTEÇÃO AOS REGISTROS, AOS DADOS PESSOAIS E ÀS COMUNICAÇÕES PRIVADAS
> Seção I
> Da Requisição de dados cadastrais
> Art. 11. As autoridades administrativas a que se refere o art. 10, § 3º, da Lei nº 12.965, de 2014, indicarão o fundamento legal de competência expressa para o acesso e motivação para o pedido de acesso a dados cadastrais.

Por dados cadastrais entendemos a requisição de informações no máximo como: filiação, endereço, qualificação pessoal, nome, prenome, estado civil e profissão do usuário. Neste sentido, as solicitações devem ser motivadas e fica claro que deverão ser pedidos específicos e não genéricos ou de toda a base de dados.

> §1º O provedor que não coletar dados cadastrais deverá informar tal fato a autoridade solicitante ficando desobrigado de fornecer tais dados.

Fica a cargo do provedor coletar/manter ou não dados cadastrais? O Decreto teria prioridade as leis estaduais que determinam tal obrigação? Fica afastado qualquer penalidade de desobediência ou não cumprimento de requerimentos por autoridade administrativas e judiciais?

> §2º São considerados dados cadastrais a filiação, o endereço e a qualificação pessoal, entendida como nome, prenome, estado civil e profissão do usuário.
> §3º Os pedidos de que trata o caput devem especificar os indivíduos cujos dados estão sendo requeridos, bem como as informações desejadas, sendo vedados pedidos coletivos que sejam genéricos ou inespecíficos.

Todos os órgãos deverão apresentar o mesmo relatório? Haverá uma espécie de comparação de informações ou qual será a finalidade dessa regra?

> Art. 12. A autoridade máxima de cada órgão público federal publicará anualmente em seu sítio na internet relatórios estatísticos de requisição de dados cadastrais, contendo:

> I – número de pedidos realizados;
> II – listagem dos provedores de conexão ou de acesso a aplicações aos quais os dados foram requeridos;
> III – número de pedidos deferidos e indeferidos pelos provedores de conexão e de acesso a aplicações; e
> IV – número de usuários afetados por tais solicitações.
> Seção II
> Padrões de Segurança e Sigilo dos Registros, Dados Pessoais e Comunicações Privadas

Ficam definidas as diretrizes sobre os padrões de segurança apontados pelo CGI e de acordo as especificidades dos provedores.

> Art. 13. Os provedores de conexão e de aplicações devem, na guarda, armazenamento e tratamento de dados pessoais e comunicações privadas, observar as seguintes diretrizes sobre padrões de segurança:
> I – estabelecimento de controle estrito sobre o acesso aos dados mediante a definição de responsabilidades das pessoas que terão possibilidade de acesso e de privilégios de acesso exclusivo para determinados usuários;
> II – previsão de mecanismos de autenticação de acesso aos registros, usando, por exemplo, sistemas de autenticação dupla para assegurar a individualização do responsável pelo tratamento dos registros;
> III – criação de inventário detalhado dos acessos aos registros de conexão e de acesso a aplicações, contendo o momento, a duração, a identidade do funcionário ou responsável pelo acesso designado pela empresa e o arquivo acessado, inclusive para cumprimento do disposto no art. 11, §3º da Lei 12.965, de 2014; e
> IV – uso de soluções de gestão dos registros por meio de técnicas que garantam a inviolabilidade dos dados, como encriptação ou medidas de proteção equivalentes.

Neste caso, entendemos que os dados devem obedecer a padrões de segurança, ou seja, não podem ser acessíveis a qualquer pessoa. Contudo, a premissa de segurança é diferente da ideia de inacessibilidade ou impossibilidade de serem legíveis pela utilização de determinados meios de segurança.

> §1º Cabe ao Comitê Gestor da Internet – CGI promover estudos e recomendar procedimentos, normas e padrões técnicos e operacionais para o disposto nesse artigo, de acordo com as especificidades e porte dos provedores de conexão e de aplicação.
>
> §2º Tendo em vista o disposto nos incisos VII a X do art. 7º da Lei 12.965, de 2014, os provedores de conexão e aplicações devem reter a menor quantidade possível de dados pessoais, comunicações privadas e registros de conexão e acesso a aplicações, excluindo-os tão logo atingida a finalidade de seu uso ou findo prazo determinado por obrigação legal.

Os prazos previstos no Marco Civil da Internet de 1 (um) ano para guarda de dados de conexão e 6 (seis) meses para guarda de dados de conexão são mandatórios para a exclusão das informações após a sua vigência. Ou seja, ultrapassados esses limites, os dados deverão ser apagados.

> Art. 14. Para os fins do disposto neste Decreto, considera-se:

Este artigo define o conceito de dado pessoal e tratamento de dado pessoal.

> I – dado pessoal como dado relacionado à pessoa natural identificada ou identificável, inclusive números identificativos, dados locacionais ou identificadores eletrônicos quando estes estiverem relacionados a uma pessoa; e
>
> II – tratamento de dados pessoais é toda operação realizada com dados pessoais, como as que se referem a coleta, produção, recepção, classificação, utilização, acesso, reprodução, transmissão, distribuição, processamento, arquivamento, armazenamento, eliminação, avaliação ou controle da informação, modificação, comunicação, transferência, difusão ou extração.
>
> Art. 15. Os dados de que trata o art. 11 da Lei 12.965, de 2014 deverão ser mantidos em formato interoperável e estruturado que facilite o acesso decorrente de decisão judicial

> ou determinação legal, respeitadas as diretrizes elencadas no art. 12 deste Decreto.

O artigo 11 do Marco Civil da Internet dispõe:

> Em qualquer operação de coleta, armazenamento, guarda e tratamento de registros, de dados pessoais ou de comunicações por provedores de conexão e de aplicações de internet em que pelo menos um desses atos ocorra em território nacional, deverão ser obrigatoriamente respeitados a legislação brasileira e os direitos à privacidade, à proteção dos dados pessoais e ao sigilo das comunicações privadas e dos registros.

Em consonância o Decreto dispõe que:

> Art. 16. As informações sobre os padrões de segurança adotados pelos provedores de aplicação e provedores de conexão devem ser divulgadas de forma clara e acessível a qualquer interessado, preferencialmente por meio de seus sítios na internet, respeitado o direito de confidencialidade quanto aos segredos empresariais.

Deverá conter de forma clara e expressa em documentos disponíveis pelos provedores, os padrões de segurança utilizados pelas mesmas.

> CAPÍTULO IV
> FISCALIZAÇÃO E TRANSPARÊNCIA
> Art. 17. A Agência Nacional de Telecomunicações – Anatel atuará na regulação, fiscalização e apuração de infrações, nos termos da Lei nº 9.472, de 16 de julho de 1997.
>
> Art. 18. A Secretaria Nacional do Consumidor atuará na fiscalização e apuração de infrações, nos termos da Lei nº 8.078, de 11 de setembro de 1990.
>
> Art. 19. A apuração de infrações à ordem econômica ficará a cargo do Sistema Brasileiro de Defesa da Concorrência, nos termos da Lei no 12.529, de 30 de novembro de 2011.

O Decreto prevê que a Anatel, a Secretaria Nacional do Consumidor e o Sistema Brasileiro de Defesa da Concorrência atuarão de acordo com a sua competência. Todos deverão atuar necessariamente? Caberá a junção de processos paralelos? Caberá ao judiciário solucionar decisões conflitantes?

> Art. 20. Os órgãos e entidades da administração pública federal com competências específicas nos assuntos relacionados a este Decreto atuarão de forma colaborativa, consideradas as diretrizes do Comitê Gestor da Internet, e deverão zelar pelo cumprimento da legislação brasileira, inclusive aplicando as sanções cabíveis mesmo que as atividades sejam realizadas por pessoa jurídica sediada no exterior, nos termos do art. 11 da Lei 12.965, de 2014.
>
> Art. 21. A apuração de infrações à Lei 12.965, de 2014, e a este Decreto atenderá aos procedimentos internos de cada um dos órgãos fiscalizatórios, podendo ser iniciada de ofício ou mediante requerimento de qualquer interessado.
>
> Art. 22. Este Decreto entra em vigor trinta dias após a data de sua publicação.

Em que pese todo o exposto, o texto do Decreto, que passou a viger 30 (trinta) dias após a data da sua publicação, trouxe importantes obrigações que devem ser observadas por todos os provedores de conexão e de aplicações em todo território nacional, independentes de estarem sediados ou não no País.

Por sua vez, o Marco Civil da Internet é um importante acontecimento para resguardar as garantias e direitos individuais dos usuários, traz consigo ideias que asseguram a liberdade de expressão, a proteção da privacidade e dos dados pessoais, nesse sentido essas premissas ultrapassam a esfera virtual para atingir diretamente os direitos fundamentais previstos na Constituição Federal.

Essa iniciativa de resguardar os valores sociais através de uma Lei específica é decorrência da transformação que a Internet tem ocasionado em praticamente todas as relações da vida em sociedade, sejam elas pessoais, comerciais, ou pelos novos meios de comunicação.

Os novos canais de comunicação disseminaram de forma assustadora o alcance das informações. Portais online atingem um público do mundo todo com suas notícias, o que antes ficava concentrado a uma determinada região pela circulação de um jornal. Compras podem ser feitas sem sair de casa, e as redes sociais permitem que todos acompanhem a rotina diária de pessoas que não se conhecem pessoalmente.

Com isso novos problemas surgiram nas relações sociais, o anonimato e a impessoalidade do mundo virtual ensejaram maior repercussão dos crimes de difamação, calúnia, injúria e outros com alcance e repercussão indesejáveis, causando maiores danos à honra, intimidade, a dignidade da pessoa humana. Sem contar os prejuízos de ordem material, pois os crimes cibernéticos abalam o patrimônio sentimental e também o patrimônio financeiro, pela exposição exagerada das redes sociais, e até mesmo operações comerciais, trazendo a necessidade de regulamentação.

Em suma, em que pese a nova regulamentação tenha deixado muitas situações sem previsão, são pontos positivos o reforço na obrigação do tratamento isonômico dos dados, a definição de dados pessoais e o tratamento dos mesmos; o esclarecimento do que se consideram de serviços de emergência para a discriminação ou a degradação de tráfego; o esclarecimento de que as ofertas comerciais devem preservar uma internet única, de natureza aberta; o apontamento de que o CGI é órgão consultivo para o estabelecimento de diretrizes; e, por fim, mencionou a responsabilidade de atuação da Anatel, da Secretaria Nacional do Consumidor e do Sistema Brasileiro de Defesa da Concorrência, como órgãos de fiscalização.

Depois de mais de quatro anos de sua publicação, o Decreto continua surtindo impacto no âmbito das decisões proferidas pelo sistema judiciário, que ainda demonstra atenção e aprendizado a nova realidade técnica estabelecida pelos conceitos da lei. A sanção da Lei Geral de Proteção de Dados é um exemplo disso e complementa as premissas trazidas pelo arcabouço já existente.

Já com relação às empresas, as mudanças têm acontecido de forma lenta. Se por um lado as organizações necessitam de tempo para alinharem outros fatores determinantes a implementação das novas regras, usuários também precisam se adaptar ao novo modelo de navegação na internet.

Capítulo 15

ASPECTOS RELEVANTES DA LEI GERAL DE PROTEÇÃO DE DADOS PESSOAIS PARA O CONTEXTO DO EMPREENDEDORISMO

Tiffany Cunha de Jesus

15.1. A LEI DE PROTEÇÃO DE DADOS PESSOAIS BRASILEIRA

Com o fim de proteger e tutelar o direito à privacidade e garantir a inviolabilidade da intimidade, da honra e da imagem da pessoa natural, e, com isso, o desenvolvimento econômico e tecnológico e a inovação, foi criada a Lei Geral de Proteção de Dados Pessoais (LGPD).

A lei se aplica a todo tipo de tratamento de dados pessoais, seja por meio biométrico, digital, eletrônico ou físico, e, sem pretender exaurir o conteúdo, neste artigo pretendemos abordar aspectos que entendemos relevantes no contexto do empreendedorismo.

15.1.1. Aplicação da Lei

A Lei Geral de Proteção de Dados Pessoais dispõe sobre o tratamento de dados pessoais, nos meios digitais ou físicos, "por pessoa natural ou por pessoa jurídica de direito público ou privado, com o objetivo de proteger os direitos fundamentais de liberdade e de privacidade e o livre desenvolvimento da personalidade da pessoa natural"[1].

A aplicação da lei se limita a empresas: a) que tratem dados pessoais em território brasileiro; b) cujo tratamento tenha como objetivo o fornecimento de bens e/ou serviços em território brasileiro; c) que tratem dados pessoais de pessoas localizadas no Brasil, independentemente da nacionalidade; d) que tratem dados que foram coletados no Brasil, o que quer dizer que não é relevante o país sede da empresa, a localização do armazenamento dos dados e tampouco a nacionalidade do titular de dados coletados.

Faz-se a ressalva de que a lei não se aplica a tratamento de dados que sejam realizados por pessoa natural para fins particulares e não econômicos, ou fins jornalísticos, artísticos, acadêmicos, de segurança pública, de defesa nacional, de segurança do Estado e de atividades de investigação e repressão de infrações penais, entre outras exceções[2]. Apesar disso, ainda assim é recomendado o cuidado com a proteção dos dados para que, independentemente da lei não cobrir esses casos, continuem mesmo assim sendo preservados os direitos de intimidade e privacidade de terceiros.

15.1.2. Dados Pessoais

Conforme mencionado no capítulo anterior, a Lei Geral de Proteção de Dados Pessoais se ocupa em regular o tratamento de dados pessoais. Deste modo, primeiramente, é importante esclarecer que por "tratamento" a lei entende ser qualquer operação a ser efetuada em um dado pessoal, tais como coleta, recepção, classificação, acesso, reprodução, distribuição, processamento, arquivamento, armazenamento, eliminação, modificação, transmissão e transferência de dados pessoais.

---

1. Artigo 1º. Lei Geral de Proteção de Dados Pessoais. Disponível em: <http://www.planalto.gov.br/ccivil_03/_Ato2015-2018/2018/Lei/L13709.htm> Acesso em 20 de Janeiro de 2020.

2. Artigo 4º. Lei Geral de Proteção de Dados Pessoais. Disponível em: <http://www.planalto.gov.br/ccivil_03/_Ato2015-2018/2018/Lei/L13709.htm> Acesso em 14 de Março de 2019.

Por "dado pessoal" a lei entende que é toda a "informação relacionada a pessoa natural identificada ou identificável"[3], ou seja, a informação que individualiza e permite a identificação de um determinado indivíduo, pessoa física, estando, portanto, excluída da proteção da lei os dados de pessoa jurídica. São exemplos de dados pessoais da pessoa natural, o nome e sobrenome, número únicos de documento tal como CPF e R.G, o número do cartão de identificação do funcionário na empresa, endereço residencial, comercial e eletrônico, número de telefone, entre outros.

Ainda, a lei traz a classificação de dados pessoais chamados de "sensíveis" que trazem duas características: a) acesso restrito, apenas um número bastante limitado e restrito de determinadas pessoas podem aceder aos dados; b) dados com maior potencial discriminatório. Os dados pessoais sensíveis são todo e qualquer dado referente a criança e adolescente, e no que se refere a pessoa física maior de 18 anos, são os dados genéticos ou biométricos, e dados a respeito da saúde ou vida sexual, convicção religiosa, origem racial ou étnica e sobre opinião política[4], que justificam em especial o "potencial discriminatório" trazido como caraterística pela lei. No caso de tratamento de destes dados, a atuação será bastante limitada e somente poderá ocorrer "quando o titular ou seu responsável legal consentir, de forma específica e destacada, para finalidades específicas"[5]. Por exemplo, dados médicos de um exame admissional solicitado ao candidato a uma vaga de trabalho na empresa, são dados sensíveis e deve ser informado ao candidato para qual finalidade os dados estão coletados, e, no caso de armazenamento dos mesmos, informar por quem, quem terá acesso e até quando.

Deixa de ser considerado dado pessoal o dado que foi anonimizado, isto é, o dado que não tem poder de individualização e

---

3. Lei Geral de Proteção de Dados Pessoais. Disponível em: <http://www.planalto.gov.br/ccivil_03/_Ato2015-2018/2018/Lei/L13709.htm> Acesso em 14 de Março de 2019.

4. Artigo 5º, inciso II. Lei Geral de Proteção de Dados Pessoais. Disponível em: <http://www.planalto.gov.br/ccivil_03/_Ato2015-2018/2018/Lei/L13709.htm> Acesso em 14 de Março de 2019.

5. Artigo 11, inciso XI. Lei Geral de Proteção de Dados Pessoais. Disponível em: <http://www.planalto.gov.br/ ccivil_03/_Ato2015-2018/2018/Lei/L13709.htm> Acesso em 16 de Março de 2019.

identificação direta ou indireta de um indivíduo[6], a "anonimização é uma técnica de processamento de dados que remove ou modifica informações que possam identificar uma pessoa"[7].

E para que não fique dúvida, o dado codificado, criptografo ou algum congênere, não é o mesmo que anonimizado porque esses métodos, de regra, são reversíveis, e para que deixe de ser considerado um dado pessoal é necessário que esse seja anonimizado de forma irreversível. Dois métodos para fazê-lo são: generalização de dados e adição de ruído ao dado, o setor de Tecnologia da Informação da sua empresa poderá ajudá-lo com isso.

A anonimização é um dos direitos do titular de dados previsto no artigo 18, IV da lei, o titular de dados pode solicitar a empresa que anonimize determinados dados, desde, claro, que fundamentadamente justifique e esta medida seja razoável para o caso concreto. Por exemplo, se os dados foram coletados para fins de pagamento de parcelado em cartão de crédito, por óbvio, que enquanto o pagamento não houver sido efetuado não se pode anonimizar os dados deste titular.

15.1.3. Os Princípios

São elencados pelo artigo 6º da Lei Geral de Proteção de Dados Pessoais os princípios que embasam o entendimento e a aplicação da lei ao caso concreto, são eles: a) finalidade; b) adequação; c) necessidade; d) livre acesso; e) qualidade dos dados; f) transparência; g) segurança; h) prevenção; i) não discriminação; j) responsabilização e prestação de contas[8].

É importante o conhecimento e entendimento acerca dos princípios porque em um eventual impasse relativo ao tratamento

---

6. Artigo 5º, inciso XI. Lei Geral de Proteção de Dados Pessoais. Disponível em: <http://www.planalto.gov.br/ccivil_03/_Ato2015-2018/2018/Lei/L13709.htm> Acesso em 14 de Março de 2019.

7. Como o Google anonimiza os dados. Disponível em: <https://policies.google.com/technologies/anonymization?hl=pt-BR> Acesso em 26 de Janeiro de 2020.

8. Artigo 6º e incisos. Lei Geral de Proteção de Dados Pessoais. Disponível em: <http://www.planalto.gov.br/ccivil_03/_Ato2015-2018/2018/Lei/L13709.htm> Acesso em 14 de Março de 2019.

de dados, em especial quando a lei não suprir alguma hipótese que possa se dar no caso concreto, recorre-se aos princípios, os quais não podem ser contrariados e, portanto, irão nortear a melhor decisão. Vamos a eles:

1. Princípio da Finalidade: é trazido como o primeiro princípio porque o tratamento de dados deve ser apenas feito quando houver "propósitos legítimos, específicos, explícitos e informados ao titular"[9]. Esse princípio obriga que haja uma finalidade pré definida a e informada de forma clara e escrita ao titular de dados a respeito do tratamento dos seus dados, fundamento que é reforçado pela lei no artigo 7º trazendo como regra absoluta para o tratamento de dados o "consentimento": "O tratamento de dados pessoais somente poderá ser realizado (...) mediante o fornecimento de consentimento pelo titular"[10], consentimento esse que deve ser livre e inequívoco de acordo com a finalidade informada para que tenha validade o acordo de vontades firmado entre a empresa e o cliente, usuário, fornecedor, parceiro negocial, etc.

Para ilustrar, tem-se o exemplo da coleta de dados para confecção de nota fiscal para um cliente que efetuou compra no seu comércio, não é permitido pela lei que estes dados sejam usados para outro fim, como, por exemplo, envio de e-mail de marketing, vez que o consentimento para entrega dos dados pelo titular foi apenas para o fim de preenchimento da nota fiscal.

2. Princípio da Adequação: é a "compatibilidade do tratamento com as finalidades informadas ao titular"[11]. Valendo-nos do exemplo citado no parágrafo anterior, a

9. Artigo 6º, inciso I. Lei Geral de Proteção de Dados Pessoais. Disponível em: <http://www.planalto.gov.br/ccivil_03/_Ato2015-2018/2018/Lei/L13709.htm> Acesso em 14 de Março de 2019.

10. Artigo 7º, inciso I. Lei Geral de Proteção de Dados Pessoais. Disponível em: <http://www.planalto.gov.br/ccivil_03/_Ato2015-2018/2018/Lei/L13709.htm> Acesso em 15 de Março de 2019.

11. Artigo 6º, inciso II. Lei Geral de Proteção de Dados Pessoais. Disponível em: <http://www.planalto.gov.br/ccivil_03/_Ato2015-2018/2018/Lei/L13709.htm> Acesso em 14 de Março de 2019.

obediência ao princípio da adequação viria com o tratamento dos dados do cliente somente para o fim informado e consentido por esse. Caso os dados fossem usados para o envio de e-mail de marketing, por exemplo, não seria um tratamento de dados "adequado", vez que desrespeitou a finalidade uma vez informada.

3. Princípio da Necessidade: trata-se da "limitação do tratamento ao mínimo necessário para a realização de suas finalidades"[12]. Voltando ao exemplo dos dados coletados para a confecção da nota fiscal, deve-se responder as seguintes perguntas: a) quem tem acesso a estes dados e por quê; b) quando e por quem esses dados serão acessados, utilizados e transferidos a terceiros (como para o setor de contas da empresa que fará transferência a um outro terceiro fora da própria empresa, que seria o contador); c) quando os dados serão eliminados. Internamente, o empreendedor deve observar não apenas a finalidade, mas a qualidade do tratamento dos dados do titular.

Vale dizer que informações assim tão precisas a respeito do tratamento dos dados normalmente vêm descritas em acordos, contratos ou formulários que visam obter o consentimento para o tratamento de dados sensíveis. Quando os dados não são sensíveis o termo de consentimento não é genérico, e nem pode sê-lo, mas não é tão específico quanto, a sua assessoria jurídica certamente poderá te auxiliar com este tema.

De todo modo, no tratamento dos dados pelo empreendedor, é imperioso que o princípio da necessidade seja respeitado e que o tratamento dos dados seja limitado às pessoas, atividade e ao tempo estritamente necessários para cumprir com a finalidade.

4. Princípio do Livre Acesso: é a garantia ao titular de dados de fazer consulta facilitada e gratuita sobre a forma e a duração do tratamento dos seus dados pessoais, bem e sobre a integralidade desses, e se manifesta concretamente na lei através do artigo 18, I e II, da LGPD, através dos

---

12. Artigo 6º, inciso III. Lei Geral de Proteção de Dados Pessoais. Disponível em: <http://www.planalto.gov.br/ccivil_03/_Ato2015-2018/2018/Lei/L13709.htm> Acesso em 14 de Março de 2019.

direitos a confirmação da existência de dados e do acesso aos dados que têm o titular perante a empresa que faz o tratamento.

Este princípio é bastante importante e talvez um dos mais desafiadores de ser aplicado no cotidiano empresarial porque envolve todos os colaboradores da sua empresa que trabalhem com o público, vez que são os agentes sujeitos a receber este pedido de informação e acesso acerca dos dados pessoais.

Deste modo, a sugestão que se dá é que estes agentes sejam treinados para saber como responder às eventuais perguntas sobre o tratamento de dados, bem como, por outro lado, treinar os demais colaboradores da empresa para que saibam compilar os dados solicitados sem apresentar informação confidencial da empresa, em qual prazo deve fazê-lo e de qual forma enviar ao titular de dados de forma a respeitar a segurança da informação. O que nos leva ao próximo princípio, o da Transparência.

5. Princípio da Transparência: "garantia, aos titulares, de informações claras, precisas e facilmente acessíveis sobre a realização do tratamento e os respectivos agentes de tratamento, observados os segredos comercial e industrial"[13]; a parte da facilidade de acesso tem relação direta com a prontidão do sistema e dos operadores do sistema para dar informações a respeito da conta do cliente, por exemplo, quando recebemos uma fatura telefônica que não reconhecemos, de acordo com a lei, a obtenção de dados sobre a mesma deveria ser clara, precisa e de fácil acesso.
6. Princípio da Qualidade dos dados: "garantia, aos titulares, de exatidão, clareza, relevância e atualização dos dados, de acordo com a necessidade e para o cumprimento da finalidade de seu tratamento"[14]. E neste princípio se manifesta

---

13. Artigo 6º, inciso VI. Lei Geral de Proteção de Dados Pessoais. Disponível em: <http://www.planalto.gov.br/ccivil_03/_Ato2015-2018/2018/Lei/L13709.htm> Acesso em 27 de Janeiro de 2020.

14. Artigo 6º, inciso V. Lei Geral de Proteção de Dados Pessoais. Disponível em: <http://www.planalto.gov.br/ccivil_03/_Ato2015-2018/2018/Lei/L13709.htm> Acesso em 27 de Janeiro de 2020.

o direito previsto no artigo 18, inciso III, da correção de dados incompletos, inexatos ou desatualizados, vez que os dados devem sempre estar atualizados em respeito a finalidade do seu tratamento e pelo período estritamente necessário. Não deixe que o cadastro do seu cliente esteja parado por mais de um ano, busque atualizar as informações e de tempos em tempos filtrar a necessidade de tratamento de um determinado dado.

7. Princípio da Não Discriminação: o tratamento dos dados não podem ter fins discriminatórios ou abusivos, tal como, por exemplo, em uma seleção para candidato a vaga de emprego na empresa fazer classificação dos dados com base em gênero com o fim de excluir mulheres.
8. Princípio da Segurança: a imposição da tomada de medidas técnicas e administrativas que visem a segurança da informação e que sejam, em seu momento de implementação, "aptas a proteger os dados pessoais de acessos não autorizados e de situações acidentais ou ilícitas de destruição, perda, alteração, comunicação ou difusão"[15];
9. Princípio da Prevenção: o chamado "privacy by design", ou seja, configuração de privacidade desde a concepção do produto ou serviço, é justamente a adoção de medidas que visem prevenir, antecipar e identificar antes da ocorrência do dano os riscos que o tratamento de dados pode gerar. A prevenção pela garantia da segurança da informação começa na estrutura corporativa da empresa, não sendo algo meramente complementar;
10. Princípio da Responsabilização e Prestação de contas: caso solicitado pelo titular de dados, pelo Controlador de Dados, pela Autoridade Nacional de Proteção de Dados Pessoais ou, por óbvio, pela autoridade policial/judicial, a empresa, através do seu Encarregado de Proteção de Dados deverá demonstrar "a adoção de medidas eficazes e capazes de comprovar a observância e o cumprimento

---

15. Artigo 6º, inciso VII. Lei Geral de Proteção de Dados Pessoais. Disponível em: <http://www.planalto.gov.br/ccivil_03/_Ato2015-2018/2018/Lei/L13709.htm> Acesso em 27 de Janeiro de 2020.

das normas de proteção de dados pessoais e, inclusive, da eficácia dessas medidas"[16] no momento em que foram implementadas (pois, por óbvio, a tecnologia avança a passos largos e uma medida de segurança em 2015 será já substancialmente diferente da medida mais razoável a ser adotada em 2020).

15.1.4. Alguns Direitos e Deveres Previstos na Lei

A legislação prevê vários direitos a serem respeitados e uma série de deveres a serem cumpridos no que se refere ao tratamento de dados pessoais, a saber, em especial, os previstos no artigo 18 da lei:

> Art. 18. O titular dos dados pessoais tem direito a obter do controlador, em relação aos dados do titular por ele tratados, a qualquer momento e mediante requisição:
>
> I - confirmação da existência de tratamento;
>
> II - acesso aos dados;
>
> III - correção de dados incompletos, inexatos ou desatualizados;
>
> IV - anonimização, bloqueio ou eliminação de dados desnecessários, excessivos ou tratados em desconformidade com o disposto nesta Lei;
>
> V - portabilidade dos dados a outro fornecedor de serviço ou produto, mediante requisição expressa e observados os segredos comercial e industrial, de acordo com a regulamentação do órgão controlador;
>
> VI - eliminação dos dados pessoais tratados com o consentimento do titular, exceto nas hipóteses previstas no art. 16 desta Lei;
>
> VII - informação das entidades públicas e privadas com as quais o controlador realizou uso compartilhado de dados;
>
> VIII - informação sobre a possibilidade de não fornecer consentimento e sobre as consequências da negativa;

---

16. Artigo 6º, inciso X. Lei Geral de Proteção de Dados Pessoais. Disponível em: <http://www.planalto.gov.br/ccivil_03/_Ato2015-2018/2018/Lei/L13709.htm> Acesso em 27 de Janeiro de 2020.

> IX - revogação do consentimento, nos termos do § 5º do art. 8º desta Lei.

No capítulo dos Princípios já tratamos de alguns dos direitos, e aqui vamos tratar de outros que entendemos ser mais relevantes para o conhecimento do empreendedor na consecução da sua atividade empresarial:

1. Portabilidade de dados: imagine a situação de um cliente querer fazer portabilidade dos dados para uma outra empresa concorrente da sua, se o cliente/titular de dados assim solicitar, o empreendedor deve fazê-lo. Apesar disso, é importante ressaltar que a efetivação deste direito depende de um sistema de interoperabilidade, ou seja, de uma tecnologia que permita essa transferência segura e gratuita de dados, de acordo com a escolha do titular do dado.

A LGPD prevê regulamentação dos padrões de interoperabilidade dos dados no artigo 40 pela Autoridade Nacional de Proteção de Dados, a qual indicará inclusive o tempo de guarda dos dados transferidos pela empresa que fez inicialmente a portabilidade.

2. Eliminação de dados: não raramente vemos sites e aplicativos nos quais há uma facilidade tremenda de cadastro e registro, e, do contrário, na hora de deletar a conta é quase um caça ao tesouro, tendo o usuário que buscar onde está escondida a função excluir conta. Por vezes o usuário consegue excluir a conta e aparece em sua tela a seguinte informação "quando quiser voltar a nossa plataforma é só inserir novamente seu e-mail e senha", ou seja, os dados do usuário não foram excluídos quando do pedido de exclusão da conta, o que ocorreu foi que a conta foi apenas retirada do modo público, porém permaneceu ativa para a plataforma ou site.

Ora, é direito do titular de dados/usuário ter a eliminação dos seus dados, portanto, há que estar expresso e ser de fácil acesso ao titular de dados como ele pode excluir seus dados e conta - sendo que a depender do caso, deve o titular enviar solicitação fundamentando seu pedido de eliminação dos dados.

3. Compartilhamento de dados: aqui jaz o ouro reluzente das redes sociais e da internet como um todo, o compartilhamento não autorizado ou não consentido de dados dos usuários com empresas para fins de realização de publicidade direcionada de acordo com uma precisa análise de muitos dados que os usuários inserem na internet. Caso o titular de dados quiser saber acerca do compartilhamento dos seus dados, mesmo que nos termos de uso do site esteja escrito que poderá haver compartilhamento dos dados, a empresa precisa fornecer.

Isso quer dizer que sim, é possível o compartilhamento de dados pessoais, desde que haja informação inequívoca e expressa ao titular de dados acerca disso, que esse consinta, e, ainda, caso esse queira informações a respeito desse compartilhamento a empresa é obrigada a fornecer;

4. Consentimento: a lei prevê em seu artigo 7º[17] que o tratamento de dados pessoais somente poderá ser realizado mediante o fornecimento de consentimento pelo titular, e, ainda, no artigo 8º que deve esse ser "fornecido por escrito ou por outro meio que demonstre a manifestação de vontade do titular."[18], e quando o consentimento for por escrito, esse deverá constar de cláusula destacada das demais cláusulas contratuais, tal como os Termos de Privacidade de aplicativos que integram o contrato principal.

O Consentimento se comunica diretamente com o princípio da finalidade, vez que o mesmo "deverá referir-se a finalidades determinadas, e as autorizações genéricas para o tratamento de dados pessoais serão nulas"[19], uma cláusula genérica seria, por exemplo,

17. Artigo 7º, inciso I. Lei Geral de Proteção de Dados Pessoais. Disponível em: <http://www.planalto.gov.br/ccivil_03/_Ato2015-2018/2018/Lei/L13709.htm> Acesso em 16 de Março de 2019.

18. Artigo 8º. Lei Geral de Proteção de Dados Pessoais. Disponível em: <http://www.planalto.gov.br/ccivil_03/_Ato2015-2018/2018/Lei/L13709.htm> Acesso em 29 de Janeiro de 2020.

19. Artigo 8º, parágrafo 4º. Lei Geral de Proteção de Dados Pessoais. Disponível em: <http://www.planalto.gov.br/ccivil_03/_Ato2015-2018/2018/Lei/L13709.htm> Acesso em 29 de Janeiro de 2020.

aquela diz que os dados de cadastro serão usados para quaisquer fins que a empresa entender cabíveis.

Deste modo, ainda é importante ressaltar que a empresa precisa explicar ao titular de dados a consequência da renúncia de consentimento para o tratamento dos dados. Informações como essas devem vir previstas contratualmente.

Além dos direitos e deveres elencados pelo artigo 18, vale mencionar ainda as previsões acerca de vazamento de dados e transferência internacional de dados.

1. Vazamento de dados: o artigo 48[20] traz a hipótese de ocorrência de incidente de segurança que acarrete risco ou dano relevante aos titulares de dados, tal como a situação de vazamento de dados.

Nestes casos, primeiramente a lei impõe a comunicação acerca do fato à Autoridade Nacional, órgão da administração pública federal, integrante da Presidência da República, responsável para tanto a fim de que essa autoridade emita parecer acerca de qual postura e ações deve tomar a empresa.

Atualmente como não foi ainda criado o órgão referido, havendo tão somente previsão legal acerca da necessidade de criação, a questão de vazamento de dados fica amparada pelos princípios que regem a lei tal como o da responsabilização e prestação de contas, que se manifesta na "demonstração, pelo agente, da adoção de medidas eficazes e capazes de comprovar a observância e o cumprimento das normas de proteção de dados pessoais e, inclusive, da eficácia dessas medidas"[21].

Portanto, no caso de vazamento de dados, por exemplo, é indicado que seja mitigado o dano pela empresa e informado ao titular de dados sobre o ocorrido e quais medidas esse pode/ deve tomar para ajudar.

20. Artigo 7º, inciso I. Lei Geral de Proteção de Dados Pessoais. Disponível em: <http://www.planalto.gov.br/ccivil_03/_Ato2015-2018/2018/Lei/L13709.htm> Acesso em 17 de Março de 2019.

21. Artigo 6º, inciso X. Lei Geral de Proteção de Dados Pessoais. Disponível em: <http://www.planalto.gov.br/ccivil_03/_Ato2015-2018/2018/Lei/L13709.htm> Acesso em 17 de Março de 2019.

2. Transferência internacional de dados: apenas será possível quando "o titular tiver fornecido o seu consentimento específico e em destaque para a transferência, com informação prévia sobre o caráter internacional da operação, distinguindo claramente esta de outras finalidades" e, além disso, "para países ou organismos internacionais que proporcionem grau de proteção de dados pessoais adequado ao previsto nesta Lei" ou "quando o controlador oferecer e comprovar garantias de cumprimento dos princípios, dos direitos do titular e do regime de proteção de dados previstos nesta Lei". Para ilustrar a transferência internacional de dados tem-se o exemplo do envio por e-mail de informações sobre um cliente a uma sede da empresa que está em outro país, bastante simples e corriqueiro.

15.1.5. O Encarregado, o Controlador e o Operador

A lei traz a figura de quatros figuras relacionadas aos dados pessoais: o Encarregado, o Controlar e o Operador de dados pessoais. Vamos a eles.

O artigo 5º nos incisos VI, VII e VIII define quem são estes agentes:

1. Controlador: a quem competem as decisões referentes ao tratamento de dados pessoais dentro da empresa, podendo ser pessoa natural ou jurídica, de direito público ou privado;
2. Operador: é quem realiza o tratamento de dados pessoais em nome do controlador, podendo ser pessoa natural ou jurídica, de direito público ou privado. O tratamento que o Operador der aos dados deve seguir as instruções fornecidas pelo Controlador.

A lei prevê que tanto o Controlador quanto o Operador devem manter registro das operações de tratamento de dados pessoais que realizarem, inclusive porque a Autoridade Nacional de Proteção de Dados pode solicitar ao Controlador a elaboração de um relatório de impacto à proteção de dados pessoais referente ao tratamento de dados por ele efetuado, respeitando sempre, claro, os segredos comercial e industrial[22]. Relatório esse no qual deve conter, pelo menos, "a descrição dos tipos de dados coletados, a metodologia utilizada para a coleta e para a garantia da segurança das informações e a análise do controlador com relação a medidas, salvaguardas e mecanismos de mitigação de risco adotados"[23]..

Ainda, a lei sugere que sejam formuladas regras de boas práticas e de governança a serem seguidas pelo Controlador, e, consequentemente, pelo Operador, regras essas que:

> ...estabeleçam as condições de organização, o regime de funcionamento, os procedimentos, incluindo reclamações e petições de titulares, as normas de segurança, os padrões técnicos, as obrigações específicas para os diversos envolvidos no tratamento, as ações educativas, os mecanismos internos de supervisão e de mitigação de riscos e outros aspectos relacionados ao tratamento de dados pessoais.[24]

3. Encarregado: "pessoa indicada pelo controlador e operador para atuar como canal de comunicação entre o controlador, os titulares dos dados e a Autoridade Nacional de Proteção de Dados"[25].

Suas funções estão elencadas no artigo 41 da lei:

> I - aceitar reclamações e comunicações dos titulares, prestar esclarecimentos e adotar providências;
>
> II - receber comunicações da autoridade nacional e adotar providências;

---

22. Artigo 37 e 38. Lei Geral de Proteção de Dados Pessoais. Disponível em: <http://www.planalto.gov.br/ccivil_03/_Ato2015-2018/2018/Lei/L13709.htm> Acesso em 29 de Janeiro de 2020.

23. Artigo 38, parágrafo único. Lei Geral de Proteção de Dados Pessoais. Disponível em: <http://www.planalto.gov.br/ccivil_03/_Ato2015-2018/2018/Lei/L13709.htm> Acesso em 29 de Janeiro de 2020.

24. Artigo 50. Lei Geral de Proteção de Dados Pessoais. Disponível em: <http://www.planalto.gov.br/ccivil_03/_Ato2015-2018/2018/Lei/L13709.htm> Acesso em 29 de Janeiro de 2020.

25. Artigo 6º, inciso VI, VII e VIII. Lei Geral de Proteção de Dados Pessoais. Disponível em: <http:// www.planalto.gov.br/ccivil_03/_Ato2015-2018/2018/Lei/L13709.htm> Acesso em 29 de Janeiro de 2020.

> III - orientar os funcionários e os contratados da entidade a respeito das práticas a serem tomadas em relação à proteção de dados pessoais; e
> IV - executar as demais atribuições determinadas pelo controlador ou estabelecidas em normas complementares.

É de bastante importância a observação do cargo, vez que essa pessoa é a encarregada do cuidado e do treinamento dos funcionários da empresa para que obedeçam a legislação e entendam a importância dela. E não apenas isso, mas também a pessoa que representa perante a Autoridade Nacional de Proteção de Dados acerca do tratamento de dados em uma determinada empresa, bem como, o incumbido de receber direcionamento das autoridades acerca da política da empresa sobre os dados pessoais.

Apesar de ser um capítulo curto na lei dedicado a figura do encarregado do tratamento de dados pessoais na empresa, talvez seja a figura e o tema da lei mais relevante para o empreendedor, pois esse sujeito será o responsável e tradutor da aplicação da lei dentro da empresa.

A lei, por fim, faz uma ressalva quanto a necessidade de haver uma pessoa específica encarregada do tratamento de dados dentro da empresa, explicando que a Autoridade Nacional poderá editar normas complementares sobre a definição e as atribuições deste encarregado, inclusive hipóteses de dispensa da necessidade de sua indicação, conforme a natureza e o porte da entidade ou o volume de operações de tratamento de dados dentro da empresa[26], o que é uma ressalva importante para empresas de menor porte que teriam que desembolsar valores talvez altos demais para ter mais um funcionário na sua folha de pagamento.

15.1.6. Das Sanções

A lei prevê a responsabilização da empresa[27] por atos praticados que causem dano patrimonial, moral, individual ou coletivo ao titular

26. Artigo 41. Lei Geral de Proteção de Dados Pessoais. Disponível em: <http://www.planalto.gov.br/ccivil_03/_Ato2015-2018/2018/Lei/L13709.htm> Acesso em 17 de Março de 2019.

27. Artigo 42. Lei Geral de Proteção de Dados Pessoais. Disponível em: <http://www.planalto.gov.br/ccivil_03/_Ato2015-2018/2018/Lei/L13709.htm> Acesso em 17 de Março de 2019.

de dados pessoais, obrigando os agentes a repararem esses danos, e prevendo que a responsabilização somente será afastada quando os agentes de tratamento provarem que:

> I - que não realizaram o tratamento de dados pessoais que lhes é atribuído;
>
> II - que, embora tenham realizado o tratamento de dados pessoais que lhes é atribuído, não houve violação à legislação de proteção de dados; ou
>
> III - que o dano é decorrente de culpa exclusiva do titular dos dados ou de terceiro.[28]

Ora, o tratamento de dados pessoais pela empresa somente será irregular quando deixar de observar a legislação discutida neste artigo[29] ou, ainda, quando deixar de fornecer a segurança e proteção aos dados que é esperada, considerados critérios tais como:

a) o modo pelo qual é realizado o tratamento de dados pessoais; b) não tiver em conta os riscos que se esperam desse tratamento de dados; c) a observância de técnicas de segurança para tratamento de dados pessoais à época.

Por fim, quanto as sanções estão previstas no artigo 52 da seguinte forma:

> I - advertência, com indicação de prazo para adoção de medidas corretivas;
>
> II - multa simples, de até 2% (dois por cento) do faturamento da pessoa jurídica de direito privado, grupo ou conglomerado no Brasil no seu último exercício, excluídos os tributos, limitada, no total, a R$ 50.000.000,00 (cinquenta milhões de reais) por infração;
>
> III - multa diária, observado o limite total a que se refere o inciso II;

28. Artigo 42. Lei Geral de Proteção de Dados Pessoais. Disponível em: <http://www.planalto.gov.br/ccivil_03/_Ato2015-2018/2018/Lei/L13709.htm> Acesso em 17 de Março de 2019.

29. Artigo 44. Lei Geral de Proteção de Dados Pessoais. Disponível em: <http://www.planalto.gov.br/ccivil_03/_Ato2015-2018/2018/Lei/L13709.htm> Acesso em 17 de Março de 2019.

> IV - publicização da infração após devidamente apurada e confirmada a sua ocorrência;
> V - bloqueio dos dados pessoais a que se refere a infração até a sua regularização;
> VI - eliminação dos dados pessoais a que se refere a infração;

Ainda, a fim de conseguir punir de fato as empresas de altíssimo faturamento, inclusive por serem as que tem maior potencial lesivo aos titulares de dados pessoais, a lei prevê que pode ser considerada pela autoridade que julga o caso o faturamento total da empresa ou grupo de empresas, quando não dispuser do valor do faturamento no ramo de atividade empresarial em que ocorreu a infração, para o caso de aplicação de multa como sanção.

15.2. *PRIVACY BY DESIGN*

Conforme mencionado anteriormente, o princípio da Prevenção traz como pilar das atividades empresariais o chamado "privacy by design", ou seja, a configuração de privacidade desde a concepção do produto ou serviço. No contexto do empreendedorismo, o *privacy by design* possui bastante relevância, vez que se refere a uma cultura e mentalidade empresariais de proteger os dados e assegurar a informação desde a idealização do projeto do objeto da empresa até sua execução.

A aplicação do princípio do *privacy by design* é a adoção de medidas que visem prevenir, antecipar e identificar antes da ocorrência de danos os riscos que o tratamento de dados pode gerar. A prevenção pela garantia da segurança da informação começa na estrutura corporativa da empresa, não podendo ser algo meramente complementar ou posterior com o fim de remediar danos.

Isto é, o *privacy by Design* é uma metodologia na qual a proteção de dados pessoais é pensada desde a concepção de sistemas. Seu conceito foi resumido e simplificado em 7 princípios básicos[30]:

1. Proatividade: prever e antecipar eventos que possam comprometer a privacidade antes que eles ocorram;

---

30. LEC Community. Proteção de Dados Pessoais: Privacy By Design e Compliance. Disponível em: <https://lec.com.br/blog/protecao-de-dados-pessoais-privacy-by-design-e-compliance/> Acesso em 17 de novembro de 2020

2. Privacidade como configuração padrão: as configurações referentes à privacidade devem estar definidas considerando a máxima proteção possível da privacidade do usuário;
3. Privacidade incorporada ao projeto: a proteção dos dados pessoais deve ser pensada como parte indissociável do projeto de arquitetura do sistema ou da prática de negócio;
4. Funcionalidade: a proteção de dados pessoais deve estar em consonância com os legítimos interesses e objetivos daqueles que utilizam as informações, sem a necessidade de se fazer trocas, como por exemplo, ceder dados de forma desarrazoada com o fim de poder utilizar o serviço ou produto;
5. Segurança de ponta a ponta: a segurança das informações pessoais deve ser garantida desde a coleta do dado até a exclusão do mesmo;
6. Visibilidade e transparência: abrange diversos aspectos, desde a respeitar os direitos do titular de dados conforme visto em capítulo anterior, até mesmo relativo à auditoria, seja interna ou externa, com a permissão e auxílio para auditoria efetiva;
7. Respeito pela privacidade do usuário (solução centrada no usuário): toda a arquitetura e operacionalidade do sistema ou da prática de negócio devem ser centradas na privacidade do usuário, oferecendo medidas robustas de proteção de dados assegurando a confidencialidade, integridade e disponibilidade dos dados e informações durante todo seu ciclo de vida.

O *privacy by design* deve ser incorporado aos processos de desenvolvimento de aplicações e gerenciamento de dados de todas as empresas, não somente as tecnologias, e é o norte para que a empresa se adapte a legislação de proteção de dados.

15.3. CONSIDERAÇÕES FINAIS

Neste artigo esboçamos alguns dos aspectos mais relevantes acerca da Lei Geral de Proteção de Dados Pessoais para o contexto do empreendorismo, e apesar de tais informações trazerem uma boa base de conhecimento, recomenda-se fortemente que o leitor contrate assessoria jurídica especializada para implementar as soluções necessárias relativas a este tema na empresa.

Capítulo 16

LEI COMPLEMENTAR Nº 167/2019 E O MARCO LEGAL DAS STARTUPS (PROJETO DE LEI COMPLEMENTAR Nº 146/2019)

Thayná Fiori Gonzaga

O Brasil é o terceiro país no mercado mundial de startups: atrás somente da China e Estados Unidos. O mercado nacional possui mais de 35 milhões de pessoas trabalhando, liderando ou abrindo empreendimento desta linha[1]. O país atualmente contabiliza aproximadamente 13 mil startups, segundo a Associação Brasileira de Startups[2]. Ainda, de acordo com um levantamento realizado pela consultoria em inovação Distrito, os aportes em startups brasileiras cresceram 80% no ano de 2019[3].

Notícias como estas permeiam nosso dia a dia cada vez mais. Sabemos que o mercado brasileiro é rodeado por profissionais criativos e que pensam fora da caixa, capacitados no sentido da inovação e imbuídos a proporcionar soluções muitas vezes disruptivas. Este potencial identificável nos brasileiros influencia diretamente no mercado

1. Terceiro mercado mundial em startups, Brasil investe forte na economia empreendedora. InfoMoney. Disponível em: https://www.infomoney.com.br/patrocinados/noticias-corporativas/terceiro-mercado-mundial-em-startups-brasil-investe-forte-na-economia-empreendedora/. Acesso em: 31 jan. 2019.
2. Startupbase. Estatísticas. Disponível em: <https://startupbase.com.br/home/stats>
3. ARAUJO, Amanda. Aportes em startups brasileiras chegam a US$ 2,7 bilhões. NEO Portal. Disponível em: <https://anovaeraonline.com/portal/aportes-em-startups-brasileiras-chegam-a-us-27-bilhoes/≥. Acesso em: 31 jan. 2019.

de startups no território nacional, devendo este tipo de modelo de negócio escalável, repetível e inovador, ser ainda mais incentivado a fim de gerar riqueza e tornar o país cada vez mais competitivo.

Diante disso, uma das questões mais debatidas no país diz respeito a grande burocracia enfrentada por estas empresas ao entrar no mercado, visto que a forma de regularização não condiz muito com o formato e agilidade que esse modelo de negócio necessita para prosperar. Junto a isso, tanto a iniciativa privada quanto o governo vêm olhando com maior atenção para este tipo de empreendimento o que fomentou maior apoio às startups na criação de regulamentos e normas que sejam de fato mais flexíveis, favoráveis e adequáveis a tais empresas.

No ano de 2019 normas e decretos foram sancionados com o foco de facilitar a inserção das startups no mercado e diminuir a burocratização na regularização destas empresas. Em abril de 2019 entrou em vigor a Lei Complementar nº 167/2019 que criou o Inova Simples um regime diferenciado que facilita a criação e desenvolvimento das Startups, tendo definido pela primeira vez o conceito de uma Startup.

Nos termos da mencionada lei "*considera-se startup a empresa de caráter inovador que visa a aperfeiçoar sistemas, métodos ou modelos de negócio, de produção, de serviços ou de produtos, os quais, quando já existentes, caracterizam startups de natureza incremental, ou, quando relacionados à criação de algo totalmente novo, caracterizam startups de natureza disruptiva*". Ainda, "*as startups caracterizam-se por desenvolver suas inovações em condições de incerteza que requerem experimentos e validações constantes, inclusive mediante comercialização experimental provisória, antes de procederem à comercialização plena e à obtenção de receita.*"

O texto legal classificou as Startups como incremental e disruptiva, possuindo tais expressões ligação com os tipos de inovação. A inovação *incremental* não cria algo novo, mas melhora algo que já existe, por outro lado, a inovação *disruptiva* é aquela que gera uma ruptura com padrões ou tecnologias estabelecidas no mercado. Ressalta-se que o tratamento jurídico dado a ambas será o mesmo, sendo criado por esta lei o chamado "Inova Simples": um regime especial simplificado que concede tratamento diferenciado a estas empresas que se autodeclarem startups ou empresas de inovação.

O tratamento diferenciado é tratado no § 3º da lei e estabelece a fixação de um rito sumário na abertura e fechamento de empresas sob este regime do Inova, sendo mais simples e automático por meio de um ambiente digital único no portal da Redesim através de um formulário digital próprio. O titular da empresa deverá preencher uma série de informações a respeito da empresa, inclusive se possui apoio ou validação de incubadora ou aceleradora, e a razão social da empresa deverá incluir ao final a expressão Inova Simples (I.S).

Nos termos do § 5º, estando correto o preenchimento do cadastro será gerado na mesma hora um CNPJ específico e um código do Inova Simples. Aberta a nova empresa os empreendedores deverão providenciar a abertura de conta bancária para pessoa jurídica e integralizar o capital da empresa. Ressalta-se que a definição do local da sede da Startup admite a possibilidade de ser em locais onde funcionam parques tecnológicos, instituições de ensino, empresas juniores, incubadoras, aceleradoras e espaços compartilhados de trabalho na forma de *coworking*.

Um ponto importante é que haverá integração entre o Inova Simples e o Instituto Nacional de Propriedade Intelectual para facilitação do registro da propriedade intelectual e industrial, devendo inclusive o Instituto adotar um processamento sumário na solicitação de marcas e patentes de tais empresas. Além disso, esta Lei facilita o procedimento para encerramento da Startup que não obter sucesso, devendo o pedido de encerramento das atividades ser feito por meio digital pelo portal Redesin, acontecendo a baixa imediata do CNPJ.

Verifica-se que esta Lei já trouxe uma série de inovações práticas e facilitadoras para as Startups se inserirem no mercado, tendo forte impacto nas startups em fase inicial. Em conjunto a esta lei, foi sancionado o Decreto nº 10.122 no final do ano de 2019 que instituiu a criação do Comitê Nacional de Iniciativas de Apoio a Startups. Esta iniciativa possui o objetivo de melhorar a eficiência com que o Governo Federal trabalha com programas de Startups e, ao mesmo tempo, centralizar e alinhar as operações da administração pública neste Comitê. Ainda, será criada uma plataforma digital com o registro de todas as iniciativas de apoio, encontrando o empreendedor em um único ambiente virtual todas as informações sobre programas que o governo tem a oferecer às startups.

Neste contexto, em que se vê normas sendo criadas no sentido de facilitar e estimular o mercado nacional de Startups, tem-se falado muito do chamado *Marco Legal das Startups* sendo este o nome de batismo de um Projeto de Lei que ainda está tramitando no Congresso Nacional. O *Marco Legal das Startups* (PLP nº 146/2019) promete melhorar o ambiente de negócios para as startups e, entre suas principais propostas, destaca-se: a simplificação de modelos societários; facilitação de investimento e recursos financeiros para aqueles que investem em Startups; busca de soluções nos processos de licitação pública; e, redefinição da formalidade jurídica quanto às relações trabalhistas.

Este projeto de lei define uma série de conceitos já conhecidos no mundo do empreendedorismo como investidor-anjo, aceleradoras, *seed capital*, entre outros, demonstrando sua real intenção em regularizar o assunto de maneira geral. O texto de lei propõe a dispensa do pagamento das taxas e custos na abertura, inscrição, registro e outras obrigações cartoriais da empresa, além de conter em seu conteúdo a criação do Inova Simples, que como dito acima, já está em vigor por meio da Lei nº 167/2019.

O projeto apresenta inicialmente a proposta da criação de um novo tipo societário: a Sociedade Anônima Simplificada (SAS). Isso se deve ao fato de que os principais modelos de empresas como Ltda. ou S/A atuais não são muito vantajosos ao modelo de negócio das Startups. Esse novo tipo societário poderá ser constituído desde que a receita bruta anual da empresa esteja dentro dos limites estabelecidos para as microempresas ou empresas de pequeno porte, podendo ser aberta ou fechada e ser constituída por pessoa física ou jurídica. A proposta ocorreu por se entender que o modelo da sociedade anônima é mais atrativo às Startups, contudo, é inviabilizado em decorrência das obrigações procedimentais, de manutenção da S/A e das implicações fiscais.

O projeto de lei também estabelece relações trabalhistas diferentes das previstas na CLT, como por exemplo, contrato por prazo determinado com duração máxima de 4 (quatro) anos e contrato de experiência não superior a 180 dias. Ainda, a remuneração dos empregados poderia ser variável levando em consideração a eficiência e a produtividade da empresa ou outros parâmetros que as partes vierem a acordar, podendo inclusive a remuneração ocorrer por plano de opção de compra de ações (*stock options*), ou seja, os funcionários poderiam vir a participar como acionista da empresa, podendo ser esta uma das formas de pagamento de seu salário. Estas sugestões de alterações se devem ao fato de reconhecer que o mercado de Startups apresenta demandas e características únicas em relação à forma de trabalho, jornada, formas de remuneração e etc.

Com relação à facilitação dos investimentos neste tipo de empreendimento, este projeto de lei também visa dar maior segurança aos investidores de Startups, prevendo em seu art. 7º que estes não respondam pelas dívidas da empresa, não sendo aplicável aos investidores de qualquer natureza o instituto da desconsideração jurídica da personalidade jurídica existente. Outro benefício é o de permitir a dedução do imposto de renda, dos valores despendidos a título de patrocínio ou doação diretamente a Startups, nos limites de 6% para pessoas físicas e 1% para jurídicas.

A PLP também abre a possibilidade de financiamentos vindos de bancos comerciais públicos, além do BNDES e da Financiadora de Estudos e Projetos (Finep), mantendo linhas de crédito específicas e taxas diferenciadas para as Startups. Por fim, outro ponto relevante a ser apontado é a busca por meio deste projeto de lei de encontrar soluções que permitam a participação das Startups em processos de licitação e de compras públicas com tratamento preferencial a estas empresas. Isso permitirá a contratação de startups pela Administração Pública, proporcionando ao Estado o acesso a soluções inovadoras e melhorias na prestação de serviços públicos, bem como a redução de custos para o governo.

Conclui-se diante do atual cenário que se apresenta que o país vem buscando adequar suas normas às necessidades desse empreendimento e adotar uma nova postura perante este tipo modelo inovador que é a Startup, surgindo de tal necessidade as legislações comentadas acima. O projeto de lei supracitado (PLP 146/2019) conhecido como *Marco Legal das Startups* visa, em conjunto com a Lei Complementar nº 167/2019 já em vigor, proporcionar maior facilidade e agilidade na regulamentação das Startups, desburocratizando este processo e oferecendo maior incentivo ao investimento em tais empresas.

Sabemos que a burocracia é um custo que por vezes não é levado em conta, mas considerando o modelo de negócio sustentado pelas

Startups esta complexidade legal e tributária limita o crescimento. Portanto, a legislação tende a cada vez mais se adequar a esta nova realidade para que o mercado deslanche e dê um retorno efetivo ao mercado nacional, tornando o Brasil competitivo em relação a este mercado.

Capítulo 17

SANDBOX REGULATÓRIO: UM REGIME ESPECIAL PARA INOVAR NO MERCADO DAS FINTECHS

Igor Unica Grego
Thalles Takada

Sabe-se que o ordenamento jurídico vive em descompasso em relação às transformações sociais e econômicas, uma vez que a dinâmica do mercado evolui de maneira muito mais rápida que a capacidade do legislador criar normas. Na atualidade, devido a diversas variáveis, como a internet, tecnologia, globalização, entre outras, por vezes surgem modelos de negócios com atuações não previstas em qualquer norma jurídica já publicada.

O mercado financeiro é um desses setores, em que a rápida difusão de novos modelos e a criação de diferentes ativos e serviços financeiros criam uma grande lacuna legislativa, ao passo que os agentes financeiros inovam em diversos fatores, como tecnológicos, processuais, procedimentais, metodológicos, entre outros.

Levando em consideração que o mercado financeiro é um ambiente altamente especulativo, volátil e de muito risco, a legislação criada nesse setor sempre foi regida por regras rígidas, logo a possibilidade dos agentes atuarem nesse meio também é restrita. Surge assim a necessidade de inovar nos procedimentos normativos, uma vez que o ordenamento jurídico tem que tentar acompanhar as forças do mercado.

Dessa forma, devido a enorme gama de players no mercado, o presente artigo restringiu a abordagem às empresas de tecnologia financeira denominadas de fintech, atuantes no mercado de valores mobiliários, submetidas principalmente às regras da Comissão de Valores Mobiliários (CVM). Nesse contexto três pontos são importantes destacar: i) contextualizar o surgimento das Fintechs, ii) demonstrar como surgiu o sandbox regulatório e iii) analisar a Instrução n. 626 de 15 de maio de 2020 publicada pela CVM que criou o sandbox regulatório.

17.1. UM BREVE CONCEITO DE FINTECH

Um novo modelo de empresa que uniu a tecnologia em nicho deixado pelas instituições financeiras, como o resultado da necessidade de empréstimo mais fácil às empresas de pequeno e médio porte. Advindo da eclosão tecnológica, são empresas com alto grau de especialização financeira, as quais criam ferramentas que possibilitam a redução de custo, agilidade dos processos, integração dos agentes, dentre demais fatores.

O mercado financeiro ainda é dominado pelas grandes instituições bancárias, pessoas jurídicas de grande estrutura, em regra sociedades anônimas com um alto capital integralizado autorizadas a atuarem[1]. As instituições financeiras que precisam necessariamente de autorização do Bacen são: bancos múltiplos; comerciais; de investimento; de desenvolvimento; de câmbio; e cooperativos; sociedades de crédito, financiamento e investimento (financeiras); sociedades de crédito imobiliário; companhias hipotecárias; agências de fomento; sociedades de arrendamento mercantil (Leasing); sociedades corretoras de títulos e valores mobiliários; sociedades distribuidoras de títulos e valores mobiliários; sociedades corretoras de câmbio; cooperativas de crédito; sociedades de crédito direto; sociedades de empréstimo

1. As instituições financeiras no Brasil são classificadas pelo Banco Central do Brasil como Bancos Comerciais, Múltiplos e Caixa Econômica, Bancos de Investimento, Bancos de Desenvolvimento, Sociedades Corretoras de TVM e Câmbio, Sociedades Distribuidoras de TVM, Sociedade de Crédito Direto, Sociedades de Crédito, Financiamento e Investimento, Sociedades de Crédito Imobiliário APE, Sociedades de Crédito ao Microempreendedor, Sociedades de Arrendamento Mercantil, Sociedade de Empréstimo Entre Pessoas, Sociedades de Investimento, Agências de Fomento, Companhias Hipotecárias, Instituições de Pagamento, Conglomerados, Cooperativas de Crédito e Administradoras de Consórcios. O STF equiparou as empresas administradoras de cartão de crédito às instituições financeiras (Súmula 283).

entre pessoas; sociedades de crédito ao microempreendedor e à empresa de pequeno porte, administradoras de consórcios; instituições de Pagamento, quando superado determinado volume de operações.

A autorização para atuar como instituição financeira consiste em cumprir com alguns requisitos básicos, como reputação ilibada daqueles que vierem a constituir a sociedade, que sejam os sócios pessoas físicas ou jurídicas, demonstrar a viabilidade do investimento com plano de negócio e plano financeiro, demonstrar a capacidade econômico-financeira dos controladores, demonstrar a origem lícita dos recursos e conhecimento técnico e experiência dos controladores e administradores no ramo de negócio pretendido.

As demais instituições de pagamento não constante nesse rol necessitam apenas de autorização do Bacen para funcionamento em caso de atingirem R$500.000.000,00 (quinhentos milhões de reais) em transações de pagamento ou R$50.000.000,00 (cinquenta milhões de reais) em recursos mantidos em conta de pagamento pré-paga[2]. Destaca-se que apenas as instituições de pagamento autorizadas são supervisionadas pelo Banco Central[3].

Como se observa, o mercado das instituições financeiras é um espaço reservado para poucos, por conta da regulamentação e, evidente que, pela necessidade de segurança em um ambiente tão especulativo. É nesse nicho de mercado de grandes estruturas societárias e, por vezes, engessadas quanto processos burocráticos que nasceu esse novo modelo de empresa denominada fintech.

No Brasil as fintechs surgiram em grande parte por diferenciar dos serviços já oferecidos pelos bancos comerciais, desburocratizando o sistema financeiro existente. Pode-se afirmar que um dos embriões dessa *revolução* fintech[4] começou a partir do surgimento dos meios

---

2. BANCO CENTRAL. CIRCULAR Nº 3.680, DE 4 DE NOVEMBRO DE 2013. Art. 2º Para fins do disposto nesta Circular, as contas de pagamento são classificadas em:

   I - conta de pagamento pré-paga: destinada à execução de transações de pagamento em moeda eletrônica realizadas com base em fundos denominados em reais previamente aportados

3. Disponível em: https://www.bcb.gov.br/estabilidadefinanceira/licenciamento.
4. CHISTHI, Suzane. A revolução Fintech: o manual das startups financeiras. Tradução: Samantha Batista: Alta Books, 2017.

de pagamentos online, em que plataformas financeiras possibilitavam que vendedores e compradores transacionassem no comércio eletrônico oferecendo serviços extras como análise de risco, sistema interno de disputa de controvérsias, integração com outros sistemas de pagamentos, entre outros.

A tecnologia financeira – fintech – mudou o modelo convencional de lidar com o dinheiro, seja nos pagamentos, seja hoje na forma de emprestar dinheiro. Muito da dificuldade em tomar empréstimo facilitou o surgimento das fintechs que perceberam uma brecha no mercado e com custos de operação reduzidos conseguiram oferecer dinheiro no mercado com taxas competitivas. Logo, percebe-se que a *fintech* é um modelo amplo de empresas, sendo empresas financeiras utilizando a tecnologia para cumprir com seu objetivo, como exemplo as de pagamento ou transferência de dinheiro, a Transferwise (transferência), Square (pagamento de móveis), Smart Angels (*crowfunding*), Lending (empréstimo *peer-to-peer*), etc.[5]

A difusão das empresas de empréstimo de microcrédito em países considerados pobres trouxe uma nova visão para o mercado financeiro global. A descentralização dos agentes financeiros, em consonância à evolução tecnológica, atingiu um espaço do mercado que ainda estava alheio às grandes instituições e, por evidente, fez surgir uma nova estrutura normativa. No Brasil, antes mesmo da legislação ordinária e complementar, o executivo buscou criar um conjunto de normas em cada seguimento, ainda que de forma não integrada.

A partir desse contexto, o modelo *fintech* expandiu-se e faz surgir diversos novos modelos de negócios. A antiga forma de regulamentar o setor financeiro já não mais adequava-se as novas estruturas de negócios, por vezes novos modelos surgem sem que sequer exista norma aplicada a esses. Dessa forma, novos instrumentos normativos são necessários para adequar o setor a esses novos empreendimentos, como é o caso do sandbox regulatório.

---

5. MENAT, Rebeca. In: CHISHTI, Susanne. BARBERIS, Janos. A Revolução Fintech: o Manual das Startups Financeiras. 1ª Ed. Editora Alta Books: São Paulo, 2017. P. 10.

17.2. O SURGIMENTO DO SANDBOX REGULATÓRIO NO BRASIL

A sandbox remete a uma caixa de areia cujo contexto metafórico implica em um ambiente isolado, onde os participantes possam executar atividades seguras sem interferências, para que o objeto da aplicação possa ser testado. Surgiu voltada em empresas ligadas à tecnologia, sendo uma plataforma criada para que testes sejam realizados sem que altere a produção.

A ideia da sandbox passou a ser utilizada em outros setores, criando um regime necessariamente em função da inovação, começou fora do brasil voltada para questões normativas, sendo denominado de sandbox regulatório. Já se adianta que o referido regime pode ser utilizado nos mais diversos setores da economia, porém, teve mais relevância no setor financeiro, particularmente nas empresas fintechs que, por evidente, são modelos altamente inovadores atuantes no mercado financeiro.

Diferente da sandbox utilizada por desenvolvedores de programas do setor privado, em que normalmente costuma utilizar informações fictícias, o sandbox regulatório tornou-se um instrumento governamental que primou pela necessidade de rápida adaptação ao ordenamento jurídico de novos modelos de negócios, sendo aplicado a modelos reais. Ligado a um objetivo inventivo a um determinado setor do mercado, modelo esse permite que os participantes ousem criar aplicações, sem que submeta ao crivo das normas rígidas das agências reguladoras do setor.

Sendo assim, pode-se dizer que a questão inovação é a chave do *sandbox* regulatório. "As empresas selecionadas devem oferecer produtos e serviços inovadores que contribuam para o aprimoramento do mercado (não equiparáveis aos negócios clássicos já tratados pela regulamentação vigente), justificando-se a concessão de uma autorização especial para operar"[6].

Evidente que a liberdade de operar no regime não é absoluta, não seria um regime completo de livre mercado, sendo a aquiescência

---

6. COUTINHO FILHO, Augusto. Regulação 'Sandbox' como instrumento regulatório no mercado de capitais: principais características e prática internacional. Revista digital de direito administrativo. vol. 5, n. 2, p.264-282, 2018. P. 276.

das duas principais autarquias reguladoras do mercado financeiro as principais tutoras do modelo, o Banco Central do Brasil e a Comissão de Valores Mobiliários. Ainda que existam diferentes tipos de sandbox regulatório espalhados pelo globo sob diferentes jurisdições, alguns objetivos são básicos como a proteção dos investidores e o bom funcionamento do mercado financeiro.

Sendo assim, em 15 de maio de 2020, a CVM publicou a Instrução nº 626, e em 26 de outubro de 2020, o Bacen publicou a Resolução CMN 4.865, ambas a fim de dispor sobre regras para a constituição e funcionamento de um ambiente regulatório e experimental, para testes em inovações financeiras e de pagamentos, voltado ao sistema financeiro nacional.

Muito se discutiu acerca da instituição do sandbox regulatório, no sentido de dispensar certas obrigatoriedades para atuar no mercado financeiro, uma vez que diante da sua natureza normativa e operativa, poderia estar inserido em uma área obrigatoriamente definida por lei. No caso, levantou-se a hipótese se o embasamento legal já existente poderia conceder à CVM poder para instituir concessões e autorizações temporárias e dispensa de requisitos regulatórios, o que foi acatado pelo legislador infralegal, sendo que caberia à CVM instituir tais critérios, baseando-se na Lei 6.385/76 a qual dispões sobre o mercado de valores mobiliários e criou a CVM.

Insta ressaltar que o sandbox regulatório não se trata de autorização para realizar temporariamente a atividade de intermediação, uma vez que seu escopo é criar um ambiente inventivo para o mercado financeiro, permitindo a participação de pessoas jurídicas com modelos de negócio inovadores em atividades não regulamentadas no mercado de valores mobiliários, concedendo assim à CVM o poder para instituição de regime de concessão de autorizações temporárias e de dispensas de requisitos regulatórios.

Deixou-se claro, todavia, que a participação das empresas ao regime não está restrita apenas às *startups* e empresas novas que ainda não detêm registro ou autorização perante as agências reguladoras, sendo que as empresas autorizadas poderão participar, desde que seguindo os requisitos estabelecidos no regime. Logo o sandbox regulatório brasileiro é híbrido, diferente de países como Hong Kong, que só aceita participantes registrados, e da Austrália, que aplica somente a participantes não registrados.

Por si só a sandbox aplicada ao processo normativo infralegal já é uma grande inovação para o setor financeiro, além do mais, seu objetivo busca a inovação nos modelos de negócios, ressaltando, como se verá adiante, que essa não está limitada a questões tecnológicas, podendo decorrer de outras questões, como processos, métodos, procedimentos, entre outros que visam o desenvolvimento econômico.

A grande dinâmica tecnológica aliada às necessidades do mercado financeiro acarretou na formação de modelos de negócios altamente inovadores, cujo modo de operar por vezes carece de regulamentação normativa. Dessa forma, para se entender o que é o sandbox regulatório e, principalmente, o porquê de sua existência, necessário se faz entender a necessidade regulatória do Estado sobre o domínio privado.

No caso foi-se selecionado apenas um setor desse mercado, sendo aquele que abrange as empresas *fintechs* inseridas no mercado de valores mobiliários e outras que podem atuar indiretamente nestes, sendo, dessa forma, que necessário se faz uma melhor análise da Instrução CVM nº 626.

17.3. AS REGRAS DA COMISSÃO DE VALORES MOBILIÁRIOS, PARA CONSTITUIÇÃO E FUNCIONAMENTO DE AMBIENTE REGULATÓRIO EXPERIMENTAL

A Comissão de Valores Mobiliários (CVM) é uma autarquia federal instituída pela Lei Federal n. 6.385/76 e tem como função a disciplina e regulação dos mercados de capitais.

Por meio de seu poder normativo, a CVM editou a Instrução n. 626 de 15 de maio de 2020, que veio regular, no âmbito do mercado de valores mobiliários que regulamenta, a constituição e o funcionamento de ambiente regulatório experimental ("sandbox regulatório"), no qual os participantes receberão autorização para realizar o teste de modelos de negócios inovadores nas mais diversas atividades reguladas pela CVM.

Dentre os objetivos e finalidades que se desejam alcançar com o sandbox regulatório, a instrução elenca os instrumentos que servirão para propiciar o fomento à inovação no mercado de capitais, a orientação aos participantes sobre questões regulatórias durante o desenvolvimento das atividades para aumentar a segurança jurídica, diminuição de custos e do tempo de maturação para desenvolver produtos, serviços e modelos de negócio inovadores, o aumento da visibilidade e tração de modelos de negócio inovadores, com possíveis impactos positivos em sua atratividade para o capital de risco, o aumento da competição entre prestadores de serviços e fornecedores de produtos financeiros no mercado de valores mobiliários, inclusão financeira decorrente do lançamento de produtos e serviços financeiros menos custosos e mais acessíveis e o aprimoramento do arcabouço regulatório aplicável às atividades regulamentadas.

A instrução realiza uma interpretação autêntica, determinando diversos conceitos, estabelecendo os órgãos reguladores como a Comissão de Valores Mobiliários, o Banco Central do Brasil, a Superintendência de Seguros Privados e a Superintendência Nacional de Previdência Complementar, quando não especificados individualmente.

Conceitua ainda a autorização temporária como uma autorização concedida em caráter temporário para desenvolvimento de atividade regulamentada específica, estabelecendo como requisito para se classificar como temporária que a atividade regime seja diverso daquele ordinariamente previsto na regulamentação aplicável.

Modelo de negócio inovador, segundo a Instrução, é uma atividade que pode acumular ou não a utilização de tecnologia inovadora de tecnologia ou desenvolvimento de produto ou serviço que ainda não seja oferecido ou como arranjo diverso do que esteja sendo ofertado no mercado de valores mobiliários, devendo ter um potencial de promoção de ganhos de eficiência, redução de custos ou ampliação do acesso do público em geral a produtos e serviços do mercado de valores mobiliários.

A Instrução estabelece, ainda, as regras de acessos ao sandbox regulatório, cuja admissão dos participantes se iniciará por meio de comunicado ao mercado, aprovado pelo colegiado, na página da CVM na internet, constando o cronograma de recebimento e análise de propostas, os critérios de elegibilidade e o conteúdo exigido das propostas a serem apresentadas, assim como os critérios de seleção e priorização aplicáveis.

Além disse o comunicado deverá indicar o número máximo de proponentes que poderão ser selecionados para participar do sandbox regulatório, podendo restringir a admissão de participantes àqueles que exerçam uma ou mais atividades regulamentadas definidas pela CVM.

O Comitê de Sandbox poderá, ainda, estabelecer procedimentos complementares para o processo de admissão dos participantes, destinados analisar propostas de participação no sandbox regulatório que envolvam atividades regulamentadas por mais de um órgão regulador e viabilizar testes conjuntos de modelos de negócios inovadores em jurisdições estrangeiras, em parceria com autoridades reguladoras de países que tenham ambientes regulatórios experimentais similares ou compatíveis.

Critérios mínimos de elegibilidade dos participantes foram estabelecidos pela instrução, devendo a atividade regulamentada se enquadrar no conceito de modelo de negócio inovador, a demonstração pelo proponente das capacidades técnica e financeira suficientes para desenvolver a atividade pretendida em ambiente regulatório experimental.

Os administradores e sócios controladores diretos ou indiretos do proponente não podem estar inabilitados ou suspensos para o exercício de cargo em instituições financeiras e demais entidades autorizadas a funcionar pelos órgãos reguladores, ou terem sido condenados por crime falimentar, prevaricação, corrupção, concussão, peculato, lavagem de dinheiro ou ocultação de bens, direitos e valores, contra a economia popular, a ordem econômica, as relações de consumo, a fé pública ou a propriedade pública, o sistema financeiro nacional, ou a pena criminal que vede, ainda que temporariamente, o acesso a cargos públicos, por decisão transitada em julgado, ressalvada a hipótese de reabilitação e estar impedidos de administrar seus bens ou deles dispor em razão de decisão judicial ou administrativa.

O proponente não pode estar, também, proibido de realizar contratação com instituições financeiras oficiais, participar de licitação que tenha por objeto aquisições, alienações, realização de obras e serviços e concessões de serviços públicos, no âmbito da administração pública federal, estadual, distrital e municipal e das entidades da administração pública indireta.

Interessante é a exigência de demonstração da capacidade técnica de estabelecer, no mínimo, mecanismos de proteção contra ataques cibernéticos e acessos lógicos indevidos a seus sistemas, produção e guarda de registros e informações, inclusive para fins de realização de auditorias e inspeções, prevenção à lavagem de dinheiro e ao financiamento do terrorismo; e o modelo de negócio inovador deve ter sido preliminarmente validado por meio, por exemplo, de provas de conceito ou protótipos, não podendo se encontrar em fase puramente conceitual de desenvolvimento.

A instrução permite expressamente a participação de pessoas jurídicas estrangeiras no sandbox regulatório.

Após a publicação de comunicação aos mercados, como explanado anteriormente, tem-se início o processo de admissão de participantes ao sandbox regulatório, caso a proposta seja recebida tempestivamente é realizada uma análise preliminar saneadora, no qual o Comitê de Sandbox poderá solicitar informações adicionais ou esclarecimentos para sanar eventuais vícios formais identificados preliminarmente e para embasar a análise das propostas recebidas.

Conforme a norma, na análise das propostas o Comitê de Sandbox poderá interagir com terceiros, tais como universidades, pesquisadores, entidades representativas e associações, com o objetivo de firmar parceria, acordos de cooperação ou convênios, para a realização da análise das propostas recebidas, os quais deverão observar as hipóteses legais de sigilo das informações contidas nas propostas de participação às quais tiverem acesso.

As propostas consideradas como aptas à admissão pelo Comitê no sandbox regulatório constarão através de um relatório de análise a ser apresentado ao Colegiado, sendo que no mínimo, para cada proposta, conterá a descrição do modelo de negócio inovador a ser testado, bem como a autorização temporária a ser concedida, a recomendação de dispensas de requisitos regulatórios reputadas pelo Comitê de Sandbox como necessárias e suficientes para o desenvolvimento da atividade regulamentada e proposta de condições, limites e salvaguardas a serem impostas pela CVM para mitigar os riscos identificados.

Com a aprovação pelo Colegiado das proposta apresentadas, será decidido sobre a concessão das autorizações temporárias requeridas, sopesando, entre outros aspectos, os objetivos institucionais da

CVM de desenvolvimento e de proteção do mercado de capitais, as quais conterão no mínimo o nome da empresa ou entidade sua a atividade autorizada e dispensas regulatórias concedidas, as condições, limites e salvaguardas associadas ao exercício da atividade autorizada e a data de início da autorização temporária, que serão concedidas pelo prazo de até um ano, prorrogável por até mais um ano.

O Comitê de Sandbox monitorará o andamento das atividades desenvolvidas pelo participante no âmbito do sandbox regulatório, devendo a pessoa jurídica participante disponibilizar representantes com responsabilidades gerenciais para se reunir presencial ou remotamente, de forma periódica, conceder acesso a informações relevantes, documentos e outros materiais relacionados ao negócio, incluindo as relativas ao seu desenvolvimento e aos resultados atingidos, sempre que solicitado, cooperar na discussão de soluções para o aprimoramento de sua regulamentação e supervisão em decorrência do monitoramento da atividade desenvolvida sob autorização temporária, comunicar a materialização de riscos previstos e imprevistos no decorrer do desenvolvimento das atividades, comunicar a intenção de realizar alterações ou readequações relevantes no modelo de negócio inovador em decorrência do andamento dos testes.

Devendo, ainda, na fase de monitoramento demonstrar periodicamente a observância das condições, limites e salvaguardas estabelecidos e informar as ocorrências de reclamações de clientes e apresentar medidas para tratar dos casos frequentes e dos casos de maior relevância.

Durante esse período de monitoramento, o participante poderá apresentar ao Comitê de Sandbox pedido fundamentado de ampliação ou alteração das dispensas de requisitos regulatórios concedidas, ou de revisão das condições, limites e salvaguardas pactuadas, que será submetido à apreciação do Colegiado

O Comitê de Sandbox poderá, também, estabelecer mecanismos adicionais para monitoramento de participantes em conjunto com outros órgãos reguladores ou com autoridades reguladoras competentes de jurisdições estrangeiras.

Ocorrerá o encerramento da participação no sandbox regulatório com o decurso do prazo firmado do para participação, a pedido do participante ou em decorrência de cancelamento da autorização temporária, por descumprimento dos deveres estabelecido, ocorrência de falhas operacionais graves na implementação do modelo de negócio inovador, conforme apurado ou constatado pelo Comitê do Sandbox, entendimento de que a atividade desenvolvida gera riscos excessivos ou que não tenham sido previstos anteriormente ou a constatação de que o participante deixou de cumprir com algum critério de elegibilidade ou apresentou informação inverídica.

Ou ainda, se encerrará a autorização temporária com a obtenção de registro definitivo junto à CVM para desenvolver a respectiva atividade regulamentada, que poderá manifestar formalmente sua intenção ao Comitê de Sandbox, que o orientará na formulação do pedido de registro e dos eventuais pedidos de dispensa de requisitos regulatórios junto à Superintendência da CVM responsável pela concessão do registro.

REFERÊNCIAS BIBLIOGRÁFICAS

PRÓLOGO

CUPANI, Alberto. **Filosofia da tecnologia: um convite**. Florianópolis: Ed. da UFSC, 2011.

DESCARTES, René. **Discurso do método**. Tradução Maria Ermantina. Galvão. São Paulo: Martins Fontes, 1996.

HUXLEY, ALDOUS. **Admirável mundo novo.** São Paulo: Globo, 2000.

IGENIEROS, José. **O homem medíocre**. Tradução Lycurgo de Castro Santos. 2ª ed. São Paulo: Ícone, 2012.

NICOLELIS, Miguel. **Muito além do nosso eu: a nova neurociência que une cérebros e máquinas – e como ela pode mudar nossas vidas.** São Paulo: Companhia das Letras, 2011.

RAMACHANDRAN, V.S. O Que o Cérebro Tem Para Contar – Desvendando Os Mistérios da Natureza Humana. Tradução: Maria Luiza X. de A. Borges. São Paulo: Editora Zahar, 2014.

RORTY, Richard. **A filosofia e o espelho da natureza**. Tradução Antônio Trânsito. Rio de Janeiro: Relume-Dumará, 1994.

RYLE, Gilbert. **The concept of mind**. Routled: New York, 2009.

SAGAL, Paul T. **Mente, homem e máquina**. Tradução de Desidério Murcho. 2ª ed. Lisboa: Gradiva, 1996.

CAPÍTULO 1

CASTELLS, Manuel. **A galáxia da internet: reflexões sobre a internet, os negócios e a sociedade**. Tradução de Maria Luiza X. de A. Borges. Rio de Janeiro: Zahar, 2003.

CASTELLS, Manuel. **A sociedade em rede**. Volume I; 8 edição revista e ampliada; tradução de Roneide Vanancio Majer com colaboração de Klauss Brandini Gerhardt. São Paulo: Paz e Terra, 2005.

GERE, Charlie. **Digital Culture**. London: Reaktion Books, 2008.

GRAU, Eros R. **A ordem econômica na constituição de 1988.** 16ª ed. São Paulo: Malheiros Editores, 2014.

LESSIG, Lawrence. **Free culture: how big media uses technology and law to lock down culture and control creativity**. The Penguin Press: New York, 2004.

ULRICH, Fernando. **Bitcoin: a moeda na era digital.** São Paulo: Instituto Ludwig Von Mises, 2014.

CAPÍTULO 2

KURZWEIL, Ray. **The Law of Accelerating Returns**, 2001, disponível em: http://www.kurzweilai.net/the-law-of-accelerating-returns>.

MCCARTHY, J. **What is Artificial Intelligence?** Disponível em: <http://www-formal.stanford.edu/jmc/whatisai/>. Acesso em: 27 outubro 2002.

McKinsey & Company – Discussion Paper – **Artificial Intelligence: the next digital frontier?** – Junho 2017.

Morgan | IBM Creates First Movie Trailer by AI [HD] | 20th Century FOX – Youtube (https://www.youtube.com/watch?v=gJEzuYynaiw) acesso em 25.10.2017.

NIKOLOPOULOS, C. **Expert systems.** New York: Marcel Dekker, Inc., 1997.

RUSSELL, S; NORVIG, P. **Artificial Intelligence – a modern approach**, 1995.

TAURION, Cezar. **O Uso da Inteligência Artificial não é uma opção Futurista.** Disponível em http://cio.com.br/tecnologia/2017/10/10/o-uso-de--inteligencia-artificial-nao-e-uma-opcao-futurista/ Acesso em 01/11/2017

CAPÍTULO 3

BRASIL, Constituição (1988). **Constituição da República Federativa do Brasil:** promulgada em 5 de outubro de 1988. Disponível em: <http://www.planalto.gov.br/ccivil_03/constituicao/constituicaocompilado.htm. Acesso em 24 set 2017>.

_______, Decreto n. 592, de 6 de julho de 1992. **Atos Internacionais. Pacto Internacional sobre Direitos Civis e Políticos.** Promulgação. Disponível em: <http://www.planalto.gov.br/ccivil_03/decreto/1990-1994/d0592.htm>. Acesso em 27 set 2017.

_______, Lei n. 12.965, de 23 de abril de 2014. **Estabelece princípios, garantias, direitos e deveres para o uso da Internet no Brasil.** Disponível em: <http://www.planalto.gov.br/ccivil_03/_ato2011-2014/2014/lei/l12965.htm>. Acesso em 24 set 2017.

_______, Lei n. 8.078, de 11 de setembro de 1990. **Dispõe sobre a proteção do consumidor e dá outras providências**. Disponível em: <http://www.planalto.gov.br/ccivil_03/leis/l8078.htm>. Acesso em 24 set 2017.

________, Projeto de Lei n. 5.276, de 13 de maio de 2016. **Dispõe sobre o tratamento de dados pessoais para a garantia do livre desenvolvimento da personalidade e da dignidade da pessoa natural.** Disponível em:http://www.camara.gov.br/proposicoesWeb/prop_mostrarintegra;jsessionid=D5DD05BC56AB413C39F7E0EDB6DD8D2A.proposicoesWebExterno2?codteor=1457459&filename=PL+5276/2016>. Acesso em 27 set 2017.

BRASSCOM, ASSOCIAÇÃO BRASILEIRA DAS EMPRESAS DE TECNOLOGIA DA INFORMAÇÃO E COMUNICAÇÕES. **Contribuições à Comissão Especial – Dados Pessoais da Câmara dos Deputados sobre a Lei de Tratamento e Proteção de Dados Pessoais.** Jun 2017. Disponível em: <http://www2.camara.leg.br/atividade-legislativa/comissoes/comissoes-temporarias/especiais/55a-legislatura/pl-4060-12-tratamento-e--protecao-de-dados-pessoais/documentos/outros-documentos/Brasscom.pdf>. Acesso em 27 set 2017.

DECLARAÇÃO UNIVERSAL DOS DIREITOS HUMANOS. **Assembleia Geral das Nações Unidas em Paris.** 10 dez. 1948. Disponível em: <http://www.onu.org.br/img/2014/09/DUDH.pdf>. Acesso em 24 set 2017.

FABIAN, Benjamin. **Secure Name Services for the Internet of Things**. 2008. Dissertação (Doutorado em Economia) – Faculdade de Economia e Administração de Empresas de Humboldt – Universidade de Berlim, Berlim, Alemanha. Disponível em https://edoc.hu-berlin.de/bitstream/handle/18452/16481/fabian.pdf. Acesso em 18 set 2017.

Ficha informativa do ciclo de vida do Windows. Portal de suporte da Microsoft, 2008. Disponível em: <https://support.microsoft.com/pt-br/help/13853/windows-lifecycle-fact-sheet>. Acesso em 27 set 2017.

HALLER, Stephan; KARNOUSKOS, Stamatis; SCHROTH, Christoph. The Internet of Things in an Enterprise Context, in: DOMINGUE, John; FENSEL, Dieter; TRAVERSO, Paolo (Org.). **Future Internet** – FIS 2008. Berlim: Springer, 2009. Disponível em: <https://rd.springer.com/chapter/10.1007/978-3-642-00985-3_2>. Acesso em 18 set 2017.

International Covenant on Civil and Political Rights. Assembleia Geral das Nações Unidas em 16 Dec 1966. Disponível em: <http://www.ohchr.org/EN/ProfessionalInterest/Pages/CCPR.aspx>. Acesso em 27 set 2017.

NUNES, Emily Canto. Geladeira que manda fotos do seu interior prova que a internet das coisas chegou. Ig Tecnologia: 07 jan 2016. Disponível em: <http://tecnologia.ig.com.br/2016-01-07/geladeira-que-manda-fotos--do-seu-interior-prova-que-a-internet-das-coisas-chegou.html>. Acesso em 18 set 2017.

PINHEIRO, Patrícia Peck. **Direito Digital**. 6 ed. rev. atual. ampl. São Paulo: Saraiva, 2016.

Portal SOS – Serviço Online de Segurança. **Dicas e Curiosidades**. UOL Segurança Digital. 2013. Disponível em: <https://seguranca.uol.com.br/antivirus/dicas/curiosidades/o-que-e-malware-adware-cavalo-troia-spyware.html#rmcl>. Acesso em 27 set 2017.

PRADA, Rodrigo. **O que é Bug?**. Portal Techmundo: 29 ago 2008. Disponível em: <https://www.tecmundo.com.br/seguranca/213-o-que-e-bug-.htm>. Acesso em 27 set 2017.

RODOTÁ, Stefano. **A vida na sociedade da vigilância. A privacidade hoje.** Rio de Janeiro: Renovar, 2008.

SIMÃO FILHO, Adalberto. **Revisitando a Nova Empresarialidade a partir do Marco Civil em Contexto de Internet das Coisas**. In: DE LUCCA, Newton; SIMÃO FILHO, Adalberto; LIMA, Cíntia Rosa Pereira de (coords.). Direito & Internet III – Tomo II: Marco Civil da internet (Lei n. 12.965/2014) – São Paulo: Quartier Latin, 2015.

UNIÃO EUROPEIA, **Diretiva 95/46/CE do Parlamento Europeu e do Conselho, de 24 de Outubro de 1995. Relativa à proteção das pessoas singulares no que diz respeito ao tratamento de dados pessoais e à livre circulação desses dados**. Disponível em: <http://eur-lex.europa.eu/legal-content/PT/TXT/PDF/?uri=CELEX:31995L0046&from=PT>. Acesso em 27 set 2017.

WEBER, Rolf H.; WEBER, Romanda. **Internet of Things**. Legal Perspectives. Heidelberg: Springer, 2010. Disponível em: <http://mfaghihi.ir/wp-content/uploads/2015/10/Rolf-H.-Weber-Romana-Weber-auth.-Internet-of-Things_-Legal-Perspectives-Springer-Verlag-Berlin-Heidelberg-2010.pdf>.

CAPÍTULO 4

BAUMAN, Zygmunt; DONSKIS, Leonidas. **Cegueira moral: a perda da sensibilidade na modernidade líquida.** Tradução: Carlos Alberto Medeiros. Rio de Janeiro: Zahar, 2014. P. 129.

BRASIL, Constituição (1988). **Constituição da República Federativa do Brasil:** promulgada em 5 de outubro de 1988. Disponível em: <http://www.planalto.gov.br/ccivil_03/constituicao/constituicaocompilado.htm. Acesso em 24 set 2017>.

__________, Lei n. 10.973, de 2 de dezembro de 2004. **Lei de Inovação.** Disponível em: < http://www.planalto.gov.br/ccivil_03/_ato2004-2006/2004/lei/l10.973.htm>.

________, Lei nº 12.715, de 17 de setembro de 2012. **Marco Legal da Inovação.** Disponível em: <http://www.planalto.gov.br/ccivil_03/_ato2011-2014/2012/lei/l12715.htm>.

________, Lei nº 11.196, de 21 de novembro de 2005. **Lei do bem.** Disponível em: <http://www.planalto.gov.br/ccivil_03/_ato2004-2006/2005/lei/l11196.htm>.

________, Lei nº 13.243, de 11 de janeiro de 2016. **Lei de Inovação.** Disponível em: <http://www.planalto.gov.br/ccivil_03/_ato2015-2018/2016/lei/l13243.htm>.

________, Lei nº 11.484, de 31 de maio de 2007. **Dispõe sobre os incentivos às indústrias de equipamentos para TV Digital e de componentes eletrônicos semicondutores e sobre a proteção à propriedade intelectual [...].** Disponível em: <http://www.planalto.gov.br/ccivil_03/_ato2007-2010/2007/lei/l11484.htm>.

________, Decreto nº 5.712, de 2 de março de 2006. **Regulamenta o regime especial de tributação para a plataforma de exportação de serviços de tecnologia da informação.** Disponível em: <http://www.planalto.gov.br/ccivil_03/_ato2004-2006/2006/decreto/D5712.htm>.

________, Instrução Normativa SRF Nº 630, de 15 de março de 2006. **Dispõe sobre o regime especial de tributação para a plataforma de exportação de serviços de tecnologia da informação.** Disponível em: <http://normas.receita.fazenda.gov.br/sijut2consulta/link.action?visao=anotado&idAto=15566>

________, Projeto de Lei do Senado n° 321, de 2012. **Lei das Startups.** Disponível em: <https://www25.senado.leg.br/web/atividade/materias/-/materia/107103>.

CASTELLS, Manuel. **A galáxia da internet: reflexões sobre a internet, os negócios e a sociedade.** Tradução de Maria Luiza X. de A. Borges. Rio de Janeiro: Zahar, 2003.

________. **A sociedade em rede.** Volume I; 8 edição revista e ampliada; tradução de Roneide Vanancio Majer com colaboração de Klauss Brandini Gerhardt. São Paulo: Paz e Terra, 2005.

HAUGH, Wolfgang F. **Crítica da estética da mercadoria.** São Paulo: Fundação Editora da Unesp, 1997.

LESSIG, Lawrence. **Free culture: how big media uses technology and law to lock down culture and control creativity.** The Penguin Press: New York, 2004.

PARANÁ, Lei 17314 de 24 de Setembro de 2012. **Dispõe sobre medidas de incentivo à inovação e à pesquisa científica e tecnológica em ambiente**

produtivo no Estado do Paraná. Disponível em: <http://www.legislacao.pr.gov.br/legislacao/pesquisarAto.do?action=exibir&codAto=76049>.

RIO GRANDE DO SUL, Lei nº 13.196, de 13 de julho de 2009. **Estabelece medidas de incentivo à inovação e à pesquisa científica e tecnológica.** Disponível em: <http://www.al.rs.gov.br/filerepository/repLegis/arquivos/13.196.pdf>.

SÃO PAULO, Lei Complementar nº 1.049, de 19/06/2008. **Dispõe sobre medidas de incentivo à inovação tecnológica, à pesquisa científica e tecnológica [...].** Disponível em: <https://www.al.sp.gov.br/norma/?id=98136>.

TAKADA, Thalles A. **Instituições, mercado e consumo.** In: Revista de Direito Empresarial (REDE). vol. 13. ano 4. p 301-314. São Paulo: Editora RT, jan.-fev. 2016.

VASCONCELLOS, Marco A. S. **Economia – Micro e Macro**. São Paulo: Atlas, 2006.

CAPÍTULO 5

BOCCHINO, Leslie de Oliveira. Publicação da Escola da AGU: **Propriedade Intelectual – conceitos e procedimentos**. Brasília: Advocacia-Geral da União, 2010.

Instituto Nacional da Propriedade Industrial. Desenho Industrial. Disponível em: <http://www.inpi.gov.br/menu-servicos/desenho/desenho-industrial--mais-informacoes>.

JUNGMANN, Diana de Mello. **A caminho da inovação: proteção e negócios com bens de propriedade intelectual: guia para o empresário**. Esther Aquemi Bonetti. – Brasília: IEL, 2010

OMPI/INPI. **Curso Geral da Propriedade Intelectual**, Módulo 4 – Marcas, 2016.

TEIXEIRA, Tarcísio. **Direito empresarial sistematizado: doutrina, jurisprudência e prática**. 7ª ed. São Paulo: Saraiva, 2018.

CAPÍTULO 6

BARDIN, Noam. **A Unicorn? In Israel?**, 2014. Disponível em: <https://www.linkedin.com/pulse/20140403204459-174756-a-unicorn-in-israel>. Acesso em 25 out 2017.

BEDÊ, Marco Aurélio. **Sobrevivência das empresas no Brasil.** Brasília: Sebrae, 2016.

BEZERRA, João. **Aquisição 360º: uma nova visão sob os processos de fusão e aquisição**. Rio de Janeiro: Qualitymark, 2005.

BOTREL, Sérgio. Fusões & aquisições. São Paulo: Saraiva, 2012.

COHAN, Peter. **Four Reasons Google Bought Waze**, 2013. Disponível em: <https://www.forbes.com/sites/petercohan/2013/06/11/four-reasons-for-google-to-buy-waze/#86319b1726fe>. Acesso em 25 out 2017.

COPELAND, Tom; KOLLER, Tim e MURRIN, Jack. **Avaliação de empresas – valuation: calculando e gerenciando o valor das empresas.** 3ª ed. São Paulo: Makron Books, 2002.

DAMODARAN, Aswath. **Valuing young growth companies**, 2011. Disponível em: <http://www.aaii.com/journal/article/valuing-young-growth-companies>. Acesso em 30 out 2017.

LUZIO, Eduardo. **Fusões e aquisições em ato – guia prático: geração e destruição de valor em M&A.** Rio de Janeiro: Editora Senac, 2014.

MCCLENDON, Brian. **Google Maps and Waze, outsmarting traffic together**, 2013. Disponível em: <https://googleblog.blogspot.com.br/2013/06/google-maps-and-waze-outsmarting.html>. Acesso em 25 out 2017.

MILLER, Edwin L. **Mergers and acquisitions: a step-by-step legal and practical guide.** Hoboken: John Wiley & Sons Inc., 2008.

MOLLO, Ricardo. **Como fazer o Valuation de uma empresa startup?,** 2016. Disponível em: <http://blogs.pme.estadao.com.br/blog-do-empreendedor/como-fazer-o-valuation-de-uma-empresa-startup/>. Acesso em 30 out 2017.

OLSON, Parmy. **Facebook Closes $19 Billion WhatsApp Deal**, 2014. Disponível em: <https://www.forbes.com/sites/parmyolson/2014/10/06/facebook-closes-19-billion-whatsapp-deal/#84836425c66c>. Acesso em 20 out 2017.

PORTER, Michael E. **Vantagem competitiva: criando e sustentando um desempenho superior**. Rio de Janeiro: Elsevier, 1989.

ROSE, David S. **The startup checklist: 25 steps to a scalable, high-growth business**. Hoboken: Wiley, 2016.

CAPÍTULO 7

ROCHA, Luciano V; WATANABE, Ricardo Ryohei L. **Lei do investidor anjo alinha o Brasil às tendências mundiais.** Disponível em https://www.conjur.com.br/2016-nov-23/lei-investidor-anjo-alinha-brasil-tendencias-mundiais.

CAPÍTULO 8

ALBERTON, A., MOLETTA, A. M. C., & MARCON, R. (2011, Maio-agosto). **Os níveis diferenciados de governança corporativa blindam**

firmas contra crises financeiras? Uma análise da crise financeira de 2008. Pensar Contábil, Rio de Janeiro, 13 (51), 56-64.

CARVALHO, A. G. (2002). **Governança corporativa no Brasil em perspectiva.** Revista de Administração. São Paulo, 37 (3), 19-32.

Comissão de Valores Imobiliários. CVM. **Recomendações da CVM sobre governança corporativa.** Rio de Janeiro: CVM. Recuperado em 20 março, 2013, Disponível em: <http://www.cvm.org.br>.

GONÇALVES NETO, Alfredo de Assis. **Direito de Empresa: comentários aos artigos 966 a 1.995 do Código Civil**. São Paulo: Revista dos Tribunais, 2008.

MOREIRA, Daniel. **O que é um Startup?.** Disponível em: <http:// exame.abril.com.br/pme/noticias/o-que-e-uma-startup/>. Acesso em: 03/11/2017.

PAULA, A. P. P. **Teoria crítica nas organizações.** São Paulo: Thompsom, 2008.

CAPÍTULO 9

ASTAKHOVA, L.V. **The concept of the information-security culture**, 2014. Disponível em https://link.springer.com/article/10.3103/S0147688214010067.

LAI, KH.L. **Implementing the Quality Startup Management System model in Hong Kong: a case study**, 2016. Disponível em: <https://link.springer.com/article/10.1186/s40887-017-0013-x>.

NATIONAL INSTITUTE OF STANDARDS AND TECHNOLOGY. (1996). Special Publication 800-14: **Generally Accepted Principles and Practices for Securing Information Technology Systems.** Disponível em: <https://csrc.nist.gov/publications/detail/sp/800-14/final>.

RAO U.H., NAYAK, U. **Introduction to Security.** In: The InfoSec Handbook, 2014.

SYMANTEC CORPORATION. **Norton Report.** 2016. Disponível em: <https://www.symantec.com/about/newsroom/press-kits/ncsir-2016>.

The Information Security Dictionary. **The International Series in Engineering and Computer Science**, 2004.

CAPÍTULO 10

BRASIL. Lei Federal nº 12.965, de 23 de abril de 2014. **Estabelece princípios, garantias, direitos e deveres para Usuários da Internet no Brasil.** Disponível em: <http://www.planalto.gov.br/ccivil_03/_ato2011-2014/2014/lei/l12965.htm>. Acesso em 19 de setembro de 2017.

BRASIL. Lei Federal nº 8.078, de 11 de setembro de 1990. **Dispõe sobre a proteção do consumidor e dá outras providências.** Disponível em: <http://www.planalto.gov.br/ccivil_03/leis/L8078.htm>. Acesso em 25 de setembro de 2017.

CRESPO, Marcelo; CAMARGO, Coriolano. **A proteção dos dados pessoais no ordenamento jurídico brasileiro e o anteprojeto do Ministério da Justiça.** In: Migalhas. Publicado em: 08.05.2015. Disponível em: <http://www.migalhas.com.br/DireitoDigital/105,MI220187,81042-A+protecao+aos+dados+pessoais+no+ordenamento+juridico+brasileiro+e+o>. Acesso em: 10.01.2018.

GONÇALVES, Carlos Roberto. **Contratos e Atos Unilaterais**, 14ed. São Paulo: Saraiva, 2017.

Google Privacidade & Termos. Disponível em: <https://www.google.com/intl/pt-BR/policies/privacy/>. Acesso em: 10.01.2018.

MELLO, Cleyson de Moraes. Direito Civil – Parte Geral, 3ed. Rio de Janeiro: Freitas Bastos Editora, 2017.

NADER, Paulo. **Curso de Direito Civil, Volume 3 – Contratos,** 8ed. Rio de Janeiro: Forense, 2016.

ONU, Organização das Nações Unidas. **Cúpula Mundial sobre a Sociedade da Informação** – Genebra 2003 e Túnis 2005. Disponível em: <https://www.cgi.br/media/docs/publicacoes/1/CadernosCGIbr_Documentos-CMSI.pdf>. Acesso em: 10.01.2018.

PINHEIRO, Patrícia Peck**. Direito Digital.** 5ed. São Paulo: Saraiva, 2013.

TARTUCE, Flávio. **Direito Civil – Teoria Geral dos Contratos e Contratos em Espécie**, 12ed. Rio de Janeiro: Forense, 2017.

CAPÍTULO 11

AGUIRRE, João Ricardo Brandão; BARROS, André Borges C. **Direito Civil**. 5ª edição. Niterói: Ímpetus, 2012.

ALVIM, Agostinho. **Da inexecução das obrigações e suas consequências**. São Paulo: Saraiva, 1972.

LEITE, George Salomão; LEMOS, Ronaldo. **Marco Civil da Internet**. São Paulo: Atlas, 2014.

PINHEIRO, Patrícia Peck, **Direito digital**. 4ª ed, São Paulo: Saraiva, 2010.

TEIXEIRA, Tarcísio. **Comércio eletrônico: conforme Marco Civil da Internet e a regulamentação do e-commerce no Brasil**. São Paulo: Saraiva, 2015.

CAPÍTULO 12

ABRÃO, Eliane Yachouh. **Direitos de autor e direitos conexos**. São Paulo: Ed. do Brasil, 2002.

ALMEIDA, Fabrício Bolzan de. **Direito do consumidor esquematizado**, 3ª edição. Editora Saraiva, 2015.

BRASIL. Decreto 7.962 de 2013. **Decreto que regulamenta e-commerce.** Disponível em: <http://www.planalto.gov.br>. Acesso em 20 de outubro de 2017.

_______. Lei 8.078 de 1990, **Código de defesa do consumidor**. Disponível em: <http://www.planalto.gov.br>. Acesso em 20 de outubro de 2017.

_______. Lei 9.610 de 1998, **Lei de direito autoral**. Disponível em: <http://www.planalto.gov.br>. Acesso em 20 de outubro de 2017.

_______. Lei nº 10.406 de 2002, **Código civil brasileiro**. Disponível em: <http://www.planalto.gov.br>. Acesso em 19 de outubro de 2017.

KENDZERSKI, Paulo Roberto. **Afinal, o que é web marketing?** Disponível em: <http://www.portaldomarketing.com.br>. Acesso em 20 de outubro de 2017.

Legislação de Autorregulamentação Publicitária. Disponível em: <http://www.conar.org.br>. Acesso em 19 de outubro de 2017.

MATTAR, Fauze Najib. **Análise da influência de aspectos jurídico-legais sobre decisões de marketing**. Disponível em: <http://www.fauze.com.br>. Acesso em 19 de outubro de 2017.

NEVES, Daniel Amorim Assumpção/TARTUCE, Flávio. **Manual de direito do consumidor: direito material e processual**. 6ª edição. Editora Método, 2017.

OLIVEIRA, Jane Resina Fernandes de. **Direito autoral na Internet.** Disponível em: <http://www.ambito-juridico.com.br>. Acesso em 24 de outubro de 2017.

ROCHA, Daniel Bernardes. **Comercio Eletrônico: A Proteção Jurídica Do Consumidor No Meio Virtual**. Disponível em: <http://nippromove.hospedagemdesites.ws>. Acesso em 23 de outubro de 2017.

CAPÍTULO 13

ABRANCHES, Sérgio. **A democracia sitiada. A Lava Jato e a grande transição da política global**. In: Folha de S. Paulo, Ilustríssima, 23/04/2017, pp. 4-5.

BANNWART JÚNIOR, Clodomiro José. **Modernidade e o novo lugar da Filosofia: a ideia de Reconstrução em Habermas**. In: Mediações: Revista de Ciências Sociais – Sociedade e Literatura. Londrina: v. 10, n. 01, jan/jun. 2005, p. 185-200.

BILLIER, Jean-Cassien; MARYOLI, Aglaé. **História da Filosofia do Direito**. Tradução de Mauricio de Andrade. Barueri, SP: Editora Manole, 2005.

BOBBIO, Norberto. **Da estrutura à função: novos estudos de teoria do direito.** Tradução de Daniela Beccaccia Versiani. Barueri, SP: Manoele, 2007.

CARTA CAPITAL, **Lei Anticorrupção vai mudar a atitude do empresariado brasileiro.** 17 Dez 2013. Disponível em: <http://www.jb.com.br/retrospectiva-2013/noticias/2013/12/17/retrospectiva-manifestacoes-de-junho--agitaram-todo-o-pais>. Acesso em 22/01/2018.

FAORO, Raymundo. **Os Donos do Poder: formação do patronato político brasileiro.** 3ª edição, revista (7ª reimpressão). São Paulo: Globo, 2007.

FORST, Rainer. Jürgen Habermas: **Facticidade e Validade.** In: FRANKENBERG, Günther; MOREIRA, Luiz. Jürgen Habermas, 80 anos. Direito e Democracia. Tradução de Geraldo de Carvalho e Eliana Valadares Santos. Rio de Janeiro: Editora Lumen Iuris, 2009.

FRANKENBERG, Günter. **Teoria Crítica.** In: FRANKENBERG, Günther; MOREIRA, Luiz. Jürgen Habermas, 80 anos. Direito e Democracia. Tradução de Geraldo de Carvalho e Eliana Valadares Santos. Rio de Janeiro: Editora Lumen Iuris, 2009.

GIDDENS, Anthony. **Politics, Sociology and Social Theory.** Encounters with Classical and Contemporary Social Thought. California: Stanford University Press, 1995. p. 249.

HABERMAS, Jürgen. **Consciência Moral e Agir Comunicativo.** Tradução de Guido A. de Almeida. Rio de Janeiro: Tempo Brasileiro, 1989.

HABERMAS, Jürgen. **Direito e Democracia: entre facticidade e validade.** Tradução de Flávio Beno Siebeneichler. Rio de Janeiro: Tempo Brasileiro, 1997a.

HABERMAS, Jürgen. **Trabalho e Interação.** In: Técnica e Ciência como 'Ideologia'. Tradução de Artur Morão. Lisboa: Edições 70, 1997b.

JORNAL DO BRASIL, **Retrospectiva Manifestações de Junho Agitaram Todo o País.** Disponível em: <http://www.jb.com.br/retrospectiva-2013/noticias/2013/12/17/retrospectiva-manifestacoes-de-junho-agitaram-todo-o-pais/>. Acesso em 22/01/2018.

MARINELLA, Fernanda. **Lei Anticorrupção: Lei 12.846, de 1º de Agosto de 2013.** São Paulo: Saraiva. 2015.

NEGRÃO, Célia Regina P. Lima. **Compliance, controles internos e riscos: a importância da área de gestão de pessoas.** Brasília, DF: Editora Senac, 2014.

PETRELUZZI, Marco Vinicio. Lei Anticorrupção: origens, comentários e análise da legislação correlata. São Paulo: Saraiva, 2014.

SOUZA, Alan Lacerda de. **A formação do Estado patrimonialista português e a gênese da corrupção no Brasil.** Revista CGU. Ano VI. Jul 2011. Brasília, DF.

TRANSPARENCIA INTERNACIONAL, **Índice de Percepção da Corrupção** 2015. Disponível em <https://www.transparency.org/cpi2016> Acesso em 17/11/2017.

CAPÍTULO 14

ABRUSIO, Juliana. **Marco Civil da Internet – Lei 12.965/2014**. São Paulo: RT, 2014.

BRASIL. **Marco Civil da Internet**: Disponível em: <http://www.planalto.gov.br/ccivil_03/_ato2011-2014/2014/lei/l12965.htm>.

_______ Decreto 8771/2016. Disponível em: <http://www.planalto.gov.br/ccivil_03/_ato2015-2018/2016/decreto/D8771.htm>.

COSTA, Marcos da. **A necessidade do marco civil da internet.** Disponível em: http://www.oabsp.org.br/sobre-oabsp/palavra-do-presidente/2012/171.

LEONARDI, Marcel. **Internet: elementos fundamentais. in Responsabilidade Civil na Internet e nos demais meios de comunicação**. Coordenado por Regina Beatriz Tavares da Silva e Manoel J. Pereira dos Santos. 2. ed. São Paulo: Saraiva, 2012.

PODESTÁ, Fabio Henrique. **Direito a Intimidade em ambiente da Internet**. In: LUCCA, Newton de; SIMÃO FILHO, Adalberto (coord.). Direito & internet: aspectos jurídicos relevantes. São Paulo: Quartier Latin, 2005.

CAPÍTULO 15

DUARTE, Virgínia. Dados pessoais: a nova moeda do mundo digital. Disponível em: <https://www.ticemfoco.com.br/dados-pessoais-a-nova-moeda-do-mundo-digital/> Acesso em 13 de Março de 2019.

JAMIL, George. NEVES, Jorge Tadeu de Ramos. A era da informação: considerações sobre o desenvolvimento das tecnologias da Informação. Disponível em: <http:// www.brapci.inf.br/_repositorio/2010/11/pdf_d9bd5b50ed_0012703.pdf> Acesso em 13 de Março de 2019.

Lei Geral de Proteção de Dados Pessoais. Disponível em: <http://www.planalto.gov.br/ ccivil_03/_Ato2015-2018/2018/Lei/L13709.htm> Acesso em 14 de Março de 2019.

MAGRANI, Eduardo. "A internet das coisas". Rio de Janeiro: FGV Editora, 2018, p. 21 e 22. Retirado de: <http://bibliotecadigital.fgv.br/dspace/bitstream/handle/10438/23898/ A%20internet%20das%20coisas.pdf?sequence=1&isAllowed=y> Acesso em 18 de agosto de 2018.

PERASSO, Vera. "O que é a 4ª revolução industrial - e como ela deve afetar nossas vidas". Disponível em: <https://www.bbc.com/portuguese/geral-37658309> Acesso em: 11 de Março de 2019.

STEIL, Leonardo. Uma Introdução aos Conceitos e Utilização do Big Data. Disponível em: <http://coral.ufsm.br/pet-si/index.php/uma-introducao-a-os-conceitos-e-utilizacao-do- big-data/> Acesso em 13 de Março de 2019.

CAPÍTULO 16

BRASIL. Lei nº. 167, de 24 de abril de 2019. Dispõe sobre a Empresa Simples de Crédito (ESC) e altera a Lei nº 9.613, de 3 de março de 1998 (Lei de Lavagem de Dinheiro), a Lei nº 9.249, de 26 de dezembro de 1995, e a Lei Complementar nº 123, de 14 de dezembro de 2006 (Lei do Simples Nacional), para regulamentar a ESC e instituir o Inova Simples. Disponível em: <http://www.planalto.gov.br/ccivil_03/leis/lcp/Lcp167.htm>.

BRASIL. Decreto nº 10.122, de 21 de novembro de 2019. Institui o Comitê Nacional de Iniciativas de Apoio a Start-ups. Disponível em: <http://www.planalto.gov.br/ccivil_03/_ato2019-2022/2019/decreto/D10122.htm>.

BRASIL. Projeto de Lei Complementar 146, apresentado em 29 de maio de 2019. Dispõe sobre startups e apresenta medidas de estímulo à criação dessas empresas e estabelece incentivos aos investimentos por meio do aprimoramento do ambiente de negócios no País. Disponível em: <https://www.camara.leg.br/proposicoesWeb/prop_mostrarintegra;jsessionid=40A-937642D8ADC61F20B312626F8EA15.proposicoesWebExterno2?codteor=1757419&filename=PLP+146/2019>.

CÂMARA DOS DEPUTADOS. Projetos de lei e outras proposições – PLP 146/2019. Disponível em: <https://www.camara.leg.br/proposicoesWeb/fichadetramitacao?idProposicao=2205645>.

CAPÍTULO 17

BANCO CENTRAL DO BRASIL. CIRCULAR Nº 3.680, DE 4 DE NOVEMBRO DE 2013. Dispõe sobre a conta de pagamento utilizada pelas instituições de pagamento para registros de transações de pagamento de usuários finais. Disponível em: <https://www.bcb.gov.br/pre/normativos/circ/2013/pdf/circ_3680_v3_P.pdf>

BANCO CENTRAL DO BRASIL. Resolução CMN n° 4.865 de 26 de outubro de 2020. Estabelece as diretrizes para funcionamento do Ambiente Controlado de Testes para Inovações Financeiras e de Pagamento (Sandbox Regulatório) e as condições para o fornecimento de produtos e serviços no contexto desse ambiente no âmbito do Sistema Financeiro Nacional. <https://www.bcb.gov.br/estabilidadefinanceira/exibenormativo?tipo=Resolu%C3%A7%C3%A3o%20CMN&numero=4865>

BRASIL. Lei nº 6.385, DE 7 DE DEZEMBRO DE 1976. Dispõe sobre o mercado de valores mobiliários e cria a Comissão de Valores Mobiliários. Disponível em: < http://www.planalto.gov.br/ccivil_03/leis/l6385.htm>.

COMISSÃO DE VALORES MOBILIÁRIOS. Instrução CVM 626. Dispõe sobre as regras para constituição e funcionamento de ambiente regulatório experimental (sandbox regulatório). Disponível em: < http://www.cvm.gov.br/legislacao/instrucoes/inst626.html>

COUTINHO FILHO, Augusto. Regulação 'Sandbox' como instrumento regulatório no mercado de capitais: principais características e prática internacional. Revista digital de direito administrativo. vol. 5, n. 2, p.264-282, 2018. P. 276.

MENAT, Rebeca. In: CHISHTI, Susanne. BARBERIS, Janos. A Revolução Fintech: o Manual das Startups Financeiras. 1ª Ed. Editora Alta Books: São Paulo, 2017. P. 10.

EDITORA
JusPODIVM
www.editorajuspodivm.com.br